'하늘 위의 하늘'을 향해 여행하는 사람들,
호모 에스페란스 Homo Esperans가 읽어야 할 영적靈的 비행의 가이드 북

Fly higher

강을배

# 인사말

소리 없이 수줍게 고개를 내미는 이른 봄날의 꽃망울처럼 수줍은 마음으로 첫 장을 엽니다.

평생 비행기의 굉음 소리와 밤낮을 함께 하며, 우측통행 없는 중앙선의 활주로에만 익숙한 한 사람이 글로 마음을 전한다는 것은 맞지 않은 옷을 입은 듯합니다.

그러나 '하나님께서 왜 나에게 비행의 달란트를 주셨을까? 이 달란트를 통한 하나님의 계획하심은 무엇일까? 보이지 않는 정해진 길을 가는 3차원의 공간에서 느껴지는 무한한 자유함을 통해 나에게 말씀하심은 무엇일까?'를 생각하며 용기를 내었습니다.

우리의 모든 상황 가운데 섭리하시는 하나님의 말씀하심이 있을진대, '평생 비행과 함께 하신 하나님 앞에 순종의 모습이라도 보여야 하지 않을까?' 생각하며 한 자 한 자 적어 보았습니다.

바울은 그의 서신서에서 '하나님께서 내게 주신 은혜를 따라'라는 말을 자주 사용하였습니다. 다시 말해 모든 사람은 하나님이 주신 재능과 달란트, 은혜에 따라 자기가 살고 있는 삶의 자리 Sitz Im Leben에서 하나님 나라를 위해 헌신의 삶을 살아야 한다는 것임을 믿습니다.

어릴 적 푸른 하늘을 날고 싶었던 꿈을 이루게 하신 하나님의 섭리하심은 지금도 비행할 때마다 가슴을 뛰게 합니다.

숨 막히게 아름다운 일출과 일몰…, 넷째 날 창조하신 태양과 은익Silver Wing을 나란히 하는 찰나의 순간을 지나 앞에서 뒤에서 늘 내 옆에 계신 하나님께 '더 높이 더 멀리 더 빠르게 더 가까이' 날고 싶고, 더 깊으신 하나님의 뜻을 헤아리며 분초를 아끼며 살고 싶습니다.

하늘 위 아름다움을 뒤로하고 가볍게 지상으로 내려 앉을 때마다 인생의 하프타임의 삶을 좀 더 의미 있고 풍성하게 살고 싶은 소망도 있습니다.

비행을 꿈꾸는 청년들에게…,
목회의 비전을 품고 있는 젊은 사역자들에게…,
'하늘 위의 하늘', '그 하늘보다 더 높으신 하나님의 사랑'을 소망하며 여행의 삶을 살아가고 있는 우리 모두에게…,
아직 와 닿지 않지만 자동차보다 먼저 날아가는 할아버지를 바라보는 내 사랑하는 손자 손녀 강건 하라 은호 수아 채아, 새 보금자리의 주인공 신진 유진에게…,
삶이란 숨겨두신 하나님의 엄청난 지혜들을 조금이나마 꺼내어 즐거워할 수 있는 신나는 가슴 뛰는 일이라는 것을 이야기해 주고 싶습니다.

나의 40여 년 동안 조종사 생활의 반려자로 동행해 준 아내 박영희 사모와 사랑하는 자녀들에게 고마움을 전합니다.
아울러 주 안에서 큰 도움을 주시는 동역자 김영산 목사님의 묵상의 쉼을 주는 영적인 '시'와 함께 '므두셀라 스토리텔링'을 싣게 되어 더 없는 영광으로 생각합니다.

모든 영광 하나님께 올립니다.

주후 2019년 4월 사순절을 보내며…

강을메

# 추천의 글

영국의 로이드 존스 목사는 에베소서를 중심으로 영적 선택, 영적 화해, 영적 충만, 영적 연합, 영적 광명, 영적 생활, 영적 투쟁 그리고 영적 군사라는 강해집을 썼다.

신자의 삶은 예수님을 믿고 중생하여 성화의 삶을 추구하며 살아간다. 이 모든 과정은 영적인 여정으로 각양각색의 경험을 하며 기쁨과 슬픔, 승리와 좌절의 쌍곡선을 그리며 진행된다.

저자 강을배 목사는 40여년간 비행기를 조종하는 조종사이다. 그는 인생 후반기에 목사가 되어 비행기 조종사로 하늘을 날며 깨달은 영적 비행의 진리를 나누고 있다.

항공기가 활주로를 박차며 이륙하여 힘차게 상승할 수 있는 이유는 항공기 엔진의 추력Thrust이 강력하고 역동적이기 때문인 것처럼, 우리의 신앙도 장성한 분량에 이르기까지 성장하려면 신앙의 추력이 필요한 것이다. 이 신앙의 추력은 '오직 여호와를 앙망仰望하는 것이요, 성령 충만한 삶을 사는 것'이다. 이 신앙의 추력으로 우리는 새 힘을 얻어 독수리가 날개 치며 올라감 같은 신앙인이 될 수 있듯이…

또한, 비행기가 이륙과 착륙을 할 때 관제탑의 지시를 따라야 안전하게 이륙과 착륙을 할 수 있는 것처럼 우리의 신앙생활에서도 신앙의 관제탑인 하나님 말씀을 따라 신앙생활을 해야 올바른 신앙인이 될 수 있듯이…

저자는 평소 비행 생활을 하면서 터득한 비행의 원리와 하늘 경험의 실제를 신앙의 영적 생활에 담음으로써 독자들에게 영적 비행에 대한 도전을 준다.

신자는 어떤 의미에서 '하늘 위의 하늘'을 추구하며 살아가는 소망의 존재, 즉 호모 에스페란스Homo Esperance적 존재이다. 그리고 인생의 마지막은 저자가 이야기하듯이 RTBReturn To Base- 즉, '귀환 하라!'는 명령이 떨어지면 누구든지 하나님 앞에 돌아가야 하는 존재이다.

시대마다 하나님의 백성은 지금 여기에서 각자가 하나님께로부터 받은 은혜가 다르고 다양하다. 이 책의 중심 주제는 영적 비행이다. 이 책을 통하여 영적 독수리 같은 사람은 창공을 날으며, 비행기처럼 더 높이 더 먼 곳을 추구하며 살아가는 영적 비행의 원리에 눈을 뜨게 해 줄 것이다.

주후 2019년 4월 부활의 달에

증경 총회장

**조긍천** 목사

## 추천의 글 모음 성함 가나다 순

　하나님 말씀인 성경을 유기적으로 기록하게 하신 하나님께서는 강 목사의 조종사의 삶을 통하여 말씀하신 것을 직접 보게 될 것이다.

- 강남중 목사 | 미국. LA 한생명교회 담임목사

　설교자의 아픔은 설교와 현장의 불일치이다. 그러나 강 목사는 조종사이면서 설교자로서 삶과 설교의 내용이 일치하며 진실된 설교를 풀어냄으로 참 부럽다.

- 강인철 목사 | 부산외국인근로자선교회 인도네시아 교회

　기장이면서 목사로서 말씀이 삶이 되어 복음을 전하는 모습을 통하여, 우리 또한, 각자의 자리에서 주님의 군사가 되어야 함을 깨닫게 된다. 40여 년 비행생활을 통해 하나님 주신 은혜로 집필한 영적 비행이 복음 진전의 도구로 쓰임 받기를 기대한다.

- 김기선 기장 | Air Busan 신우회 회장

　강 목사는 1976년부터 비행을 시작하여 전투기 조종사 21년, 그리고 민항기 조종사 22년째 비행하고 있는 조종사로서 에어부산 기장이면서 목사이다.
　그는 자그마치 15,500시간을 비행한 비행의 달인이다. 그래서 그의 비행 관련 예화와 영적 비행의 적용은 그 맛이 다르다.

- 김영산 겸임교수 | 고신대학 선교목회대학원

　강 목사의 40여년 동안 비행을 하면서 창조주 하나님의 놀라운 창조의 신비와 능력을 몸소 체험하면서 겪었던 경험을 토대로 집필된 귀한 책이 많은 목회자들과 동역자들, 그리고 성도들에게 읽혀져 주님의 음성을 듣는 통로가 될 것임을 믿는다.

- 김용태 목사 | 총회신학부산노회장, 반석교회 담임목사

그 많은 사람과 짐을 싣고 어떻게 구만리를 날아갈까
자고 일어나기를 몇 번 했는데도 여전히 바다 위를 날고 있었지
하늘을 난다는 건 엄청난 경이
바람날개로 다니시는 주님을 따라
예후를 살피고 비행법을 지켜
믿음의 날개를 펼치면 영원까지 날 수 있으리
한 생을 기체와 더불어 산 멋진 목회자
그를 따라 천국 비행에 한 번 나서볼까
벗 靈山의 詩와 므두셀라 스토리텔링과 함께….

- 김종화 | 시인 · 『釜山文學』 주간

책을 펴낸다는 것은 자기 간증이자 자기 고백이라고 할 수 있다.
평범하지 않은 하나님이 주신 달란트 – 비행기 기장이라는 은혜를 통하여 하나님이 창조하신 이 땅을 하늘 높이 비행하면서 말씀을 적용하여 창조의 세계를 바라보며, 신앙 고백하는 이 책이 하늘의 세계를 보지 못하고, 경험하지 못한 많은 사람들에게 하나님을 더 알아가는 은혜가 있기를 기대해 본다.
강 목사의 복음적 열정에 신학적 연구가 겸하여 그의 목회는 더욱 알찬 열매가 풍성할 줄 믿는다. 그리고 영혼을 사랑하며 주께로 인도하고자 하는 간절함이 책 곳곳에 있음을 확인할 수 있다.

김진국 목사 | 합동개혁부산신학교 학장, 안락중앙교회 담임목사

비행을 일상의 삶으로 경험하면서 체득한 이야기를 영적인 해석과 교훈으로 담아 낸 특별한 책을 큰 기대로 읽어 본다.

- 김한중 선교사 | 전 KPM 본부장

姜 牧師 內外분은 엎드려 하나님께 길과 방향을 찾는 분들이다. 人生航路와 飛行航路를 하나님께 맡기신 이 분들의 항로에는 무사고 no errors를 확신한다. 주일날은 영혼구원의 말씀으로 직장에서는 하늘을 날으며 체험적 삶을 기록한 이 글은 분명 많은 분들의 가슴을 울릴 것으로 확신한다.

- 김희규 장로 | 학교법인 동서학원 대학교회 수석장로

'구름 스키를 탄다'라시던 그의 청년의 때와 즐겁게 함께 했던 내가… 보기에 '그의 지금까지의 삶은 곧 설교'이다. 그러므로 피곤타…. ㅋㅋㅋㅋ

- 박영희 사모 | 부산외국인근로자선교회 에벤에셀교회

독수리는 높이 날아 오를수록 더 넓은 시야를 통하여 먹이를 찾듯이 강 목사의 비행을 통하여 현장 예화 뿐만 아니라 더 넓은 사역과 선교 사역에 많은 분들의 심령을 찌르는 책이 되리라 고대한다.

- 송승호 목사 | 합동총회신학신대원학장

천지에 충만하신 예수 그리스도의 하나님께서 필자의 오랜 비행경험을 통해 발견한 삶의 원리와 신앙의 비밀을 말씀하고 계신다. 강 목사의 귀한 소명과 특별한 은사를 통해 받은 은혜와 깨달음, 통찰력을 이 귀한 책을 통해 발견하고, 믿음의 증인으로 승리하기를 소원하는 모든 이들에게 적극 추천하고 싶다.

- 이관희 목사 | 하와이열방대학 Word By Heart학교장

하늘의 하나님을 좀 더 높은 곳에서, 좀 더 가까운 곳에서 경험하신 귀한 음성을 소중히 듣겠습니다. 땅위의 삶이 힘들 때, 하늘을 나는 새들의 자유가 그리울 때 그제서야 우리는 하늘을 바라봅니다.

- 이태용 장로 | 시인·서면교회

갈대아 우르에서 아브라함을 불러 내신 하나님, 강 목사를 복음의 불모지 제주도에서 불러 내셨고, 성령의 불꽃이 그의 심령에 점화되어 영적 비상을 이루게 하셨다. 항상 하나님을 향한 열정으로 이륙하고 자기를 낮추는 겸손으로 착륙하는 그의 삶을 볼 수 있다.

- 장성현 목사 | 인천공항감리교회 담임목사

과학과 기술의 첨단이 우리의 삶을 지배한다고 생각하는 현대인들은 영적인 삶의 가치를 찾지 못하여 깊은 방황에서 벗어나지 못하고 있다.
기술의 정점에서 운영되는 비행기라는 객체를 기독교적 강론으로 연결하여 교훈을 이끌어 낸 강 목사의 부단한 노력은 독자들과 후배 조종사들에게 공감의 깊이를 더할 뿐만 아니라 성경 말씀의 실제화라는 의미에서 새로운 설교 영역을 개척하리라 믿는다.

- 정근화 기장 | Air Busan 신우회

대부분의 사람들은 '아래에서 위'를 바라보며 살지만, 강 목사는 '위에서 아래'로 내려다보며 살아온 시간이 많은 특별한 사람이다.

그만이 가진 특별한 경험 가운데 하늘에서 땅을 내려다보면 아무리 높은 건물도 낮게 보이는 파일럿의 경험 속에 하나님의 말씀을 풀어내고 적용한 독특한 강론집이다.

- 정노화 선교사 | 부산외국인근로자선교회 대표

동일한 성경 말씀도 어떤 예화를 들어 설명하느냐에 따라 공감하기도 하고, 그 반대의 반응을 나타내기도 한다. 일 년여 동안 그의 설교를 들으면서 강 목사의 비행을 통해 설명하는 설교는 첨단 과학시대에 걸맞는 예화 설교의 정수라고 생각한다.

- 정보간 선교사 | 고신선교회 여성 총무

강 목사는 행동하는 그리스도인이다. 그는 비행하는 동안 하늘에서 기도하고 땅에 내려오면 새벽기도를 쉬지 않는 하나님의 사람이다. 강 목사와 함께 수 년동안 같이 동역하면서 그가 얼마나 구령 열정에 사로잡혀있고, 직장 복음화를 열망해 왔는지 잘 알고 있다. 이 책은 비행 전문가만이 가능한 놀라운 영적인 경험과 은혜들을 누구나 이해하기 쉽게 성경을 풀어 설명하고 있다. 아직 천성을 향한 항공기에 탑승하지 못하고 장망성을 떠나지 못해 머뭇거리고 있다거나 영적 비행을 꿈꾸고 항공기에 탑승한 승객이거나 아니면 현재 하늘을 비행하고 있는 모든 여행객에게 이 책을 꼭 읽어보기를 강력히 추천한다.

- 최훈규 목사 | DSU·KIT·BDU대학교회 담임목사

저자는 40여 년 간 조종사로서 국가와 민간 항공분야에 많은 기여를 했다. 지금은 에어부산 운항승무원으로서 비행생활과 함께 목회자로서 에어부산 신우회를 조직하여 목회활동을 하는 특별한 삶을 살고 있다. 특히 여러 나라, 많은 도시를 비행하며 겪은 운항 경험과 변화무상한 하늘 세계에서 비행을 통한 창조주의 위대하심을 글에 담아 영적 비행으로 승화시켜 책을 출간하게 되었다.

항공사에서 함께 하는 동역자로서 기쁘게 생각하며, 이 한 권의 책이, 한 줄의 글귀가 독자 여러분들에게 인생의 큰 울림으로 다가가길 고대해 본다.

- 한태근 사장 | 에어부산(주) 대표이사

## 글 싣는 순서

당신의 하늘을 날아야 하는 독수리입니다 ———— 14
　| 강을배

01. Final Calling | 마지막 안내방송 ———————— 22
02. On Position | 바른 위치 ——————————————— 34
03. Please Pay Attention… | 잠시 하던 일을 멈추고… —— 43
04. Thrust | 추력 ——————————————————————— 55
05. AOV Area Of Vulnerability | 취약 단계의 11분 ———— 68
06. Salvo Jettison | 얽매이는 것을 버리라 ———————— 81
07. Vertigo | 비행 착각 ——————————————————— 94
08. Control Tower | 관제탑 ———————————————— 110
09. Heinrich Law | 하인리히 법칙 ————————————— 121
10. Power Distance | 권력 거리 —————————————— 130
11. BUSS Back Up Scale System | 대체 역할 ——————— 145
12. STALL | 임계점을 넘을 때 ——————————————— 156
13. WELL DONE | 잘 하였도다 —————————————— 168
14. Cross | 십자가 ————————————————————— 183
15. RTB Return To Base | 본향으로 ————————————— 205

**부록** | 므두셀라 Methuselah 스토리텔링 - 아당 | 김영산 ———— 222

# 당신의 하늘을
# 날아야 하는 독수리입니다

## 강을배

**제임스 애그레이**[1)]

# 당신의 하늘을 날아야 하는 독수리입니다

어느 한적한 시골 마을에 암탉 한 마리가 살고 있었습니다. 이 암탉은 매일 따스한 햇볕을 받으며 소중한 알들을 품고 있었습니다.

어느 날, 암탉이 잠깐 물을 먹으러 간 사이에 독수리 알 하나가 또르르 굴러 들어왔습니다. 이를 눈치채지 못한 암탉은 계속해서 알들을 품었습니다. 드디어 알을 깨고 병아리들이 세상에 모습을 드러냈습니다. 물론 아기 독수리도 함께….

암탉은 이상하게 생긴 새 한 마리가 섞여 있는 것을 보고도 눈치를 채

---

1) 제임스 애그레이는 서아프리카 가나 사람이다. 흔히 힘없고 억압받는 사람들은 자신을 약한 동물에 빗대어 생각하곤 하는데, 애그레이는 그런 자신들의 모습을 독수리에 비유한다. 지금은 비록 억압당하고 있는 힘없는 약자이지만, 어서 빨리 독수리 본래의 잊혀진 자긍심과 극복의 의지를 되찾으라는 메시지는 감동을 안겨준다.
이 동화책에 그림을 그린 화가는 우리 나라에서도 '누가 내 머리에 뭘 쌌어?'라는 작품으로 많이 알려진 볼프 에를부르흐 Wolf Erlbruch 이다.

지 못했습니다. 아기 독수리는 자신이 독수리라는 것을 알지 못한 채 병아리로 살아갔습니다. 암탉과 병아리들을 따라다니면서 병아리와 똑같이 먹고 마시고 잤습니다. 어쩌다 하늘에 독수리가 떠있으면 다른 병아리들처럼 혼비백산하여 도망쳤습니다.

그리고는 스스로 생각했습니다. '우와, 멋지다. 나도 저런 독수리처럼 높이 날아오를 수만 있다면, 나도 저 독수리처럼 멋지고 용맹스러웠으면…' 혼자 중얼거렸습니다

새끼 독수리는 닭장을 뛰쳐나갈 것을 궁리하지 않았습니다. 자신의 입 부리와 발톱이 어디에 사용되는 지도 생각하지 않았습니다. 겨드랑 밑이 근질거리는 것이 날개가 돋으려는 것인 줄을 전혀 깨닫지 못하고 있었습니다.

새끼 독수리는 그저 자신이 '병아리려니' 하고 다른 병아리들이 하는 짓을 따라하며 지냈습니다. 낟알을 쪼아먹는 데에 부리를 사용했고 벌레를 찾느라고 발톱으로 땅을 헤집었습니다. 다른 병아리들한테서 따돌림을 받지 않으려고 돋아나오는 날개를 자신의 부리로 짓찧었습니다.

어느 날 밤, 들쥐 떼가 닭장을 습격해 왔습니다. 닭장은 금방 아수라장이 되었습니다. 닭들은 모두 독수리를 쳐다보았습니다. 그러나 쥐떼가 무섭게 느껴지기는 그도 마찬가지 였습니다. 이미 발톱과 부리는 닳아지고 눈망울에도 힘이 하나도 없어, 닭이나 별차이 없었으니까요.

다른 닭들과 함께 독수리도 우왕좌왕 도망 다니다가 날이 밝았습니다. 닭들은 일제히 독수리를 손가락질하면서 미워하였습니다.

'저건 몸이 큰 먹충이일 뿐이지, 아무 것도 아니다!'

세월이 흘렀습니다. 닭장 속의 독수리도 닭들과 함께 많이 늙었습니다.

그러던 어느 날이었습니다. 독수리는 구름 한 점 없는 맑은 하늘을 높이 나는 위용 있는 새 한 마리를 보았습니다.

매섭게 생긴 부리, 갈퀴처럼 보이는 발톱, 우아하고 멋진 날개…, 부라리고 있는 그 새의 눈 아래에서는 들쥐 뿐만이 아니고 피하지 않는 짐승이 없었습니다.

'아, 저렇게 멋진 새도 있구나' 초라하게 늙은 독수리가 중얼거렸습니다. 그러자 그의 친구 닭이 독수리를 점잖게 타일렀습니다.
"응, 저건 독수리라는 새다. 날개 있는 새들 중에서는 왕이지. 그러나 넌 꿈도 꾸지 말아야 한다. 넌 들쥐한테도 쫒겨다니는 닭이니까 말이야."

## 혹시 당신은 닭장 속에 있는 독수리는 아닌지요

닭장 속을 뛰쳐나와 저 높은 창공을 향해 힘찬 날갯짓을 하는 한 마리의 독수리가 되십시오. 당신의 인생은 그 어느 누구도 책임져 주지 않습니다. 작게 움츠리고 살기에는 인생이 너무 짧지 않습니까?

닭들 속의 새끼 독수리는 몸이 커 갈수록 눈이 크고 부리도 컸습니다. 날갯짓을 할 때마다 먼지가 크게 일어났습니다. 옆에 있는 암탉과 병아리들은 "좀 가만 있어라 먼지 난다!"
못 생겨가지고, 피부는 검지, 눈은 비대칭으로 크지, 저 발톱 봐라 저거 어디 쓰려고? 그래서 날개가 자라기 위해 근질 근질할 때마다 날갯짓을 하지 못 하고 걸어 다니며 땅에 떨어진 모이만 먹고 사는 암탉 같은 독수리였습니다.
우리 앞에 놓인 미래는 이제 자신의 어깨에 달려 있습니다. 자, 스스로를 병아리로 생각하면서 닭장 속에 살고 있는 새끼 독수리들이여! 이제 당신들이 날갯짓을 할 때가 되었습니다.
세계는 넓고 할 일은 많은 세상이 너무나도 좁아서 답답해 할 당신!
전 세계 무대에서 통 큰 경쟁을 해내고 싶어서 안달이 나야 할 당신!
깨어 나십시오, 당신은 하늘에 속한 하나님의 독수리입니다.
옆의 친구들이 먼지 난다고 해도 날갯짓을 하십시오. 시도하십시오. 꿈을 포기하지 마세요. 여호와를 앙망하는 자는 독수리와 같이 하늘을 날고 태풍이 와도 겁내지 않을 수 있습니다. 뛰어가도 달려가고 피곤을 모르는 하나님의 자녀, 하나님께서 쓰시는 독수리가 될 수 있습니다.

다름을 선포하십시오 다름을 자랑하십시오 자신의 모습에 자신을 가지십시오. 하나님의 작품, 하나님의 걸작임을 믿으십시오.

날마다 자기의 삶을 축복하십시오. 이렇게 말하십시오.

"나는 이제 좋은 일만 남았다."

날갯짓을 매일 반복하여 규칙적으로 하십시오. 먼지가 나는 것을 즐기십시오. 날갯짓을 매일 반복하여 규칙적으로 하십시오. 당신에게만 주신 은사와 재능, 달란트를 계발하십시오. 끝내 하늘을 날아 오를 것입니다.

일당 백, 일당 천의 하나님의 독수리가 될 것입니다.

## 영적 시력을 회복하라

러시아 우주비행사인 가가린 Yurii A. Gagarin은 1961년 4월 12일 보스토크 1호를 타고 1시간 29분 만에 지구의 상공을 일주함으로 인류 최초의 우주비행에 성공했다.

그는 우주에서 지구를 바라본 감상을 이렇게 말했다.

"지구는 푸른 빛이었다. 하나님은 우주의 그 어느 곳에도 없었다."

그러나 10년 뒤, 1971년 아폴로 15호의 승무원으로 달을 탐사한 미국의 우주비행사 제임스 어윈 James B. Irwin은 가가린과 달리 이렇게 말했다.

"달나라에 있는 동안 나는 하나님을 아주 가까이서 체험했다."

그렇다 동일한 우주 비행을 하고서도 무신론자와 유신론자의 관점은 이렇게 달랐다. 세상 사람들은 두 종류로 나뉘어진다. 하나님을 볼 수 있는 사람과 하나님을 볼 수 없는 사람, 전자는 복된 인생이요, 후자는 불행한 인생이 될 것이다.

영적인 안목으로 우주와 인생과 역사를 바라보라.

축시

## 물의 부탁 The water plea

― 드보라 · 김혜정 Hye Jung Kim *

머물러 있으면 저수지라 한다
작게 흘러가면 개울이라 한다
모여서 움직이면 강이라 한다
결국 해내면 바다라 한다
누구 맘대로.

섣불리 이름을 붙여버리지 마라
행여나 그 이름이 최선일까 안주하지 마라
어디를 거쳐왔는지 기어이 들어라
무엇으로 변할 수 있는지
전심으로 상상하라.

내 모습의 오늘을 가져가려면,
그 모두가 맙소사 한 방울이구나 하고.
증발하기 전에 흘러가기 전에
담을 줄 아는 상식부터 퍼서
온 몸을 적셔라, 제발…

A reservoir stays.
A creek runs.
A river gathers.
An ocean suceeds.
So you say.

More than our given names, we are.
Hold your breath, take time to paddle in.
Listen. Listen loud to the silent places that swim far.
Imagine with all your might, on nobody's behalf.

But before you snap a slice of me today,
Do yourself a favour.
Stand on that ripple and remember.
We are all but a drop.

\* 2019년 『부산문학』 등단 시인, 주식회사 더시안 Recan Creative PTY Ltd. 대표

# 01

# Final Calling | 마지막 안내방송

## - Door Closed, Door Open -

우리 마음이 주님 안에서
안식하기까지는
진정으로 쉬지 못하나이다

성, 어거스틴

우리가 해외나 국내 항공여행을 하다 보면, 종종 항공사에서 이런 안내방송 Passenger Announcement 을 하는 것을 들은 적이 있을 것이다.

"에어부산에서 마지막 안내방송을 드리겠습니다. 일본 도쿄 나리타 국제공항으로 가는 에어부산 112편이 지금 곧 출발하겠으니 탑승하지 않은 분은 속히 1번 탑승구 Gate 로 오셔서 항공기에 탑승하여 주시기 바랍니다."

이 안내방송은 항공사에서 탑승 하지 않은 손님에 대한 Final Calling, 즉 마지막 안내방송이다. 결국 탑승하지 않은 승객들은 대부분 면세점에서 쇼핑에 집중하고 있거나 CAFE에서 커피를 마시며 이야기를 나누거나 다른 생각에 몰두하다가 탑승시간이 자기도 모르는 사이에 지나가 버린 것이다. 항공사에서 친절하게 마지막 안내방송을 손님들에게 했는데도 듣지 못한 것이다.

시간을 보고 깜짝 놀란 이 손님은 헐레벌떡 잔뜩 구매한 물건들을 양손에 들고, 또 가방을 끌고 탑승구로 달려 가지만 탑승구에 도착해 보니 이미 항공기 문은 닫힌Door Closed 후이고 항공기와 탑승구를 연결한 통로 다리Door Bridge도 분리된 후였다. 이 승객은 항공사 직원에게 제발 항공기 문을 열어 달라고Door open 안타깝게 졸라댄다.

이때 항공사 직원은 정중하게 답변을 한다. "죄송합니다. 항공기 문이 이미 닫혔습니다.Door Closed" 이 얼마나 냉정하게 들리는 말인가?

그러나 이런 일은 비일비재하게 일어나는 일이고 특히 외국공항의 항공사는 모국어 방송이 아닌 공용 영어방송을 하다 보니 손님이 탑승시간Boarding Time과 탑승구를 숙지하고 있지 않으면 충분히 있을 수 있는 일이다.

항공기 기장은 정해져 있는 탑승구 출발시간 Push Back Time 과 다른 국가 영공 통과시간 등, 여러 상황을 최종적으로 판단하여 항공기 문을 닫도록 지시한다. 항공기 기장의 결정으로 항공기 문이 닫히고 출발한 항공기는 다시 탑승구로 돌아올 수 없다. 탑승하지 못한 손님은 안타깝게도 신나는 여행의 기회를 놓치고 마는 것이다.

### 하늘의 문, 역시 열면 닫을 자가 없고, 닫으면 열 자가 없다

성경에 보면 마치 항공기 기장의 지시에 의해서 항공기 문이 닫힌Door Closed 사례처럼 여호와께서 친히 문을 닫으신 이야기가 나온다.

바로 노아의 방주 이야기이다. 창세기 7:1,15,16절의 말씀이다.

> 창 7:1 여호와께서 노아에게 이르시되 너와 네 온 집은 방주로 들어가라 이 세대에서 네가 내 앞에 의로움을 내가 보았음이니라
> 창 7:15 무릇 생명의 기운이 있는 육체가 둘씩 노아에게 나아와 방주로 들어갔으니
> 창 7:16 들어간 것들은 모든 것의 암수라 하나님이 그에게 명하신 대로 들어가매 여호와께서 그를 들여보내고 문을 닫으시니라

하나님께서는 우주만물을 지으시고 우리가 살아가기에 필요한 최상의 조건으로 채우시고 보시기에 '심히 좋았더라'고 말씀하시며, 자신의 형상을 따라 모양대로 우리를 만드셨다. 피조물인 인간에게 복을 주시며 '생육하고 번성하여 땅에 충만하라. 땅을 정복하고 모든 생물을 다스리라'는 인간을 위한 한 가지 존재론적인 통치 방법을 주셨다.

즉, 선·악과를 주심으로 가장 안전하고 항상 기억해야만 하는 하나님과의 커뮤니케이션을 하게 하셨다. 그러나 하나님의 왕 되심을 거부하고 하나님과 같이 되어 선·악을 판단하고 스스로 높아지려는 인간의 교만으로 인하여 세상에 죄악이 가득하게 되고, 마음으로 생각하는 모든 계획이 악할 뿐임을 보시고 하나님께서는 땅 위에 사람 지으심을 한탄하시고 창조하신 지면 위에 사람으로부터 육축과 생명 있는 것들을 쓸어버려 땅을 심판하시려는 전 지구적인 심판을 계획하신 것이다.(창 6:13)

보시기에 좋았던 땅, 권능의 말씀으로 창조하신 이 땅을 심판하실 때의 아버지의 아픈 마음을 어찌 다 헤아릴 수 있으랴! 그러나 하나님은 부패한 땅에서 영원한 하나님의 나라를 유업으로 이을 노아를 보시고 은혜를 베푸셨다.

> 창 6:8 그러나 노아는 여호와께 은혜를 입었더라

'노아! 의인이요, 완전한 자. 곧 하나님과 동행하였다'라고 말씀하신다.

친히 지으신 땅을 심판하시지만 초기 인류 타락의 역사를 감싸고 있었던 죄악의 어두움을 씻어내시고 새로운 인류의 조상이 될 노아의 족보를 여신 것이다.

　죄악이 관영하였던 당시 생활 가운데서 상대적인 의미로 나름대로의 공정함과 의로움을 지키려고 노력했던 노아의 삶을 통한 구원 계획을 세우시고 하나님께 드리기 위해 합당한 모습을 가진 노아에게 말씀을 통해서 '지구를 멸하려는 계획'(창 6:13)과 함께 '너를 위하여 방주를 만들라'(창 6:14) 라는 고지告知의 은혜를 베푸신 것이다.

## 인류 최초의 선박 제조자, 노아

　120년 동안 많은 사람이 동원되어 방주를 만들어 갈 때 얼마나 많은 사람들이 비현실적인 노아의 행동에 비웃음과 조소로 무시했을까?
　얼마나 많은 사람들이 이성적 사고로는 이해할 수 없는 노아의 준행함을 무시했을까?
　그러나 노아는 하나님이 자기에게 명하신대로 다 준행하였다.(창 6:22) 라고 말씀하고 있다.
　하나님이 보시기에 인류는 스스로 하나님과 멀어져 악한 길로 가고 있었지만 하나님과 동행한 노아의 믿음은 슬퍼하시는 아버지 마음에 위로가 되어, 노아와 온 집의 방주를 예비하여 들여보내신다.(창 7:1)
　알려 주신대로 하늘의 창문이 열리는 사십주 사십야의 홍수와 큰 깊음의 샘들이 터지며 인류에 대한 심판이 시작될 때, 여호와께서 그들을 들여보내시고 친히 방주의 문을 닫으신다.
　노아가 만든 노아의 방주의 문을 노아가 닫은 것이 아니라 여호와 하나님께서 닫으신 것Door Closed이다.(창 7:16)
　천하의 모든 산이 다 잠기고(창 7:19) 일백오십 일 동안 물이 땅에 넘치는(창 7:24) 전 지구적인 격변의 홍수 심판이 시작되었다.

## 공의의 하나님은 동시에 자비의 하나님이시다

　Key와 Anker가 없는 방주 안에서, 방주 밖의 현실을 볼 때 온갖 시체가 난무하고 온통 숨 쉬고 살 수 있는 땅은 사라져버려 흙탕물만 가득한 언제 끝날 지 모르는 천지를 뒤흔드는 격랑의 파고 가운데 과연 살 소망이 보인단 말인가?

그러나 하나님께서는 바람으로 물을 감하셔서 물이 물러가고 방주가 아라랏 산에 머물자, '방주에서 나오라' Door Open(창 8:15,16) 하시고 '모든 혈육 있는 생물들에게 땅에서 생육하고 번성하라'시며 복을 주시고 방주문을 여신다.(창 8:17)

> 창 8:15 하나님이 노아에게 말씀하여 이르시되
> 창 8:16 너는 네 아내와 네 아들들과 네 며느리들과 함께 방주에서 나오고
> 창 8:17 너와 함께 한 모든 혈육 있는 생물 곧 새와 가축과 땅에 기는 모든 것을 다 이끌어내라
> 이것들이 땅에서 생육하고 땅에서 번성하리라 하시매

## 방주는 유람선이 아니라 구원선이다

영적인 의미로 본다면, 열려져 있는 방주 안으로 들어가기만 하면 누구나 구원을 받을 수 있는데, 방주 구원 즉, 방주 안으로 들어가 구원을 받을 수 있는 길은 전적으로 여호와 하나님 심판의 주권 안에 있는 것이다.

하나님께서는 인류 중에 노아의 온 집 가족과 생명 있는 모든 육축만을 방주 안으로 들여보내시고 문을 닫은 것 Door Closed이다.

그리고 하나님의 심판의 시간표 안에서 다시 하나님께서 방주의 문을 여신 것 Door Open이다.

즉 방주의 승선 시기 Boarding Time와 하선 시기 Deboarding Tim를 알려주시며, 방주의 문을 닫고 여는 방주 문의 개폐 Door Closed & Door Open를 하나님께서 주관하신 것이다. 사람을 심판하시는 분은 여호와 하나님이심을 말씀하고 있는 것이다.

## 노아시대 홍수 심판은 마지막 심판의 모형이다

당시 노아시대의 생활상은 먹고 마시고 놀고 장가가고 시집 가고 연락하며 즐기고 있는 시대였다. 죄악이 관영한 부패한 시대였다. 그런데 노아의 믿음은 언젠가는 전지전능하신 하나님 말씀으로 고지告知해 주신 것처럼 이 땅을 대 홍수의 물로 쓸어버려 홍수 심판의 작정을 다 이루실 것이라는 말씀을 신뢰하고 '뚝딱! 뚝딱!' 방주를 만드는 데 인내하며 순종한 것이다.

노아는 하나님의 명령에 불평하지 않고 방주를 건축한다. 노아가 120년 동안 방주를 짓는데 노아 가족만 만들었을까? 목수도 필요하고 나무 옮기는 사람, 역청 바르는 사람, 음식 준비하는 사람 등 수많은 사람을 통하여 지었을 것이다.

방주를 건축하면서 노아는 인부들에게 복음 이야기와 곧 물로 지면을 쓸어버릴 심판의 날이 도래할 것이라고 다른 사람들과도 이야기를 주고 받았을 것이다. 그런데 세상 사람들은 모두 황당한 짓, 어리석은 짓이라고 핀잔을 주었을 것이다.

여호와께서는 노아 가족을 제외한 인류가 방주의 문 안으로 들어오도록 120년 동안 유예 기간을 주신 것이다. 그러나 방주를 만들어 승선할 수 있도록 방주의 문이 열려져 있을 때 어느 누구도 세상 일에 도취되어 있어서 구원 승선의 기회를 달라고 하는 사람이 없었다.

그래서 구원의 방주는 노아와 그의 가족만이 승선하여 구원을 받은 것이다. 결국 구원의 문은 노아가 승선하자마자 닫힌 것이다. 그리고 하나님의 심판 계획을 이루시고 하나님의 때와 기한에 다시 하나님께서 방주의 문을 여신 것이다.

> 히 11:7 믿음으로 노아는 아직 보이지 않는 일에 경고하심을 받아 경외함으로 방주를 준비하여 그 집을 구원하였으니 이로 말미암아 세상을 정죄하고 믿음을 따르는 이의 상속자가 되었느니라

노아가 믿음으로 하나님의 명령을 경고하심으로 받아 경외함으로 방주를 준비하여 그와 그 집이 구원을 받았다고 말씀하고 있다. 그래서 노아는 믿음으로 방주를 준비하였는데, 이 믿음이 하나님의 은혜이며 하나님의 선물인 것이다.

구원에 이르는 과정을 보면 하나님의 은혜로 말미암아 우리는 믿음이 생기는 것이다. 노아에게는 '방주를 만들라'는 명령이 하나님의 은혜이기에 이 은혜로 기인하여 노아는 믿음으로 방주를 만든 것이다. 그래서 구원에 이르게 된 것이다.

즉, 믿음은 하나님의 은혜로 받는 것이며, 이 믿음으로 구원을 받는다라고 말씀하고 있다. 이것이 하나님의 왕권을 거부하는 사람들의 사상과 철학을 닮은 다른 종교와는 다른 기독교의 구원의 독특성인 것이다.

## 오직 은혜, 오직 믿음

우리는 흔히 내가 신앙생활을 열심히 함으로써 믿음이 생기는 것으로 알고, 믿음은 나의 행위로 내가 만드는 것이라 생각할 수 있다. 그렇지 않다. 성경은 노아가 의로운 자요 당대의 완전한 자이며 하나님과 동행한 자라고 소개하고 있는데, 노아의 성품이 의롭고 성실하고 완전한 자라서 하나님이 노아를 택한 것이 아니다. 노아가 여호와로부터 먼저 은혜를 입었다는 것이다. 그래서 하나님으로부터 입은 은혜로 말미암아 구원을 받은 것이다.

즉, 하나님께서는 먼저 노아를 선택하신 것이다. 그래서 하나님의 원대한 작정을 노아를 먼저 선택하심으로써 성취해 나가신 것이다. 믿음의 첫 출발은 하나님이 먼저 우리를 찾아주신 것을 믿는 것이다.

> 눅 17:28 노아의 때에 된 것과 같이 인자의 때에도 그러하리라

노아가 방주로 들어가던 날까지도 사람들은 하나님 없이 마음대로 먹

고 마시며, 신앙 없이 자신의 유익만을 좇아 결혼하는 시대였듯이(눅 17:27) 예수님이 다시 오실 때의 상황도 이와 같을 것임을 말씀하신다.

> 벧후 3:6,7 이로 말미암아 그때 세상은 물의 넘침으로 멸망하였으되 이제 하늘과 땅은 그 동일한 말씀으로 불사르기 위하여 간수하신 바되어 경건치 아니한 사람들의 심판과 멸망의 날까지 보존하여 두신 것이니라

이 말씀에서도 노아의 시대에 물 심판이 있었던 것처럼 앞으로 불 심판이 있을 것을 말씀하신다. 그리고 이 시대가 노아의 시대처럼 심판하실 때가 되었지만, 아직 심판을 내리시지 않은 것은 오래 참으시면서 아무도 멸망치 않고 다 회개에 이르기를 기다리시기 때문임으로(벧후 3:9), 우리는 거룩한 행실과 경건한 생활을 할 뿐만 아니라 하나님의 날이 임하기를 바라보고 간절히 사모하는 삶, 즉 하늘의 소망을 갖고 살아 갈 것을 권면하신다.(벧후 3:11,13)

# 결론

## 은혜는 하나님의 언어이다

위에서 살펴본 노아 생애의 키 워드는 '은혜'이다. 이 '은혜'라는 말은 히브리어로는 '헤세드'이다. 그 말의 사전적 의미는 '높은 사람이 낮은 사람에게 먼저 베푸는 과분한 호의'이다.

은혜는 세상의 언어가 아닌 하나님의 언어이다. 하나님의 언어인 자비, 구원, 긍휼 등 세상 사람들이 흉내 낼 수 없는 언어인 것이다.

하나님께서 먼저 죄인 된 우리를 위해 먼저 찾아와 몸을 낮추시고 구원의 은혜를 베푸심으로 예수 그리스도 방주로 들어오도록 구원의 문을 활짝 열어놓으신 것이다. 이것이 하나님의 은혜이다.

구약시대 노아는 구원을 받기 위해 하나님의 명령에 순종하여 120년 동안 방주를 지어야 했다.

그래서 노아가 직접 방주를 만들어서 하나님의 은혜로 노아와 그 가족들은 방주 안에 들어가 구원을 받은 것이다.

그런데 신약시대인 현재는 노아가 방주를 짓는 수고가 필요 없는 시대로, 하나님이신 예수님이 방주가 되어 이 땅에 내려오셔서 십자가에서 우리의 방주가 되어주시기 위해 몸소 피 흘려 죽으신 것이다. 하나님께서 죄인인 우리에게 피값으로 주시는 은혜이다.

> 요 3:16 하나님이 세상을 이처럼 사랑하사 독생자를 주셨으니 이는 그를 믿는 자마다 멸망하지 않고 영생을 얻게 하려 하심이라
> 행 16:31 이르되 주 예수를 믿으라, 그리하면 너와 네 집이 구원을 받으리라

예수 그리스도를 믿는 것이 구원의 방법이요 길임을 말씀하고 있다. 보라, 지금은 구원 받을 만한 때요. 지금이 구원의 날이로다.

주일학교 어린이들이 부르는 복음송이 생각난다. 돈으로도 못 가요 하나님 나라, 힘으로도 못 가요 하나님 나라. 거듭나면 가는 나라, 하나님 나라. 믿음으로 가는 나라, 하나님 나라.

그렇다. 신약시대의 구원의 방주는 예수 그리스도! 이 예수님만을 믿으면 인류 모두가 탑승할 수 있는 무제한의 방주, 승객 수가 무제한인 천국행 방주이다.

우리 모두 예수 그리스도를 구주 삼고 마지막 안내방송 'Final Calling'을 할 때까지 기다리지 말고, 탑승 시간을 위한 첫 안내방송이 나오면 구원의 방주의 천국행 항공기에 탑승하여 구원을 받는 하나님의 자녀가 모두 되길 바란다.

### 이야기 나눌 주제

1. 인간은 시공간의 제한을 받는 존재이다. 반대로 하나님은 시공을 초월하여 존재하신다.
2. 시공의 제한을 받는 인간의 한 평생이 일반적으로 칠십이요, 강건하면 팔십 세라고 하신다.
3. 흔히들 백 세 시대라고 하는데, 인생의 남은 시간을 어떻게 관리하며 살아가려고 하는지 이야기해 보자.

# 흠숭의 대상이신 님이시여

- 아당 | 김영산

밤새 지구 반대편을 돌고 쉬지도 않으시고
방긋 웃는 얼굴 태양빛으로 다가오는 님이시여
님의 미소 빛으로 지난밤 뒤척이던 자리에서 일어나
날마다 창조의 첫 날처럼 새 날을 시작하나이다

저 멀리 산들과 빈들의 풀들 또한 그러하여
지난 밤 내려주신 님의 이슬로 목마름을 축이나이다
그리하여 움추렸던 꽃잎들이 하늘을 향하여 기지개를 펴고
벌과 나비를 맞이할 준비를 하나이다

나는 나의 물뿌리개를 들고 님의 정원에 나아가
장미에게 행복나무에게 트리플 튠 그리고 커피나무…
그들의 이름을 불러가며 님을 대신하여 물을 주나이다
진실로 이 우주 아니 작은 별 지구는 '기찬 자리'입니다

진실로 님께서 빛으로 다가오시지 않았다면
모든 피조물이 어떻게 생명을 유지할 수 있었겠나이까?
님께서 물과 공기를 무상으로 베풀어 주심으로
나날이 우리는 님의 선하심과 아름다움을 노래하나이다

오늘도 하루를 시작하며 저 멀리 창공을 바라보나이다
무한한 창공은 님의 무한하심을 느끼게 하나이다
우주의 크기가 삼백억 광년이라 말들 하지만
좁은 나의 머리로는 님의 지혜 앞에 침묵할 뿐입니다

또 저 넓고 푸른 바다는 님의 깊고 깊은 마음을 닮았나이다
나의 마음은 좁디좁아 자주 실망하고 토라지나이다
하오나 님의 마음은 오고 오는 인류의 약점도 다 받아주시고
인간들의 온갖 오염을 정화시켜 주시니 감사드릴 뿐이니이다

새 해도 새 달도 아니 새 날도 나를 바라보면 실망이 넘쳐나지만
님의 해맑은 햇살과 신선한 공기 그리고 때 따라 내리시는 비로
생애 희열을 느끼며 어둠에서 나와 님의 빛을 향해 다시 섭니다
오 빛이신 님이여! 님만이 나의 진정한 의미로소이다

## 02

# On Position | 바른 위치

꽃을 활짝 피우려거든
열매를 많이 맺으려거든
태양꽃 해바라기처럼
그를 향해 똑바로 서거라
- 아당 '빛을 향하여' 중에서

    조종사가 비행을 시작하기 위해 조종실 Cockpit 에서 가장 먼저 수행하는 임무는 우선 내가 출발하는 공항에서 목적지 공항 From/To 까지 비행해야 할 항로 Route 를 올바르게 선택하는 것이다. 동시에 현재의 내 항공기의 경도와 위도의 좌표 위치가 정확히 바른 위치 On Position 에 있는지? 를 확인하는 것이다.
    그래서 비행 항로 전 구간의 경유 지점 Way Point 들을 조종실 내에 장착된 일종의 다목적용 컴퓨터라고 할 수 있는 MCDU Multipurpose Control

Display Unit 장비에 정확하게 입력하였는지? [2] 여부를 기장과 부기장이 상호 Double Check하는 것이다. 이 세 가지 사항을 입력하고 상호 확인하는 것은 대단히 중요하다. 이 절차를 수행함으로써 출발지 공항에서 목적지 공항까지 항로를 따라 안전하게 비행할 수 있기 때문이다.

이처럼 비행해야 할 항로를 올바르게 선택하여 항로를 따라 On Position 비행하는 것이 중요하듯이, 우리의 인생도 목적지인 구원을 이루는 하나님 나라인 천국 본향에 안전하게 도착하기 위해서는 우리 인생의 항로를 구원에 이르게 하는 올바른 항로를 선택하여 끝까지 따라가는 On Position 신앙생활이 매우 중요한 일인 것이다.

반면에 인간이 스스로 신이라고 하여 신격화 한 교주나 어느 인간을 신으로 추종한다든지, 하나님의 피조물인 그 무엇을 숭배하는 길을 선택하여 살아간다면, 그 길은 필경 멸망으로 갈 수밖에 없다.

그래서 처음부터 올바른 길, 정확한 길, 진리의 길, 예수 그리스도의 구원의 십자가 길을 선택하여 끝까지 따라가는 것이 구원의 가장 중요한 길인 것이다.

우리는 구원에 이르는 길 위에 On Position을 유지하고 서 있는 지를 늘 점검해 보아야 한다. 기독교 신앙의 진면목인 구원과 부활의 확고한 신앙관을 가지려면 예수님과 십자가의 길을 선택하여 끝까지 따라가는 것이다.

우리의 구원과 부활을 이루는 올바른 길이 어떠한 길인지, 그리고 우리가 항상 그 올바른 길에 On Position하여 신앙생활을 하고 있는지에 대하여 묵상해 보자.

미국 팀 켈러 목사는 '구원이나 부활을 확고하게 믿지 않는 유신론은 고통의 소용돌이 속에서 무신론보다 훨씬 깊은 환멸을 느끼게 하며, 역경을 겪는 상황에서는 그 분을 전혀 믿지 않는 쪽보다 하나님을 부실하게 믿는 쪽이 훨씬 불리하다'[3] 라고 했다.

---

2) AIR BUS, A-320 Family, FCOM (에어부산 제공)
3) 팀 켈러 목사, '고통에 답하다', 99페이지 (2018.2.18.두란노)

> 막 16:9 예수께서 안식 후 첫날 이른 아침에 살아나신 후 전에 일곱 귀신을 쫓아내어 주신 막달라 마리아에게 먼저 보이시니라

'한 여인'이 예수님을 만남으로 인해 치료함의 은혜를 받고 구원을 받아 자유로운 사람이 되어 그 후에 그녀의 모든 삶을 예수님만 끝까지 따르며 예수님의 복음사역의 길에 늘 함께 하였을 뿐만 아니라, 예수 십자가의 고난의 길에도 장사 지낸 후에도 예수님 무덤의 현장까지 따라감으로써 하나님으로부터 예수님 부활의 첫 증인이 되는 영광스러운 복을 받은 '막달라 마리아'에 관한 말씀이다.

## 귀신들린 여자도 천하보다 귀한 영혼이다

막달라 마리아는 성경에 그녀의 이름 앞에 따라다니는 관계 수식어가 있는데 그것은 '일곱 귀신 들린'이다. 즉, 일곱 귀신 들린 막달라 마리아이다. 이 여인은 전승에 의하면 부족함이 없는 금수저 출신이라고 한다. 이 막달라 마리아가 일곱 귀신이 들린 것이다.

이 '일곱은 성경에서 완전 수'를 의미하는데 막달라 마리아가 일곱 귀신이 들렸다는 이야기는 이 여인의 정신적, 육체적, 영적으로 너무 괴로워할 뿐만 아니라 완전히 피폐화하여 사망의 늪과 같은 힘든 인생을 살아가고 있었다는 뜻이다.

또한, 이름에서 볼 수 있는 '막달라'는 성읍의 이름으로서, 갈릴리 호수 서편 항구 디베랴 북쪽 약 4.8km에 위치한 막달라라는 성읍이다. 그런데 예수님이 2차 갈릴리 전도여행 시 이 여인은 예수님을 만나면서 완전한 치유함의 은혜를 입어 구원을 받아 자유하게 된 것이다.

그래서 이 여인은 예수님을 만난 후 죄에서 해방되었으며, 그 이후에 예수님께 전적으로 의지하며 몇몇 여인과 함께 자기들의 소유로 예수님의 일행을 섬기며 헌신함으로써 열렬히 예수님을 따르는 자가 되었다.

예수님의 고난과 고통의 현장에서 반드시 그 자리를 지켜야 할 사람은 누구인가? 신앙의 도리로 말하자면 두 말 할 나위도 없이 예수님의 제자

들이어야만 했다.

그런데, 제자들은 예수님의 빌라도 재판 현장에서나 십자가 처형 현장에서도 자기들 생명 부지에 급급하여 다 도피하고 먼 위치에서 구경꾼 의식으로 바라본 사람들이다. 그러나 막달라 마리아는 예수 십자가의 길에 함께 그 자리를 지키며 On Position하고 있었던 것이다.

## 사랑과 믿음, 믿음과 사랑은 같이 간다

남 모를 고통 가운데서 누군가의 도움이 없이는 스스로 살 수 있는 어떠한 소망도 없었을 때, 예수님께서 찾아오셔서 일곱 귀신을 호통쳐 내어 쫓으시고, 위로하시며 천국 복음을 가르쳐 지키게 하셨던 주님께서 아무런 저항도 못하고 죽음으로 생을 마감한 안식일 전의 일을 생각할 때, 마리아는 그 분의 시신 가까이에서 만이라도 보고 싶어 견딜 수가 없었다.

살아있는 이유와 소망이었던 그 분, 육신으로는 비록 죽임을 당하셨지만 그 분의 시신에, 자신이 소중하게 간직하고 있던 향품이라도 넣어드리고 싶은 사모하는 마음을 억누르며, 안식 후 첫날을 기다려 무덤을 찾아 떠난다. 이른 아침 새벽 미명이었기에 밤보다도 짙은 어둠의 시간이었다.

여자의 몸으로 동산 가운데 죽은 사람의 시체를 보러 간다는 것은 상식적으로 무서움과 두려움이 컸겠지만, 주님을 사랑하는 마음은 이를 가로 막지 못하였다.

그 무덤을 무장하고 지키는 군병들의 눈을 의식해야 했고, 냄새 나는 음습한 그 곳이었겠지만, 마리아는 그 자리가 자신이 지켜야 할 마땅한 자리임으로 알고 빠른 걸음을 재촉한다. 도착하였을 때, 무덤에서 돌이 옮겨진 것을 보고 울면서 몸을 구부려 예수님의 시신을 찾을 때, 부활의 주님께서는 영광스러운 부활의 몸을 가장 먼저 마리아에게 보이신다.

'어찌하여 울며 누구를 찾느냐? 이제부터는 울지 말라'는 것이다.

절망은 소망으로 바뀌었다. 죽음이 아닌 생명으로 주님께서는 '막달라 마리아' 곁에 오신 것이다. 울면서 앉아 있지 말고 이 기쁜 소식을 제자들에게, 친지에게, 이웃에게 전하라 하신다.
  죽음이 끝인 줄 알고 실오라기 같은 연민으로 찾아간 그 곳에서 새로운 출발을 펼치신다. 인류의 죄 때문에, 마땅히 죽어야 할 나의 죄 때문에, 내가 죽어야 함에도 불구하고 나를 살리려 대신 모든 고통과 질고의 벌을 다 받으신 주님께서 죽음을 이기시고 다시 살아나셨다.
  끝까지 사랑하시며 기다리시는 하나님 앞으로 우리를 인도하시려 오늘도 말씀으로 찾아오신다. 두 팔 벌려 기다리시는 주님 앞에 나의 자리는 어디에 위치하고 있는가?

## 하나님의 은혜를 헛되이 받지 말라

  사람은 누구를 만나느냐가 대단히 중요한데, 특히 구원자이신 예수님을 만나는 것은 일생 일대의 중요하고 위대한 만남이다. 막달라 마리아는 이 예수님을 만나서 일곱 귀신에게서 해방되어 자유로운 영혼과 육체를 얻어 예수님을 따른 것이다.
  이 여인은 예수님 때문에 인생이 완전히 바뀐 것이다. 이 막달라 마리아에게는 예수님을 통해 생명의 빛을 만나게 됨으로 귀신들이 떠나가고 정상인으로서 제2의 인생을 살게 된 것이다.
  우리의 인생도 막달라 마리아처럼 예수님을 만남으로써, 하나님 나라 백성이 되었기 때문에 막달라 마리아처럼 영적으로 동일한 구원을 받은 하나님의 자녀가 된 것이다. 만일 예수님을 만나지 못하여 세상을 산다면 사망의 죄의 법 안에 속해 있는 불신앙인이기 때문에 지옥에 갈 수밖에 없다.
  그러나 하나님 백성은 예수님을 영접하면서 성령님이 우리 안에 계시기 때문에 귀신을 쫓아 낼 수 있는 특권이 있는 것 뿐만 아니라, 예수님을 만난 후에는 구원 받고 새로운 피조물로 살다가 이 후에 예수님 재림 시에 부활의 몸으로 변화되어 영생을 받아 천국에 갈 사람들이다.
  사람에게 있어 '그 누구를 만나느냐'는 너무나도 중요한 것이다. 세상 일도 중요하지만, 하물며 하나님 나라로 들림 받기 위해서 예수님을 만난다는 것는 중차대한 일이다.

다음으로 우리는 끝까지 바른 위치의 신앙인이 되어야 한다. 초심을 잃지 말고 반드시 있어야 할 자리에 늘 On Position 해야 하는 것이다. 삶의 현장에서 하나님 자녀로서 제 자리를 지키는 것이 중요한 것이다.

성경에 예수님의 제자들은 빌라도 법정에서부터 예수님 부활하실 때까지 있어야 할 제 자리를 지키지 못함을 볼 수 있다. 예수님의 수제자 베드로도 빌라도 법정에서 너도 한 패라고 하니 두려워서 도피한 것이다.

베드로가 있어야 할 옳은 자리는 빌라도 법정에서도 죽으면 죽으리라 예수님을 변호하며 제자다운 제자로서 그 자리를 지켰어야 했는데 두려워서 제 자리를 지키지 못했던 것이다.

그런데 막달라 마리아는 누구의 강요나 권고가 없이도 스스로 빌라도 법정에서부터 예수님의 고난과 고통의 동선에서 이탈하지 않고 예수님을 따르며 죽음의 십자가 밑에서 자리를 지켰으며 삼일 부활의 현장을 지킨 것이다.

막달라 마리아는 일생동안 받은 은혜와 사랑에 감격하여 예수님을 끝까지 따랐으며, 제자가 있어야 할 자리에 위치하고 지킨 것이다.

마지막으로 막달라 마리아처럼 신앙고백을 넘어 사랑의 실천으로 나아가야 한다.

오늘날의 믿는 자들의 마음을 점검해 보자. 솔직하게 말해서, 충성된 믿음을 말하고 굳센 신앙을 말하고, 하나님 나라 확장을 위해서 교회에 다닌다고 자부하지만, '달면 삼키고 쓰면 뱉는 것'이 사람의 마음이다. 자기에게 어떤 형태로든지 이익이 되면 믿음생활하고 교회를 계산적으로 다니기도 한다. 막달라 마리아는 아무런 조건 없이, 아무런 대가나 장래 희망도 없는데, 남이 알아주지도 않을 뿐더러 위험하기 짝이 없는 예수님의 주검의 시신 거두기까지를 충성된 모습과 사랑으로 자청한 것이다.

## 신앙과 사랑은 동전의 양면과 같다

적어도 막달라 마리아에게서 예수 사랑과 예수 신앙은 둘이 아니고 하나였다. 그러나 그 순서는 예수 사랑을 거쳐서 예수님 신앙에로 나아간 것이었다. 십자가에 처형 당한 하나님의 어린 양 예수님과 하늘과 땅의 권세를 가지신 세상을 이기신 그리스도는 둘이 아니고, 우리가 고백하는 바로 그 동일한 '예수 그리스도'이시다.

그 이름은 호칭이 아니고 '막달라 마리아가 그렇게도 온전히 사랑했던 인간 예수가, 하나님이 누구신지를 온전히 드러내고 하나님과 온전히 하나 되셨던 구세주 그리스도이시다'라고 고백하는 '가장 짧은 신앙 고백'인 것이다.

막달라 마리아에 못지 않게 우리들도 한 번 더 예수를 진정으로 '온 맘 다하여 사랑합니다!'라고 고백하는 자리에 들어 가도록 하자. 그리 하여야만 '그리스도에 관한 신앙 고백문'이 빈 말처럼 되지 않게 되기 때문이며, 예수님의 몸된 교회를 '내 영혼의 어머니 품'칼빈처럼 더 사랑할 수 있게 될 것이기 때문이다.

## 막달라 마리아에게 하신 말씀 곧 우리에게 주신 축복!

예수님께서는 부활 후에 만난 막달라 마리아에게 '내 아버지 곧 너희 아버지, 내 하나님 곧 너희 하나님'이라고 하셨다. 이 얼마나 복되고 영광스럽고 감사한 말씀인가!

예수님의 십자가와 부활 사건을 통하여 하나님과 원수된 인류가 하나님의 자녀가 되는 은총을 누리게 된 것이다. 영접하는 자 곧 그 이름을 믿는 자들에게는 하나님의 자녀가 되는 권세를 주신 것이다.(요 1:12) 이 표현은 예수님과 하나님의 관계와 하나님과 신자들의 관계를 간결하게 정리해 주신 말씀이다.

즉 예수님과 하나님의 관계는 영원 전부터 하나 되신 특별한 관계이시다. 그래서 어거스틴은 이 본문을 '본성으로는 나의 하나님이며 은혜로는 너희의 하나님이다'라고 해석했다.

이제 부활하신 예수님이 승천하시게 되면 약속하신 성령님이 오시게 되고, 성령님이 오시면 보다 온전한 성도의 교제, 하나님과의 교제가 열려지게 될 것임을 염두에 두고 막달라 마리아에게 자신을 과거와 같이 대하지 않아야 함을 강조해 주신 것이다.

# 결론

우리는 살다가 죽는 인생이 아니다. 이미 원죄로 죽었던 우리는 예수님의 십자가의 대속으로 중생 Born Again 함으로써 죽었다가 살아난 것이다. 예수님을 만나지 못했다면 그저 복음의 은혜도 모르고 살다가 죽어야 하는 우리들이었다. 따라서 우리의 인생에 누구를 만나느냐는 매우 중요한 것이다. 구원자 되시는 예수님을 만날 때 구원 받고 부활의 은혜를 누리게 되는 것이다.

## 막달라 마리아의 아름다운 신앙 여정

예수님을 만나기 전 막달라 마리아의 피폐화된 영혼의 상태처럼 우리도 일곱 귀신 들려 사망의 늪에서 살다가 죽을 몸이었지만 예수님께서 막달라 마리아를 만나 주심과 같이 치유 받고 새로운 생을 살게 된 것이다.

우리도 하나님의 은혜로 예수님을 만나게 해 주심으로써 구원 받고 부활에 참여하는 하나님의 자녀가 된 것이다. 막달라 마리아는 예수님을 만남으로 인해 예수님의 은혜로 치유 받은 감격과 감사를 잊지 않고 남은 일평생을 자신을 회복시켜 주신 예수님을 끝까지 따라가며 살았다. 예수님 제자들도 감히 함께하지 못한 예수 십자가의 길에 자기의 자리를 지킨 신앙의 여인이다.

그래서 막달라 마리아는 예수님의 부활을 처음으로 목격하는 영광스런 인물이 되었을 뿐만 아니라 하나님의 인류 구원과 부활의 원대한 경륜과 섭리, 세계사 경영의 중심에 쓰임 받는 여인이 된 것이다.

부활의 첫 증인은 남자가 아닌 연약한 막달라 마리아를 사용하신 것이 하나님의 역사인 것이다.

우리도 이처럼 구원자 되시고 부활의 참 소망 되시는 예수 그리스도를 만남으로써, 그 분을 온전히 영접하고 예수 십자가의 길, 그 길이 온갖 고난의 현장일지라도 그 자리를 지킴으로써 구원과 부활의 은총을 누리는 자들이 되어야 할 것이다.

## 이야기 나눌 주제

1. 자신의 일생에 가장 중요한 전환점은 '언제, 무엇, 누구?' 덕분이었는가.
2. 그 분에게 지금 감사의 메일을 보내든지, 엽서를 한 장 써 우편으로 보내 보자.
3. '20년 이후'라는 제목으로 미래의 자기 모습을 예측해서 한 장에 써 본 후 나누어 보자

# 03
# Please Pay Attention… | 잠시 하던 일을 멈추고…

인간은 하나의 갈대에 불과하다
그리고 자연 가운데 가장 나약하다
그러나 인간은 생각하는 갈대이다

- 팡세 중에서

항공여행을 할 때 항공기가 탑승구 Gate 에서 출발하기 전 캐빈 승무원 Cabin Crew 은 기내 안내방송 PA, Passenger Announcement 을 한다.

"손님 여러분~ 지금부터 비상구 위치와 비상장비 이용 방법에 대해 안내해 드리겠습니다. 잠시 하던 일을 멈추시고, 승무원에게 집중해 주시기 바랍니다."

"Ladies and gentlemen, Please pay attention to the cabin crew for safety information!"

기내 안내방송과 함께 캐빈 승무원Cabin Crew이 비상구 위치나 비상장구 사용법에 대해 행동Demonstration으로 보여 준다. 이러한 안내방송이 시작되면 모든 승객들은 '잠시 하던 일을 멈추고', 캐빈 승무원이 안내하는 방송을 경청하면서 캐빈 승무원의 시범 행동을 보고 숙지해야 한다.

이때 승객들은 신문을 보다가도, 스마트 폰을 하다가도, 옆 사람과 대화를 하다가도 모든 행동을 멈추고, 캐빈 승무원이 방송하는 안전에 관한 안내방송과 승무원의 시범 행동에 '먼저' 집중하여야 한다.

비행기의 기내 안내방송이 중요한 이유는 만일 지상에서 항공기에 화재가 발생하든지, 엔진이나 동체의 어느 부분에서 연기가 나면서 화재의 가능성이 있다고 판단이 될 때 기장은 즉시 화재 진압 조치를 수행한다. 화재 진압 조치에도 불구하고 화재가 계속 진행이 되거나 또는 화재 가능성이 있다고 판단이 된다면, 기장은 항공기에서 모든 탑승자를 비상탈출 시켜야 한다. 공중에서도 이러한 유사 비상상황이 발행하면 항공기를 가장 가까운 공항으로 비상착륙시켜 신속히 기내 비상탈출을 시켜야 하는 것이다.

### 비상 탈출 지시 Evacuate×3

왜냐하면 화재가 진압이 안 될 경우에는 거의 대부분 항공기가 폭발로 이어져 대재앙의 대형사고로 연결되기 때문이다. 그래서 만일에 대비하여 내가 비상탈출해야 할 비상구가 어디에 위치하고 있는 지에 대해 숙지하는 것은 대단히 중요한 일이다.

기장의 비상탈출 지시Evacuate! Evacuate! Evacuate! 3번 방송가 있으면, 전 승객은 즉시 자리에서 일어나 비상탈출을 해야 하는데 사고의 위협을 느낀 승객들이 자기가 탈출할 비상구 위치를 숙지하고 있지 않으면 소란한 상태에서 질서를 잃어 아비규환의 상황이 벌어지고 말 것이다. 이렇게 되면 기내에서 승객들의 비상탈출 시간은 더욱 지체될 수밖에 없다.

어떠한 이유에서든지 화재가 발생한 항공기는 거의 폭발로 이어지기 때문에 더욱 비상탈출에 대한 경각심을 갖고 스스로 비상탈출할 비상구를 숙지하여 대비해야 한다.

　모든 항공기는 기장이 비상탈출 지시를 내리면 90초 이내에 비상탈출이 완료되도록 되어 있다. 이 시간은 대형 항공기이든 소형 항공기이든 항공기의 크기와 좌석 수와 무관하다.

　기내 안내방송이 중요한 또 한 가지 이유는 공중에서 항공기의 여압의 상실, 또는 감압현상이 발생하게 될 때 탑승자 모두는 기내 머리 위 선반 속에서 내려오는 산소마스크 Oxygen Mask를 신속하게 착용하여 호흡을 해야 한다. 승객이 산소마스크를 착용하는 시간이 지체될 경우에는 의학적으로 저산소증 hypoxia, hypoxemia 에 노출된다.

　사람이 고공에서 저산소증에 노출이 되면 우리 몸의 혈액 내 필수적인 산소가 부족하게 되면서 두뇌 의식 판단에도 크게 영향을 미치게 된다. 산소 공급이 늦어지면 두뇌 의식 활동이 더디어지면서 의식 상실의 위험에 처하기도 하며 생명에도 위협을 받게 된다.

## 고도 10,700m 상공에서 여압 상실이 되면, 60초 이내에 산소 마스크를 착용해야 한다

　고공 비행고도에 따른 인간의 유효의식 시간의 변화를 보면 비행고도가 12,200m 40,000FT 비행 시 감압현상이 발생되어 기내 기압이 급속히 떨어지면 산소공급이 희박하기 때문에 승객은 산소마스크 Oxygen Mask를 15초~20초 내에는 착용하여 호흡이 이루어져야 의식 상실을 방지할 수 있으며, 국제선 비행 시 일반적으로 배당 받는 비행고도인 10,700m 35,000FT 에서는 30초~60초 안에 산소 마스크를 착용해야 한다.

　비행고도가 높아 질수록 인간의 의식 유효시간은 짧아진다. 기내 탑승자들이 산소를 사용할 수 있는 가능 용량은 항공기 기종과 항공기 기번에 따라 다르겠지만 일반적으로 13분~20분 A-320 Family 까지 사용할 수 있는 용량이 탑재되어 있다. 탑승자들의 산소마스크 Oxygen Mask 착용은 항공기가 비상 급강하하여 안전고도인 3,000m 10,000FT 에 도달할 때까지 산소마스크를 착용해야 한다.

여압 상실의 비상상황이 발생되면 조종사는 즉시 비상강하Emergency Descend를 실시하는데, 기종마다 다르겠지만 1분당 2100m 7,000FPM, A-320 Family 정도로 급강하하게 되는데, 만일 비행고도 11,800M 39,000FT에서 급강하하여 안전고도인 3,000m 10,000FT까지 도달하는데 소요되는 시간은 4분이며, 이 때 항공기의 비행 전진거리는 72km 40NM이다.

그래서 승객들은 비행기에 탑승한 후 비행 시작 전 캐빈 승무원Cabin Crew이 기내 안전방송할 때, 반드시 '잠시 하던 일을 멈추고' 비상구 위치와 비상장비 사용방법, 산소마스크Oxygen Mask 사용방법, 구명복Life Vest 위치와 사용방법에 대한 안내방송과 시범행동 내용을 잘 경청하고 보고 숙지해야 할 이유가 여기에 있는 것이다.

그래도 이해가 덜 되었다면 본 사용설명서 안내서가 좌석 앞 주머니에 비치되어 있다. 이를 참조하면 될 것이다.

최근에는 이러한 중요한 안내방송을 하는데도 승객들이 집중을 하지 않아 '손뼉을 한번 치면서' '잠시 하던 일을 멈추고' 집중하도록 승객들에게 유도하면서 기내 안내 방송을 하기도 한다.

성경에서도 우리의 인생 가운데 '잠시 하던 일을 멈추고' 구해야 할 것이 있다고 말씀하고 있다. 이 세상의 가치관과 생활방식에 동화되어 온갖 부귀영화를 추구하는 삶을 '잠시 멈추고' '먼저' 구해야 할 것이 있다, 라고 말씀하고 있는 것이다.

> 마 6:33 그런즉 너희는 먼저 그의 나라와 그의 의를 구하라 그리하면 이 모든 것을 너희에게 더 하시리라

우리는 이 세상의 무한 생존경쟁 가운데, 분주하게 '앞으로', '위로'만 쳐다보며 부귀영화와 무병장수만을 추구하는 삶을 살아 간다. 그러나 성경은 이러한 생활 가운데, '잠시 멈추고', '먼저' 하나님 나라의 가치관과 프레임 안에서 '하나님 나라와 그의 의를 구하는 자'가 되라고 말씀하고 있는 것이다.

성경은 이러한 세상의 가치관과 생활방식 안에서 온갖 부귀영화를 누린 한 인물을 소개하며, 이 인물이 내린 인생의 결론이 무엇인지, 그리고 그가 내린 인생의 결론을 통하여 우리가 추구해야 할 삶의 방향과 궤도가 무엇인지를 말씀하고 있다.

### 솔로몬과 백합화 한 송이

> 마 6:29 그러나 내가 너희에게 말하노니 솔로몬의 모든 영광으로도 입은 것이 이 꽃 하나만 같지 못하였느니라

신약성경 마태복음 6:29절에서 한 인물을 소개하고 있는데, 한 마디로 솔로몬 왕이 누린 세상의 모든 부귀영화도 꽃 한 개만 못 하다는 말씀이다. 이 꽃 한 개의 세계가 인간들의 수고와 노력으로 이룬 부귀영화를 능가한다는 뜻이다.

결국, '꽃 한 개의 자태가 솔로몬 왕이 누린 세상의 부귀영화와 모든 영광으로 입은 옷보다 낫다'는 말씀이다.

그런데 성경은 왜 솔로몬 왕의 모든 영광을 이 꽃 하나만 못 하다고 수치스럽게 비교하는 것일까? 과연 인간은 꽃 하나만도 못하게 하나님께서 만드셨을까?

그렇지 않다. 결론부터 말하자면 하나님 없는, 하나님을 도외시한 이 세상의 부귀영화는 헛된 것임을 강조, 비유한 것이다.

솔로몬이 왕이 된 후 초기 통치의 기조는 아버지 다윗 왕처럼 '다윗의 길'을 가며 이스라엘을 통치했다. 솔로몬 왕의 초기 통치는 두 말할 나위 없이 아버지 다윗 왕처럼 하나님을 경외하고 하나님 명령과 말씀을 지키며 하나님 마음에 합한 통치를 하며 이스라엘을 다스리기 시작하였다. 일천 번 제를 드리면서까지 하나님의 마음을 기쁘게 한 왕으로서, 하나님께서는 이 솔로몬 왕에게 온갖 부귀영화와 지혜와 영광을 다 누리도록 은혜를 베푸셨다.

그러나 해를 거듭할수록 인생의 말년에는 이방 여인들과 사랑에 빠지면서 이방 신들을 불러들여 우상을 숭배했을 뿐만 아니라 세상의 가치관에 함몰되어 하나님 명령을 멀리함으로써 하나님을 배교하는 악행을 일삼게 되었다.

> 왕상 11:3 왕은 후궁이 칠백 명이요 첩이 삼백 명이라 그의 여인들이 왕의 마음을 돌아서게 하였더라
> 왕상 11:4 솔로몬의 나이가 많을 때에 그의 여인들이 그의 마음을 돌려 다른 신들을 따르게 하였음으로 왕의 마음이 그의 아버지 다윗의 마음과 같지 아니하여 그의 하나님 여호와 앞에 온전하지 못 하였으니
> 왕상 11:8 그가 또 그의 이방 여인들을 위하여 다 그와 같이 한 지라 그들이 자기의 신들에게 분향하며 제사하였더라
> 왕상 11:9 솔로몬이 마음을 돌려 이스라엘의 하나님 여호와를 떠남으로 여호와께서 그에게 진노하시니라 여호와께서 일찍이 두 번이나 그에게 나타나시고
> 왕상 11:10 이 일에 대하여 명령하사 다른 신을 따르지 말라 하셨으나 그가 여호와의 명령을 지키지 않았음으로
> 왕상 11:11 여호와께서 솔로몬에게 말씀하시되 네게 이러한 일이 있었고 또 네가 내 언약과 내가 네게 명령한 법도를 지키지 아니하였으니 내가 반드시 이 나라를 네게서 빼앗아 네 신하에게 주리라

위 성경 구절을 볼 때 솔로몬 왕은 이 세상의 모든 영광을 누린 왕인 반면, 인생의 말년에는 하나님 나라의 가치관을 버리고 '다윗의 길'에서 멀어지면서 하나님과의 언약과 하나님의 명령한 법도를 지키지 않아 하나님으로부터 경고를 두 번씩이나 받는다.

이러한 두 차례의 경고에도 불구하고 하나님을 멀리하는 배교를 함으로써 왕이신 하나님을 잊어 버리고 스스로 왕이 된 이스라엘 왕들처럼

통치하여 하나님으로부터 나라를 아들 르호보암 대에서 빼앗기고 남과 북으로 분열을 당하는 나라로 수치를 당한 것이다.

그래서 성경은 솔로몬 왕의 온갖 부귀영화라 한들 하나님이 없는 부귀영화는 세상의 꽃 하나만 같지 못한 헛된 것임을 말씀하고 있는 것이다. 솔로몬 왕은 이 세상의 가치관과 프레임 안에서 의미 없이 살아가는 인생의 결론을 전도서 1:2,3절에서 회고하고 있다.

> 전 1:2 전도자가 이르되 헛되고 헛되며 헛되고 헛되니 모든 것이 헛되도다
> 전 1:3 해 아래에서 수고하는 모든 수고가 사람에게 무엇이 유익한가

### 권불십년 화무십일홍

'해 아래에서 하나님 없는 인생의 모든 수고와 노력으로 쌓은 부귀영화는 모든 것이 헛된 것이다'라는 것이다. 즉, 하나님 나라의 가치관이 실종된 세상의 삶은 헛된 것임을 설명하고 있는 것이다.

권불십년權不十年, 화무십일홍花無十一紅, 일장춘몽一場春夢이라는 말이 있다. 권력은 십 년을 가지 않고 화려한 꽃도 십 일을 넘기지 못하나니, 이것이 '다 봄날에 품었던 하나의 꿈이었노라'라는 것이다.

'해 아래에서 하나님을 섬기지 않고 세상의 가치관과 프레임 안에서의 부귀영화와 모든 것은 헛된 것이며, 하나님 없는 인생은 아침 안개요 들풀이요 일장춘몽의 꿈이다'라는 것을 알아야 한다.

### 풀은 마르고 꽃은 시드나 하나님의 말씀은 영원하다

전차지복前車之覆, 후차지계後車之戒라고 했다.

시골길을 가다가 앞 마차가 도랑에 전복된 것을 보면, 뒤따라가는 뒷마차는 경계하여 앞 마차가 가던 바퀴의 궤도를 수정하여 가야 한다는 이야기이다.

솔로몬 왕이 결론 내린 인생의 궤도를 따라 가면 나도 전복되니 경계하여 삶의 궤도를 하나님 나라 가치관과 프레임 안에서 '하나님 나라와 그의 의'를 구하는 삶으로 궤도를 수정하라는 것이다.

성경은 우리의 삶의 궤도를 수정하기 위해 '잠시 세상의 가치관 안에서 하던 일을 멈추고', '먼저 하나님 나라와 그의 의를 구하는 삶, 사람의 본분을 지키는 삶을 살아야 한다'고 말씀하고 있다.

> 전 12:13 일의 결국을 다 들었으니 하나님을 경외하고
> 그의 명령들을 지킬 지어다
> 이것이 모든 사람의 본분이니라.

여기서 '일의 결국'의 의미는 해 아래에서의 인생 연수 동안의 모든 일의 수고와 노력의 결론을 뜻한다.

'사람의 본분'을 지키는 삶은 결국, '하나님을 경외하고 그의 명령들을 지키는 삶'이며 이것이 하나님 나라 가치관과 프레임 안에서 '하나님 나라와 그의 의'를 구하는 삶인 것이다.

## 결론

그렇다면 '하나님 나라와 그의 의를 구하는 삶'의 키워드는 무엇일까? 바로 하나님의 최우선 목표이신 모든 인류 구원 사역을 위해 내가 '잠시 세상에 역점을 두고 있는 일을 멈추고', '먼저' 복음을 위해 사는 것, '먼저' 땅 끝까지 이르러 증인된 삶을 사는 것이다.

## 많은 사람을 옳은 데로 돌아오게 하는 자는 해와 같이 빛나리라

　땅끝의 개념은 미전도 종족과 열방을 의미하지만 우리의 삶의 현장이 바로 땅끝인 것이다. 내 주변에 복음을 모르는 사람이 있다면 그 자리가 땅끝임을 알아야 한다.
　내 직장 안에 복음을 접하지 못한 직장동료가 있거나 내 집 앞, 내 집 옆에 예수님을 영접하지 않은 이웃이 있다면 내 집 문 앞 그 곳이 바로 땅끝 현장이며, 우리의 조종실 내에 기장과 부기장, 캐빈 승무원들이 예수님을 영접하지 않았다면 그 항공기 안이 땅끝인 것이다.
　우리는 하나님의 지상 명령이신 땅끝까지 이르러 복음의 증인된 삶을 우리의 삶의 우선 자리에 두어야 한다 .
　이러한 삶을 사는 사람들에게는 다음과 같은 상급을 받게 된다.

> 단 12:3  많은 사람을 옳은 데로 돌아오게 한 자는
> 별과 같이 영원토록 빛나리라

　이 말씀은 불신자나 믿지 않는 사람들을 '옳은 데로 돌아오게 한 자'에게는 '하늘 나라에서 별과 같이 영원토록 빛나게 하시겠다'는 하나님의 복된 약속의 말씀이다.

## 삶의 우선 순위를 정하라

　또한, 마가복음 10:29,30절에 복음을 위하여 산 사람에게 임하는 복을 말씀하고 있다.

> 막 10:29,30 예수께서 이르시되 내가 진실로 너희에게 이르노니, 나와 복음을 위하여 집이나 형제나 자매나 어머니나 아버지나 자식이나 전토를 버린 자는 현세에

있어 집과 형제와 자매와 어머니와 자식과 전토를
백 배나 받되 박해를 겸하여 받고 내세에 영생을 받지
못 할 자가 없느니라

이 구절에서 '버린다'는 것은 집과 전토를 처분하라는 뜻이 아니다. '버린다'는 의미는 '분리하라' 혹은 삶의 우선순위를 '정리하고 바꾸라는 것'이다. 세상의 가치관과 구조 안에서 첫 번째 우선 순위에 놓고 추구하는 소중한 것들이라 할 수 있는 집, 전토에 대한 소유물을 추구하는 삶을 '잠시 다음으로 분리시키라는 것'이다.

세상의 추구 목표를 '잠시 멈추고', 첫 번째 자리에 하나님을 우선 '먼저', 예수님과 천국 복음 사명의 직분을 우선 '먼저', 첫 번째 자리로 바꾸라는 것이다. 이 말씀은 우리 삶의 궤도와 목적의 우선순위를 '하나님 나라와 그의 의'를 구하는 하나님 나라의 가치관을 '먼저' 최우선 자리에 재조정하라는 것이다.

### 하나님 제일주의

이러한 하나님 나라의 가치관을 추구하는 삶에 대한 하나님의 보상이 바로 30절 말씀처럼 ① 현세에서 백 배나 받고 ② 내세에 영생을 받는다라는 것이다. 여기서 '백 배의 의미'는 산술적으로는 무제한, 절대적 하나님의 무한한 복을 문학적으로 표현한 것으로, '현재와 미래의 물질적, 영적인 복'을 총 망라한 상급이라 할 수 있다. 그리고 내세에서 영생의 복, 영원히 멸망치 않는 복을 받는다는 것이다.

### 문 앞에 다가 온 선교의 대상자들이 즐비하다

현재 우리 나라는 전 세계 최저 출산율 국가이다. 이런 출산율이 2300년까지 지속된다면 계속 줄어들어 없어질지도 모른다는 것이 인구학자들의 공통된 견해이다.

　결국 지금 한국은 인구 부족과 노동력 부족으로 조만간 외국인 오백 만에서 천만 명 시대가 다가올 것으로 본다. 동시에 국제결혼으로 인한 다문화가정도 급증하고 있다.

　또 농촌지역은 절반 가까운 결혼이 외국인과의 혼인이다. 이제 다인종, 다민족사회, 다문화사회가 펼쳐지고 있다. 어떻게 이들과 더불어 살 것인지가 최대 관건이다.

　크리스천은 주님의 마음으로 외국인들을 사랑하고, 이들에게 복음을 전함으로 구원 받은 백성이 되도록 해야 한다. 그 일이 오늘날 우리에게 주어진 사명이다.

　땅끝까지 가지 않아도 땅끝 사람들이 우리에게 와 있다. 바로 외국인 근로자와 외국인 유학생들이다. 이들을 통해 가장 효과적이고 효율적인 세계 선교, 가장 안전한 세계 선교가 이루어질 수 있다. 이제 모든 한국 교회가 함께 일어나 외국 이주민 선교를 통해 세계 선교를 감당하는 한국 교회가 되어지길 기도하자.

## 가나다 행복 시편

– 아당 | 김영산

가난한 심령이 복되다는 역설은
나중에야 깨닫게 되는 진리의 말씀이라
다들 자기 연민으로 마음 고생 하지마는
라면도 못 먹으며 신음하던 그 순간도
마음의 소원과 형편을 하나님은 다 아시네

바라볼 분 오직 하늘의 아버지시라
사람의 일생이 그 분의 큰 손 안에 있어
아직도 가야 할 길 멀고 멀지라도
자기가 존귀한 존재임을 늘 감사하며
차기에 다가올 축복과 영광을 기대하라

카네이션보다 더 붉고 진한 예수님의 피
타락하고 오염된 내 마음을 소생시켜
파도같은 시련, 유혹 쉬지 않고 밀려와도
하늘을 바라 보고 동서남북 바라보라
오, 님의 은혜 아닌 것 어디 있으랴!

# 04

# Thrust | 추력

삼십 일을 살다가 칠 그람의 꿀을 모으고
눈을 감는다는 벌
오늘도 벌통 사이를 분주히 드나드는 데
오늘은 어디로 날아갈래?
누구를 위해 충성할래?
어느 꽃 속에서 시간을 보낼래?

- 아당의 시 | 벌에서

  우리가 항공여행을 하다 보면, 어떻게 대형 항공기가 그 많은 승객과 무거운 화물을 싣고 활주로에서 이륙하고 상승하여 높은 순항 고도에 도달하여 장시간 동안 비행하여 목적지 공항에 착륙할 수 있을까,라고 의아해 하며 놀라지 않을 수 없다.
  비근한 예로 '날아 다니는 하늘의 호텔'로 불리는 A-380 에어버스 여객기는 지금까지 운항하는 민간 여객기 중 세계에서 가장 큰 여객기인데 길이가 73m, 날개 폭이 79.8m, 높이가 24.1m로 날개의 면적만 실내 농구 코트의 2배 크기이다.

좌석에 따른 승객 탑승인원은 일등석 12석, 비즈니스Business석 64석, 일반석 443석 등 총 승객 519명을 탑승할 수 있도록 설계 되었는데 모든 좌석을 일반석으로 조절하면 최대 853명이 탑승할 수 있으며, 최대 이륙 중량은 무려 560ton 560,000Kg 가량 되는 대형 여객기이다. 이렇게 대형 항공기가 활주로에서 이륙하여 상승하며 비행할 수 있는 것은 무엇보다도 항공기에 장착되어 있는 엔진Engine, 동력기관을 이용하여 항공기를 앞쪽 전진 방향으로 밀어낼 수 있는 추력Thrust을 충분히 얻을 수 있기 때문이다.

### A-380 항공기 무게는 560톤

A-380여객기의 최대 이륙중량MTOW, Maximum Take Off Weight은 560톤이다. 이 무거운 항공기를 이륙시키기 위해서 4개의 엔진Engine을 장착하고 있는데, 한 개의 엔진 추력Thrust이 31,752Kg 70,000Lbs, Rolls-Royce Trent 900이다. 이러한 강력한 추력을 가진 엔진을 4개 장착함으로써 그 무거운 항공기를 이륙, 상승시킬 수 있는 것이다.

A-380여객기를 A-321여객기와 쉽게 비교해 보면 최대 이륙중량으로 항공기 무게는 6배이며 엔진의 수를 합한 추력은 4배가 넘는다.

여기서 이해를 돕기 위해 비행이론 중, 추력에 대하여 간략히 소개 하려고 한다. 비행기에 작용하는 힘Four Forces of Flight은 네 성분으로 분류할 수 있다. 즉 추력T,Thrust, 양력L,Lift, 항력D,Drag, 중력G,Gravity이다.[4]

---

4) 참고로 소형여객기로 분류되는 A-321여객기(약 200좌석 규모)의 최대 이륙중량MTOW은 93.5Ton(93,500Kg)이며, 한개의 엔진 추력은 14,333Kg(31,600Lbs, IAE) 이며 2개의 엔진이 장착되어 있다.
추력은 항공기 진행방향의 앞쪽, 양력은 진행방향의 위쪽, 항력은 진행방향의 뒤쪽, 중력은 진행 방향이 아래쪽으로 작용 한다. 비행기에 작용하는 네 가지 힘 중에서 추력은 비행기를 앞으로 나아가게 하는 힘이다. 비행기의 추력은 당연히 엔진을 통해 나온다.
비행기의 추력을 증가 시키면, 추진력이 저항력보다 커져서 비행기는 가속을 하게 되는 것이다. 그래서 비행기가 정지된 상태에서 앞으로 이동시키며 어떤 속도에 도달할 때까지는 추진력이 항력보다 더 커야 한다. 즉, 활주로에서 출발하여 이륙, 상승하기 위해서는 항공기를 밀어 내는 추진력이 저항력보다 커야 하며, 추진력이 저항력보다 더 크면 점점 더 빨리 속도를 얻을 수 있는 것이다. 이 힘을 '추력'이라 한다.

## 비행기는 네 가지 힘의 작용으로 날아 간다

비행기가 일정한 속도를 얻고 비행하고 있는 그 속도에서 이 네 힘을 합하여 '0'이 되면 항공기는 현재의 그 속도로 일정하게 등속도로 항진하게 된다. 일정한 속도로 수평 비행을 하는 비행기에 추력을 더하면 가속하고, 빨라진 만큼 양력이 발생해 더욱 상승한다. 반대로 추력을 줄이면 비행기는 감속하거나 양력을 잃고 강하한다.

비행기의 추력Thrust을 생산할 수 있도록 설계되어 있는 프로펠라 엔진 Prop Engine에서 제트 엔진 Jet Engine으로 실용화 되면서 엔진 추력Engine Thrust이 크게 증가하게 되었다. 그래서 강력한 추력을 내는 4개의 제트 엔진 추력이 A-380이나 B-747 점보 여객기와 같은 대형 항공기를 비행 가능하게 하는 것이다. 제트 엔진 추력의 힘이다.

또한, 항공역학적으로도 항공기의 양력Lift을 최대로 발생 시키기 위해 항공기 날개Wing의 모양Shape을 양항비 L/DMAX, 양력(L)과 항력(D)의 비율를 최대Maximum로 얻을 수 있도록 디자인 되어 있으며, 항공기 무게를 줄이기 위한 가벼운 소재를 사용하고 저속에서도 안정적 특성을 향상 시킬 수 있도록 각종 비행장치Flap 형태 등를 고안하여 장착하고 있다.[5]

## 신앙의 추력을 겸비하라

우리의 신앙도 항공기가 강한 엔진 추력의 힘이 있어야 활주로를 박차며 힘차게 이륙하여 하늘로 상승할 수 있는 것처럼 신앙의 엔진 추력이 겸비되어 있어야 가능한 것이다.

'오직 여호와를 앙망하며 성령 충만한 신앙'의 추력으로 신앙생활을 해야 독수리가 새 힘을 얻어 날개 치며 올라감 같은 신앙인이 될 수 있는

---

5) 베르누이의 원리에 의하면 유체의 속력이 증가하면 압력이 낮아지게 된다. 얇은 종이를 붙잡고 입술 가까이에 대고 힘껏 바람을 불면 아래 쪽으로 축 처져있던 종이가 수평으로 떠오르는 것을 본 적이 있을 것이다. 입으로 바람을 세게 불면 공기의 흐름이 빨라져서 종이 윗면에 작용하는 공기의 압력이 종이 밑에서 떠받치는 압력보다 낮아지게 되어 종이가 떠오르는 것이다. 이런 과학적 원리를 응용한 것이 비행기이다.

것이다. 이럴 경우 달음박질하여도 곤비하지 않고, 걸어가도 피곤하지 않을 것이다.

> *출 19:4 내가 애굽 사람에게 어떻게 행하였음과 내가 어떻게 독수리 날개로 너희를 업어 내게로 인도하였음을 너희가 보았느니라.*

　출애굽기 19장은 이스라엘 백성들이 출애굽한 지 만 2개월이 지나 마침내 시내 광야에 이르게 된다. 여기서 하나님께서는 이스라엘 백성들과 언약 체결 의사를 밝히신다.
　출애굽기 19장 4절 말씀 중 하나님께서는 '독수리 날개로 너희를 업어 내게로 인도하였음을 너희가 보았느니라'라고 말씀하신다. 이 말씀은 애굽에서 종 노릇하고 있는 이스라엘 백성을 하나님께서 구원하시고 가나안 땅으로 가는 길목에 이스라엘 백성의 전진을 방해하는 항력Drag과 같은 많은 장애물들이 앞편에서, 뒷편에서 괴롭혔다.
　그럼에도 불구하고 전지전능하신 하나님께서 크신 능력과 위엄으로 애굽인들을 제압하셨을 뿐만 아니라, 모든 위험으로부터 보호하며 시내산까지 옮겨놓으신 하나님의 크신 능력을 독수리로 은유적으로 표현하고 있는 것이다.
　즉, 마치 하늘을 나는 조류들 중 가장 강한 독수리가 그 새끼들을 자신의 등에 업고 가슴에 품어 보호하고 지키는 것처럼 독수리로 비유하고 있는 것이다.

### 저항력이 크냐, 추진력이 크냐?

　약 200백여 만 명의 이스라엘 백성이 애굽 땅에서 가나안 땅으로 인도하는 중간 길목에서 출애굽하는 이스라엘 백성의 뒤에는 애굽 정예 군사들이 뒤를 따르며 몰살시키려는 위협이 있었고, 전진하는 앞에는 건너가야 하는 홍해가 가로막혀 있었다. 목마름도 기근도 이스라엘 백성의 말미에서 괴롭히는 아말렉 족속도 모두 장애물이었다.

 그러나 이러한 전진을 방해하는 항력의 요소들은 이스라엘 백성들 앞에는 장애물이 될 수 없었다. 여호와 하나님의 초월적 능력과 권위와 위용 앞에 말씀대로 이루어지는 전지전능하신 하나님의 추력 때문이다.

 절대 구원자 되신 여호와 하나님 앞에 그 어떤 세력도 넘볼 수 없었기에 이스라엘 백성은 절대 안전함 가운데 시내산 광야까지 도착할 수 있었던 것이다. 실로 전지전능하신 하나님의 강권적인 권능의 역사요, 하나님의 경륜이시며, 하나님의 은혜였던 것이다.

 이사야 4:31절 말씀을 이해하기 위해서는 이스라엘 백성이 출애굽하여 가나안 땅에 도착한 이후, 이스라엘 왕정시대에서부터 바벨론 포로로 끌려간 긴 역사를 간략히 살펴보는 것이 좋을 것이다.

 애굽에서 출애굽한 이스라엘은 40년간의 광야생활과 5년간의 정복전쟁을 거쳐 가나안을 차지했다. 그리고 사사시대라고 일컫는 사사들이 처리하는 시기를 약 300년 가량 보내게 된다. 사사시대는 사무엘을 통해 마감하고 드디어 이스라엘 왕정 500년이 시작된다.

 이스라엘은 500년의 왕정 중 처음 120년은 통일된 한 나라로 40년간의 사울 시대, 40년 동안 다윗시대, 40년 동안 솔로몬시대를 보내게 된다.

### 남한·북한처럼 이스라엘도 남북으로 나뉘어졌다

 그리고 북 이스라엘과 남 유다로 나뉘어 약 200여 년을 분단된 한 민족 두 국가로 보내게 된다. 북 이스라엘은 200년 만에 결국 앗수르에 의해 문을 닫고, 이후 남 유다는 150년을 더 지내게 된다. 그리고 남 유다도 바벨론에 의해 나라의 문을 잠시 닫고 70년간 바벨론의 포로 생활을 하게 된다. 북 이스라엘은 200년 동안 나라를 유지하면서 7번의 쿠데타를 통해 19

명의 왕이 나라를 다스렸다. '7번의 쿠데타', 이는 얼마나 피비린내 나는 역사였는 지를 말하고 있는 것이며 19명의 왕들은 하나같이 악행을 일삼는 '여로보암의 길<sub>하나님의 법도를 마음껏 유린하고, 산당을 세워 백성을 타락시킨,</sub> '죄악의 길', '우상 숭배의 길'의 악습을 그대로 답습했던 북 이스라엘의 통치자들을 가리켜 한 말'로 가게 된다. 안타까운 왕들 통치의 연속이었다.

남 유다는 350년 동안 다윗의 혈통으로 20명의 왕들이 나라를 다스렸다. 그들도 대부분 악한 왕들이었으나 가끔씩 '다윗의 길<sub>하나님의 마음에 합당한 믿음의 통치로 남 유다의 왕들이 간 길</sub>'로 간 왕이 나타나기도 했다.

남 유다 백성은 바벨론에 의해 세 번에 걸쳐 포로로 끌려가게 된다.[6]

본문 말씀은 이러한 남 유다 백성의 오랜 바벨론 포로생활 중 여호와 하나님께서 우리를 잊으셨나, 하는 백성들의 신앙이 흔들리는 선민 이스라엘 백성을 향하여 '여호와를 앙망하는 자'가 얻을 힘을 강조함으로 여호와에 대한 절대 신앙을 가질 것을 권면한다.

시편 137편 1,2,6절을 보면 이러한 기도의 모습을 볼 수 있다. 이스라엘 백성은 바벨론에서 포로 생활을 하면서 점차 자신들이 고난을 왜 당해야 하는지 돌이켜 보며, 자신들의 잘못을 깨닫고 회개하였음을 볼 수 있다.

> 우리가 바벨론의 여러 강변 거기에 앉아서 시온을
> 기억하며 울었도다
> 그 중의 버드나무에 우리가 우리의 수금을 걸었나니
> 내가 예루살렘을 기억하지 아니하거나
> 내가 가장 즐거워하는 것보다 더 즐거워하지 아니할진대
> 내 혀가 내 입천장에 붙을지로다

이 시는 이스라엘 백성이 나라 잃은 포로의 생활이 얼마나 고달프고 피폐한 생활을 하고 있는 지를 표현하고 있으며, 이로 인해 구원 회복을 얼마나 갈망하고 있는 지를 보여주는 시이다.

---

[6] 조병호, '성경과 5대 제국', 2011, 도서출판 통독원, 79~82페이지를 참조하라.

그러나 하나님께서는 이러한 이스라엘의 기도와 소원에도 불구하고 포로생활 말에 이르기까지 침묵으로 일관하셨다.

그래서 이스라엘 백성은 하나님께서 우리를 버리셨다라고 생각할지 모르지만 하나님께서는 정하신 때와 시점에서 다시 회복시키실 때까지 침묵을 하고 계셨던 것이다.

## 역사의 침묵 가운데서 역사하시는 하나님을 보라

우리는 여기서 하나님의 뜻과 마음을 알아야 한다. 즉, 이스라엘 백성을 향하신 하나님의 뜻은 그들을 바벨론 포로라는 징계에 처하신 목적이 아직 이루어지지 않았기 때문에 침묵하신 것이다.

하나님께서 이 백성을 바벨론 포로라는 혹독한 징계를 가하신 것은 그들의 죄를 응징하는 것도 하나의 목적이었지만 한 편으로는 이번 기회를 통하여 그들로 잃어버린 하나님의 백성으로서의 순결함, 거룩함을 회복하게 하기 위한 것이 중요한 목적이었던 것이다.

이처럼 순결하고 거룩한 백성으로 만드시는 연단의 기간으로 70년을 정하셨던 것으로 이해할 수 있을 것이다. 그래서 하나님은 자기 백성을 징계는 하시되 완전히 버리시는 일은 결코 없으시다.

하나님께서는 우리 고난의 때에 도우심을 지체하시는 데에는 그에 합당한 연단이 필요한 것이다. 그래서 회복이 지체된다고 응답이 바로 이루어지지 않는다고 원망과 불평을 하는 것이 아니라 하나님의 뜻에 부합된 새로운 모습으로 우리 자신을 거룩하고 성결하게 세우는 일에 매진해야 할 것이다.

이런 맥락에서 이사야 선지자는 이스라엘 백성의 고난 가운데 참으로 취해야 할 태도가 무엇인지를 분명하게 권면하며, 또한 이러한 태도를 취하는 자들에게 주어질 축복이 무엇인지를 약속해 주고 있다.

> 사 40:31 오직 여호와를 앙망하는 자는 새 힘을 얻으리니
> 독수리가 날개치며 올라감 같을 것이요,
> 달음박질하여도 곤비하지 아니하겠고
> 걸어가도 피곤하지 아니하리로다

　이 말씀에 보면 '여호와를 앙망하는 자'가 새 힘을 얻고 변화된 양상이 세 가지 동작의 형태로 묘사되고 있다.
　첫 번째는 '독수리의 날개 치며 올라감' 같을 것이다,라고 말씀한다. 이는 강한 힘으로 날갯짓하여 높은 창공으로 오르는 것이며, 두 번째와 세 번째는 달음박질하여도 곤비치 않으며 걸어가도 피곤치 않을 것을 말씀한다.
　이들 중 첫 번째는 하나님을 의지하는 자에게 주어질 힘이 얼마나 강하고 역동적인 것인지를 나타낸 것이라 할 수 있다.
　두 번째와 세 번째는 그 힘을 소유한 자, 곧 우리의 삶 가운데 나타날 축복된 결과가 무엇인지를 함축적으로 제시한 것이라 할 수 있다.
- 옥스퍼드 대전, 바이블 세트, 이사야 40장을 참조하라.

## 신앙의 여정은 장거리 경주이다

　우리에게는 달음박질하여도 걸어가도 곤비치 않고 피곤치 않은 마땅히 우리가 달려갈 길, 걸어가야 할 길이 놓여져 있다. 이 길은 도중에 고단하고 피곤하다고 포기하면 안 되는 반드시 완주해야 하는 길이다. 우리가 완주하지 않으면 우리는 의의 면류관을 얻을 수 없는 것이다.
　문제는 우리가 달려가야 할 길은 아주 먼 길이라는 데 있다. 평생을 달려가야 하는 길이다. 그런데 이 길은 우리의 힘만으로 달리려하면 지쳐서 끝까지 달릴 수 없다. 우리의 힘만으로 신앙의 경주를 하려면 우리는 이내 포기할 수밖에 없을 것이다.
　그러나 성경에서 '여호와를 앙망하는 자'는 다르다는 것이다. '여호와를 앙망하는 사람'은 하나님께서 공급하여 주시는 추력이라 할 수 있는 힘과 능력으로 자기 앞에 놓인 문제들을 해결할 수 있으며, 일상 가운데 온갖 곤혹스런 문제를 초래하는 답답한 실타래를 풀어낼 수 있는 것이다.

## 신앙의 추진력은 성령의 능력이다

*술 취하지 말라 이는 방탕한 것이니 오직 성령의 충만을 받으라(에베소서 5:18)*

"술 취하지 말라." 술 취하는 사람은 제정신이 아니다. 술 취한 사람은 말도 함부로 하고 행동도 함부로 한다. 평소 때 얌전하고 용기가 없던 사람이 술만 마시고 나면 어디서 용기가 나는지…, 그래서 관계가 안 좋은 사람 앞에 가서 자기 마음에 있는 말을 하려고 술 마시고 가서 그 술기운으로 한바탕하는 사람들이 있다. 그런데 여기 왜 술 취하는 것과 성령 충만한 것을 비교했을까?

오순절에 성령을 충만히 받은 120명의 성도들이 예수님을 죽인 자들 앞에 가서 "너희들이 죽인 예수를 하나님이 살리셨다."고 담대하게 전파하였다. 이스라엘 중의 어떤 사람들은 "저 사람들이 술 취했다."고 했다. 베드로는 '술 취한 것이 아니고 요엘 선지자가 말한 대로 하나님이 주신 성령으로 하는 일이다'고 했다.

성령 충만을 받으면 평소에 할 수 없는 일도 할 수 있다. 무서울 것이 없다. 하나님의 뜻을 분별할 뿐 아니라 하나님의 뜻을 담대히 행한다. 육신의 세력에서 그를 이기게 한다. 그래서 성령의 충만을 받으라고 명령했다.

얼핏 생각하면 성령의 충만을 받으라는 것은 특별한 사람만 받는 것으로 여기기 쉽지만 그렇지 않다. 성령 충만은 모든 그리스도인이 꼭 받아야 하는 것이다.

그러면 '왜 성령 충만에 대해서 오해를 하는가?' 성령 충만을 받으면 방언을 한다든지 병을 고친다든지 하나님의 말씀을 멋지게 전한다든지 깜짝 놀랄만한 기적을 행한다든지 하는 것으로만 생각하기 때문이다.

성령 충만은 주님의 명령이다. 그리스도인들이 올바르게 신앙생활을 하기 위해서 주님을 기쁘시게 하기 위해서 주님의 뜻을 행하기 위해서 성령의 충만을 받아야 한다.

## 성령 세례는 일회적, 성령충만은 계속적 반복

예수님을 구주로 믿고 거듭난 사람 속에는 성령이 이미 계신다. 바울 사도는 고린도 교우들에게 '다 한 성령으로 세례를 받아 한 몸이 되었고, 또 다 한 성령으로 마시게 하셨느니라'(고전 12:13)라고 바울 사도는 신자와 성령님과 관계를 잘 설명해 주었다.

정상적인 사람으로 세상에 태어났으면 머리도 있고 눈도 있고 코도 있고 입도 있고 귀도 있고 손가락 열 개, 발가락 열 개 등 외부적으로 갖출 것을 다 갖추고 있다. 내부적으로 그 사람이 살아가는데 필요한 모든 기능이 있다.

그러나 있다는 것과 정상적으로 움직이는 것과는 다른 것이다. 심장이 있지만 심장이 약하다든지, 위장이 있지만 약해서 병이 난다면 문제가 생긴다. 이와 같이 성령이 계셔도 성령이 그 사람의 마음과 생활을 주장하시는 것과 육신의 세력 때문에 성령이 그 마음과 생활을 주장하지 못하는 것은 다른 것이다. 그래서 성령이 계시지만 성령의 충만을 받지 아니하면 정상적인 신앙생활을 할 수 없다.

어떤 사람은 성령 충만을 성령 세례와 혼동을 하기도 한다. 진정한 신자는 구원을 받을 때 성령을 받았고 성령을 받을 때 성령 세례를 받은 것이다. 그러나 성령 충만은 성령을 받은 후 주님의 생명을 우리 안에 지속적으로 풍성히 받는 것이다. 그 충만함으로 받은 달란트대로 일하면 성령의 열매를 주렁주렁 맺게 되는 것이다.

## 성령 충만은 하나님 말씀과 같이 운행하신다

하나님 아들 예수님 안에는 하나님의 은혜와 진리가 충만했다. 그 예수님 안에 있던 충만이 이제는 어디에 있는가? 교회의 몸이 되신 그리스도의 몸된 교회 안에 있다. 성령으로 거듭 난 사람들 속에 오셔서 한 몸이 되게 하셨다.

몸 속에는 생명이 있고 그 속에는 피가 통하고 신경이 통하고 몸에 필요한 모든 영양이 골고루 공급된다. 그리고 머리에서부터 발끝까지 신경이 연결되어서 머리의 뜻이 온 몸에 전달된다. 이 몸에는 계속적인 공급이 있다. 공기도 들이마시고 물도 마시고 필요한 모든 영양을 섭취한다.

그리스도의 몸된 교회 안에는 하나님의 생명이 머물러 계시고 하나님의 능력이 머물러 있고 그 안에 계속적인 공급이 있다. 다시 말해 교회를 통하여 하나님 말씀의 공급을 정상적으로 받는 것이 계속 성령의 충만을 유지하는 비결이다.

성령 세례-성령 충만-성령 은사-성령의 열매는 서로 연결되어 있는 것이다.

이것이 세상 사람이 알지 못 하는 기독교인의 능력이요, 교회의 권세이며 이 추진력은 음부와 마귀도 이길 수 없는 신비한 능력이다.

## 결론

이스라엘 백성의 출애굽 시, 이스라엘 백성의 앞으로의 전진을 방해하는 항력이라 할 수 있는 위협요소들이 앞에서 뒤에서 사방에서 장애물들이 많았다.

그러나 이러한 장애물들은 여호와 하나님의 초월적 능력과 권위와 위용이라는 추력 앞에서는 방해요소가 될 수 없었다. 절대 구원자되신 여호와 하나님 앞에 그 어떤 세력도 넘볼 수 없었기에 이스라엘 백성은 절대 안전함 가운데로 인도되었고 보호를 받게 되었다.

이스라엘 백성은 바벨론 포로생활 가운데 고난과 역경 중에서도 하나님께서는 하나님의 정하신 때와 시점에서 구원의 회복을 받았다. 단지 하나님의 때와 시점에 있어서 지체했을 뿐이지 하나님의 이스라엘 백성에 대한 사랑과 언약 성취는 결코 외면하거나 버리시지 않았으며 변함이 없으셨다. 하나님의 이스라엘의 바벨론 포로생활의 목적과 계획이 숨어 있으셨던 것이다.

하나님은 이사야 선지자를 통하여 이스라엘 백성이 분명하게 취해야 할 태도를 권면하며, 또한 이러한 태도를 취하는 자들에게 주어질 축복이 무엇인지를 약속해 주고 있는 것이다. '여호와를 앙망하라'는 말씀이다. 앙망(仰望)이란 의미는 바랄 앙(仰)자, 바랄 망(望)자의 합성어이다. 바라고 바라며, 그 분만을 신뢰한다는 것이다.

하나님께서는 우리의 마음과 심령까지도 감찰하시는 분이시다. 여호와께 숨겨질 것은 그 어떤 것도 없다. 부족하고 연약하고 죄악 가운데 살고 있는 우리는 이스라엘 백성과 다를 바가 없다. 땅끝까지 창조하신 하나님을 바라보고, 하나님을 앙망하고 하나님께 의지해야 한다. 세상 가운데 지쳐 연약해진 우리들에게 새 힘을 공급해주시기 때문이다.

우리의 힘과 능력의 원천은 '하나님을 앙망하는 추력'에 있는 것이다. 신자들의 신앙생활도 지치지 않고 늘 성령 충만, 사랑 충만, 말씀 충만, 믿음으로 충만하여 세상을 이기는 힘이 성령의 능력이다.

오직 성령의 충만을 받으라. 한 번만이 아니고 날마다 성령의 기름으로 충만해야 승리하는 삶을 영위할 수 있는 것이다.

## 이야기 나눌 주제

1. 비행기의 추력과 신앙생활의 추진력을 비교하면서 하나님의 신이신 성령의 능력이 얼마나 위대한지 자신의 경험담을 이야기해 보라.
2. 하나님 편에서는 자연적인 것과 초자연적인을 구분하지 않지만, 인간 편에서는 구분한다.
   인간의 유한함 때문에 우리의 능력 너머의 세계를 초자연적이라고 말한다. 그러나 성령을 받으면 동일한 사람이 초자연적인 위대한 일을 시도하고 성취한다. 예를 들어 이야기해 보자.

## 사막 여행자에게

– 아당 | 김영산

지도를 준비하고
물을 준비하고
먹을 것을 준비하고
길을 떠나게

사막에서는
땀이 나도 보이지 않으니
시간을 정하고 생수를
규칙적으로 마시게

믿어지지 않겠지만
사막에서 죽는 이는
물을 지니고도 대부분이
탈수증으로 죽었다네

갈증이 날 때 물을 마시면
때는 이미 늦을지니
느끼든 느끼지 못 하든
꾸준히 생명수를 마시게

## 05

# AOV Area Of Vulnerability | 취약 단계의 11분

아직도 수많은 사람들이 예수님의 경고를 무시하고 있고,
예수님을 따르는 데 얼마나 많은 대가가 필요한 지
단 한 번도 숙고해 보지 않은 채 그 분을 따르기 시작한다
그 결과 기독교 세계는 소위 '명목상 기독교'라는
매우 수치스러운 이름을 얻게 되었다

- 존 스토트 Jhon Stott / 기독교의 기본 진리

'비행 취약 단계AOV의 3분', '비행 취약 단계AOV의 8분', 이 시간을 합하여 '비행 취약 단계AOV, Area Of Vulurability 의 11분'이라는 비행 안전관리의 용어로 사용된다.
 전 세계적으로 발생한 모든 항공사고를 비행 임무 시간별, 비행 단계별로 분석한 결과, 비행의 모든 단계7단계를 60분으로 산정할 때 그 중에

가장 취약한 비행단계가 바로 '이륙Take 단계의 3분'과 '착륙Land 단계의 8분' 즉, '이륙과 착륙 단계인 11분' 동안 항공사고의 2/3인 74%가 발생했다는 것이다. 그래서 이 '이·착륙Take & Landing 단계의 11분'을 '취약단계AOV의 11분'이라고 한다.

비행단계의 구성은 지상 활주Taxi단계, 이륙Take off 단계, 상승Climb 단계, 순항Cruise단계, 착륙Land을 위한 강하Descend 단계, 활주로 접근Approach 단계, 착륙Land 단계로 '비행 7단계'로 나뉘어지고 있다. 이 모든 비행단계 중에 어느 단계에서도 비행을 소홀히 하게 되면 바로 비행사고로 연결될 수 있어 모든 비행단계가 중요하지만, 이 모든 단계 중에 이륙과 착륙단계에서 비행사고가 많이 발생한 것이다.

이·착륙Take & Landing 단계가 취약한 이유는 이륙 단계에서는 항공기를 활주로에서 최대의 추력을 사용하여 이륙하며 상승해야 하는데, 항공기가 부양 전·후 초저고도에서 엔진 내부의 결함이나 외부 환경요인인 조류 충돌 및 흡입 등으로 인한 엔진이 정지가 된다면 항공기가 추력을 잃고 상승을 못하게 됨으로 인해 지면으로 충돌할 수 있는 위기에 직면하게 되기 때문이다.

또한, 착륙 단계에서 취약한 이유는 항공기가 착륙을 위해 높은 고도에서 낮은 고도로 강하하면서 거리에 따른 안전 고도와 안전 속도를 유지하면서 착륙을 위해 접근하게 되는데, 이 때 STALL,실속 본 도서 '12. STALL | 임계점을 넘을 때' 내용 참조 속도에 진입하지 않게 하면서 저속을 유지하기 위해 고양력 장치인 Flap 계통 등과 착륙을 위해 바퀴다리Landing Gear를 내리고Down, 제한된 활주로 길이와 폭Runway Length & width 안의 접지구간 Touch Down Zone에 접지시켜야 하기 때문이다.

그리고. 접지 후 속도를 감속시켜 활주로 상에 정지시켜야 하는 정교한 비행 기량이 요구되며, 특히 비상상황에 조우되어 착륙을 시도할 때는 더욱 집중력과 신경을 곤두세워 착륙을 시켜야 하기 때문이다. 또한 눈과 비, 돌풍을 동반한 측풍 같은 기상변수에도 늘 대비하며 착륙을 해야 하기 때문이다. 그래서 이·착륙 단계는 그 어느 단계보다도 사고 잠재요인이 많은 '비행 취약단계AOV의 11분', '위기Crisis의 11분'이라고 할 수 있다.

그렇다면 '비행 취약 단계AOV, Area Of Vulnerability의 11분', '위기의 11분' 단계에서 우려되는 비행사고를 방지하기 위한 기본대책은 무엇일까?
　기본대책은 조종사들이 'Back to the Basic', '기본으로 돌아가는 것'이다. 처음 조종간을 잡아 비행을 시작할 때의 초심의 비행자세와 연구자세로 다시 돌아가는 것이다.

　일부 조종사는 조종사가 된 후 오랜 비행생활을 하면서 자기도 모르게 익숙해져 있는 비행 경험과 비행 습관, 그리고 숙련된 조종사로서의 만성적이며 일방적, 권위적인 비행 행태에 의해 비행하려는 경향이 있어 늘 불안한 비행을 하게 된다. 그래서 이러한 잘못된 비행 행태를 내려놓지 않고 방심하면 비행의 위기를 맞을 수 있는 것이다.
　그래서 비행 시작할 때의 마음과 정신, 그리고 연구자세로 돌아가 기본적으로 정해진 규정과 절차대로 수행하되 체크리스트와 매뉴얼대로 비행을 하게 되면 이러한 취약 요소들을 극복할 수 있으며, 비행사고를 미연에 방지할 수 있는 것이다.
　'기본으로 돌아가는 것'이야말로 비행 취약 단계에서 뿐만 아니라 모든 비행 단계에서의 취약 요인들을 극복하는 최선의 방법이요 길인 것이다.

## 신혼생활은 인생의 이륙 단계와 같다

　우리 인생도 이 '비행 취약 단계AOV, Area Of Vulurability의 11분'처럼 절박한 위기의 취약한 상황이 늘 내재 되어 있다고 해도 과언이 아닐 것이다. 인생의 신혼기에 새 출발하여 인생의 중·장년기를 보내고 인생의 황혼기까지 보내는 과정에서 형통한 날도 있지만, 크고 작은 위기의 순간들도 있음을 부인할 수 없을 것이다.
　인생의 신혼기 부부의 '취약 단계AOV의 위기'는 항공기가 최대의 추력을 겸비하여 이륙을 하듯, 서로 사랑하여 결혼식을 이루어 가정의 보금자리를 꾸리고 신혼부부가 모든 역량을 집중하여 인생을 새 출발하는 이른 바 인생의 신혼기이다.

신혼기가 인생의 이륙Take단계인 이유는 최대 추력Maximum Thrust으로 안전하게 부양하고 이륙과 상승을 하여 안전한 순항 단계에 진입해야 하기 때문이다. 그래서 신혼기에 부부 간의 갈등구조를 갖는 요인에 대해서 최대로 존중하고 최대로 관용하고 이해하고 최대로 따뜻하게 배려하고 최대로 넓은 마음으로 포용하며 최대 추력Maximum Thrust으로 이륙하라는 의미Maximum Thrust Couple, Sesame Couple인 것이다.

그런데 이 신혼기에는 각자 살아온 생활문화와 가정교육, 각자의 배경과 생활방식, 개성이 다른 상태에서 서로 만나 한 가정을 이루었기 때문에 부부생활을 시작하면서 서로 갈등의 구조를 갖고 생활하는 단계라고 말할 수 있다.

이러한 신혼기의 초기 부부생활에 있어서 간혹 다투는 일은 당연한 것임에도 각자 상대방의 다른 점을 수용하지 못하고 자기의 익숙한 주체만 강조하여 상대방을 무시하며 시시비비를 가리려고 적대적 감정을 갖는 시기이다. 부부 간 권력 거리본 도서 '10. Power Distance|권력거리' 내용 참조가 매우 높은 시기이다.

그리하여 자칫하면 넘어서는 안 될 선까지 넘나드는 위험한 지경까지 치달을 수 있는 단계이다. 부부의 갈등구조는 '내가 옳다, 네가 틀리다'의 문제가 아니라 부부가 서로 다른 문화와 배경의 성장과정에서 학습된 다른 개성 간의 충돌일 뿐이다.

## 인생의 황혼기는 비행기의 착륙 단계와 공통성이 있다

옛 말에 '끝이 좋아야 다 좋다'는 말이 있다. 인생의 황혼기도 '취약 단계AOV의 위기'는 마찬가지이다. 결혼하여 신혼기를 거치고, 바쁜 직장생활과 사회생활, 자녀들의 양육과 집안의 대소사까지 챙기며 정신 없이 보내면서 살아가는 것이 어른들의 생활 모습이다.

이제 자녀들도 부모의 슬하를 떠나고 이제 부부는 직장에서 퇴직하고 보니 남는 것은 부부 둘만이 보내야 하는 황혼기인 것이다. 그래서 그 동안 마음 속에 빼곡히 쌓고 쌓아놓았던 갈등의 요소들이 복병처럼 표출되다 보니 황금같은 인생의 황혼기에도 부부 간에 권력 거리Power Distance가 높은 부부 갈등구조로 발전하게 된다.

### 감정의 은행에 저축을 많이 하라

 마치 비행의 착륙 단계에서 무엇보다도 기장과 부기장의 권력 거리를 최소화 시키기 위해 상호 협동과 배려, 상호 의존적 관계성을 유지하는 것처럼, 우리 인생의 황혼기에도 부부 간의 정서적 심리적 권력 거리를 좁히면서 친밀감을 유지해야 한다.
 다시 말해 감정의 은행에 좋은 감정을 평소에 쌓으라는 말이다. 서로 원치 않는 복병의 악조건의 상황에 조우하게 될지라도 부부간 따뜻한 언행으로 마음을 위로해 주며, 상호 의존적이며 존중과 배려를 유지하면서 황혼기를 보내야 한다.

### 서로 다른 것은 다른 것이지 틀린 것이 아니다

 이러한 인생의 신혼기와 황혼기의 취약 단계AOV에서 극복하는 길은 서로 다름과 서로 다른 습성을 인정하고 부부가 서로 대화하며 자기 주체를 내려놓고 서로 존중하고 갈등구조에서 상호 의존적 협동적 친밀한 관계를 유지하여 부부간 권력 거리를 최소화 시켜야 하는 것이 필수이다.
 부부 간의 싸움은 '칼로 물베기'란 말이 있다. 미운 정 고운 정 다 들고 황혼기에 와서는 서로를 용납하고 서로를 수용하는 훈련이 더더욱 필요하다.

 우리의 신앙생활에서도 이러한 '취약 단계AOV의 신앙 위기'에 조우될 수 있다는 것이다.
 신앙생활 초기에 우리가 예수님을 영접함으로써 신앙생활을 시작하여 하나님에 대한 신뢰와 예수님이 나의 구원자이심을 확신하며 점진적으로 도약을 해야 한다.

> 엡 4:13 우리가 다 하나님의 아들을 믿는 것과 아는 일에 하나가 되어 온전한 사람을 이루어 그리스도의 장성한 분량이 충만한 데까지 이르리니
> 엡 4:14 이는 우리가 이제부터 어린 아이가 되지 아니하여 사람의 속임수와 간사한 유혹에 빠져 온갖 교훈의 풍조에 밀려 요동하지 않게 하려 함이라

이 말씀처럼 예수 그리스도를 믿는 것과 아는 일에 하나가 되어 그리스도의 장성한 믿음의 분량이 충만함으로 내 육신의 장막이 소멸되더라도 나의 영혼은 천국에 입성함은 물론, 예수님 재림 시 나의 육체 또한, 영광스런 몸으로 부활한다는 부활 신앙이 확고하게 자리를 잡아야 하는데, 하인리히 법칙 본 도서 '9. Heinrich Law | 하인리히 법칙' 내용 참조 속성의 신앙의 실수와 경고의 신앙 사례들이 쌓이고 쌓여서 신앙의 취약 단계AOV 위기의 국면에 직면하게 될 수 있다.

이러한 신앙의 취약 단계AOV의 위기는 교회생활, 믿음의 공동체생활과 믿음의 식구들과 교제를 하면서도 세상의 가치관과 프레임에 동화되어 있는 익숙한 세속적인 방법과 기준을 교회문화 안에 접목시킴으로써 구원이 없는 세상적 즐거움과 기쁨을 추구하려고 하기 때문이다.

그래서 나의 세상적, 경험적 신앙을 내려놓고 예수 십자가 안에서 온전한 하나님 말씀인 성경에 집중하여 예수님을 알아가는 초심의 신앙생활로 돌아가는 신앙의 'Back to the Basic'으로 신앙의 기본 Base를 견고하게 해야 한다.

## 기독교 신앙의 ABCD

영국의 신학자 존 스토트 John R.W. Stott 는 『기독교 신앙의 기본 진리』[7] 『제자도』 그리고 『비교할 수 없는 그리스도』[8] 란 책을 썼다. 그 책은 계속 잘 팔리는 스테디 셀러 Steady Seller 이기도 하다.

---

7) 존 스타트 | 황을호 번역 | 기독교의 기본 진리(서울 : 생명의 말씀사 | 1962)
8) 존 스타트 | 정옥배 번역 | 비교할 수 없는 그리스도(서울 : IVP출판사 | 2001)

① 왜 인간이 구원을 이룰 수 있는 길은 오직 한 길인 예수 그리스도인지 설명해 준다.
　왜 예수 그리스도 만이 구원자가 될 수밖에 없는지, 그래서 신앙생활의 초기부터 첫 발걸음을 예수 그리스도의 길을 선택하여, 예수 그리스도를 영접하며, 예수 그리스도께로만 향하고, 예수 그리스도의 십자가의 한 길만을 가야 하는지를 설명해 준다. 예수님은 죄를 용서해 주시고 생명을 주시고 진리를 가르쳐 주시는 유일한 중보자이시다.
② 예수 그리스도는 누구이신지, 예수님께서 왜 이 땅에 오셔서 십자가를 지셨는지를 설명해 준다.
　인간은 모두가 죄인이다. 그리고 그 죄는 인간을 속박하고 갈등하게 하고 결국 죽음으로 몰고 간다. 그 죄의 해결책은 피 흘림인데, 바로 십자가의 피 흘리심을 통해 우리 죄를 용서하신다.
　그 피 흘리심은 영어로 Bleeding인데 그것이 우리에게 Blessing 축복이 된다. 그래서 신자의 삶의 중심은 십자가 중심인 것이다.
③ 크리스천Christian은 어떤 사람인가? 한마디로 영접-믿음-숙고-헌신의 단계로 나아가는 자들이다. 영어로 말하면 Acceptence-Believe-Consider-Devotion이다.
④ 하나님의 인류를 향하신 하나님의 은혜와 사랑이 무엇인지, 크리스천의 삶의 자세가 무엇인지를 설명해주는 책이다. 그것은 세상에 대한 타협주의도 아니요, 그렇다고 염세주의도 아닌 세상의 빛과 소금이 되는 것이 신자의 사명인 것이다.[9]

## 교차 점검 Cross-Check

　다시 묵상하면서 'Back to the Basic' 신앙생활을 시작할 때의 초심으로 돌아가 신앙의 기본 베이스를 견고하게 해야 '취약단계AOV의 신앙의 위기'를 극복할 수 있다. 무엇보다도 내가 현재 예수 그리스도의 길 위에 올바른 위치, 본 도서 '2. On Position| 바른 위치' 내용 참조에 있는 지를 점검해 보아야 한다.

---

9) 존 스토트|김명희 번역|제자도(서울:IVP출판사|2010)

내가 선택한 신앙의 항로 위치의 경도와 위도, 신앙의 좌표가 예수 그리스도의 길에 위치하고 있는지를 점검하라는 것이다. 신앙생활을 시작하기 전에 가장 기본적이며 핵심적인 구원 복음, 즉 '내가 진정 구원을 받을 수 있느냐?'의 여부를 판가름하는 '구원의 길로 인도하는 신앙'을 선택해야 하며, 그 길 만을 향하여 첫 걸음을 내딛어야 하는 것이다.

과거에 박정희 대통령이 지방시찰 중에 합천 해인사를 찾아간 적이 있었다. 왜냐하면 불교계에서 유명한 성철 스님을 만나보려고 간 것이다. 그래서 동행한 비서가 이 소식을 전했다. 이에 대한 성철 스님의 대답은 '박 대통령이 3천 배 하면 올라와 만날 수 있다'라고 했다. 그래서 박 대통령은 성철 스님을 못 만나고 돌아온 일화가 있다.

한 나라의 대통령을 만나 주지 않을 정도로 도를 많이 닦고, 자기 수양을 한 성철 스님이다.

## 나의 죄가 수미산보다 높다

조정민 목사의 저서인 '왜 예수인가?' Why Jesus | 두란노에서 저자께서는 성철 스님과 관련한 이야기를 통하여 구원에 이르는 길을 쉽게 풀어 기록하고 있다. 성철 스님이 돌아가시기 전에 '자기가 대중을 속였다'라고 고백했다. 참으로 놀라운 성찰이 아닐 수 없다.

살아 생전에 오랜 세월 면벽 수양을 한 성철 스님을 사람들이 만나려면 3천 배를 올려야 했다. 그만큼 수 많은 사람들이 그 분을 만나고 싶어 했고 존경해 마지 않았다. 그런 분이 '내가 대중을 속였거니와 쌓은 죄가 수미산보다 높다'고 했다. 무슨 말인가? 존경 받는 수행자로 살았지만 자신의 죄를 스스로 해결할 수 없음을 고백한 것이다.

일찍이 출가한 성철 스님이 무슨 죄를 그렇게 많이 지었겠는가? 우리보다 죄가 컸겠는가? 그러나 그 분은 죄의 본질을 꿰뚫어 보았던 것이다. 그렇기에 그 분은 '이제 무간지옥으로 간다'고 말했던 것이다.

성철 스님이 어디를 가는 지도 정확히 모르는데 마지막 순간 정신이 혼미해서 그냥 무간지옥으로 간다고 했을까? 만약에 일생 수도생활한 분이 결국 내가 해결할 수 없는 죄 때문에 지옥에 간다고 고백하고 있는데 하물며 우리는 인생 수도적 측면에서 어떻겠는가? 그토록 오랜 세월 마음을 수양한 성철 스님 조차 죄에서 자유로울 수 없었다면 우리가 무슨 방법으로 죄를 해결할 수 있겠는가?

아무리 수양하고 열반의 경험을 하고 수많은 사람들에게 큰 영향을 끼쳤어도 인간은 스스로 죄 문제를 해결할 수 없다는 것이 종교의 실상이자 한계인 것이다. 그러니 어린 아이처럼 예수님을 구주로 믿는 사람이야말로 진정으로 복 받은 인생인 것이다. 이것이 얼마나 큰 축복인지 세월이 흘러야 알 것이며, 죽어 보면 알 것이다.

만일 논리로 따지고 이성으로 판단해서 예수를 믿어야 하는 이유를 찾아 보겠다고 한다면 일생 동안 그 이유를 찾지 못할 것이다. 설사 답을 찾았다 할지라도 믿음이 마음 먹은 대로 성큼 생기지도 않을 것이다. 왜냐하면 믿음은 하나님의 선물이며, 믿음에서 믿음으로 나아가기 때문이다.

성철 스님이 무엇을 잘못 했길래 무간지옥으로 떨어지고 있다고 독백을 하고 있는 것일까? 스님이 수양한 그 길이 예수 그리스도의 천국 복음의 길 위에 정 위치, 올바른 위치 On Position에 있지 않았기 때문이다. 천국 가는 올바른 항로, 구원의 길인 예수 십자가의 길 위에 On Position을 하지 못한 것이다.

항공기가 목적지 공항까지 비행하기 위해 출발지 공항에서 제일 먼저 수행해야 할 임무는 올바른 항로 선택, 내 현 위치의 좌표가 정 위치에 입력되었는지를 Double Check해야 하는데, 스님의 신앙의 경도와 위도의 좌표가 구원을 이루지 못하는 목적지인 천국 항로를 잘못 선택하고 그 천국 항로를 이탈했던 것이다. 천국 가는 항로를 본인의 선행과 수양으로 가려고 한 것이다.

스님은 수양에 탁월한 인생을 보냈고 존경 받는 사회의 인물이시지만, 정작 본인의 목적지인 천국까지 가는 구원의 항로를 잘못 선택함으로써 이러한 무간지옥행 독백을 하게 된 것이다.

조정민 목사는 '공자에게서 인생을 배우면 착하고 훌륭하게 살 수 있다. 붓다에게서 인생을 배우면 물욕을 초월하여 살 수 있다. 그런데 예수는 우리를 죽음과 모든 수고에서 자유롭게 하기 때문에 예수를 경험하면 그분을 따를 수밖에 없다'라고 말한다.

그렇다면 우리가 천국 항로를 이탈하지 않고 올바른 항로 비행을 하여 하나님 나라인 천국 본향에 안전하게 착륙하려면, 이 땅에서 우선 해야 하는 것이 무엇일까?

우리는 현 위치에서 내가 어디에 위치해 있는지, 구원의 길에 On Position하고 있는지, 그 구원의 길이 아닌 다른 길로 치닫고 있지나 않은지 우선적으로 점검하여야 한다.

신앙의 첫 출발, 신앙의 첫 걸음을 천국 가는 올바른 항로를 선정하여 예수 그리스도의 십자가 구원의 길을 선택하여 끝까지 따라가며 On Position해야 하는 것이다.

결론적으로 '진정한 크리스천 Christian'이 되어야 한다. 주위의 어느 분이 당신은 누구이십니까?라는 질문에 '나는 예수 그리스도를 믿는 크리스천입니다'라고 확고한 대답을 할 수있는 신자가 되어야 한다. 다시 말해 내 안에, 나의 중심에 예수그리스도 Jesus Christ가 있는 사람, 예수님께 속한 사람이 되어야 한다.

## 예수 그리스도 Jesus Christ 는 누구일까?

'예수 Jesus'는 개인적인 이름 Personal Name이다. 그 이름이 내포하는 뜻은 히브리어로 '하나님, 야훼는 구원해 주신다'라는 뜻의 이름이다. 하나님의 아들인 것이다.

'그리스도 Christ'는 예수님의 직분적 이름 Professional Name이다. '그리스도 Christ'의 뜻은 히브리어로 '메시아'이며, '기름 부음을 받은 자', 즉 '구세주'를 의미한다. 즉 예수님의 직분이 '그리스도 Christ'라는 뜻이다. 즉, 구원자, 중보자, 왕으로서 예수님 사역 세 가지의 직분으로 설명할 수 있다.

예수님은 이 직분을 수행하기 위하여 인간의 몸으로 이 땅에 내려 오셨고 인류의 죄를 대속하시고 구원 시키기 위해 십자가에서 매달려 죽으셨으며 죽은 지 삼 일만에 부활 하셨다. 그리고 승천하시고 장차 다시 재림하실 것이다. 이 분이 하나님의 아들이요, 하나님이신 예수 그리스도 Jesus Christ 인 것이다.

성경은 예수 그리스도 Jesus Christ 가 하나님의 아들이라는 신앙고백을 마태복음 16장에서 말씀하신다.

예수께서 빌립보 가이샤라는 지방에 도착하면서 제자들에게 '사람들이 인자를 누구라 하느냐?'라는 질문에 '더러는 세례 요한, 더러는 엘리야, 어떤 이는 예레미야나 선지자 중의 하나라고 여기신다'라고 답을 한다.

이에 예수님은 '제자들인 너희는 나를 누구라 하느냐'라고 물으신다. 이때 마태복음 16:15,16절에서 시몬 베드로가 '주는 그리스도시요, 살아 계신 하나님의 아들이시다'라고 명쾌한 대답을 한다. 그렇다. 예수 그리스도는 하나님이시며 말씀이시며 그리스도시요 살아계신 하나님의 아들이시다.

하나님이신 예수님이 인간의 몸으로 2000년 전에 이 땅에 사람으로 오신 것이다. 신성으로는 하나님과 함께 태초부터 말씀이 되셔서 존재하시고 말씀으로 천지를 창조하신 분이 인간을 구원시키고자 인간으로 낮아져서 오신 것이다.

> 빌 2:6 그는 근본 하나님의 본체시나 하나님과 동등됨을 취할 것으로 여기지 아니하시고
> 빌 2:7 오히려 자기를 비워 종의 형체를 가지사 사람들과 같이 되셨고
> 빌 2:8 사람의 모양으로 나타나사 자기를 낮추시고 죽기까지 복종하셨으니 곧 십자가에 죽으심이라

위의 빌립보서 2:6-7절 말씀처럼 하나님이신 예수님께서 사람의 모양으로 내려오셔서 자기를 낮추시되 죽기까지 복종하셨으며, 결국 십자가에서 죽기까지 낮아지신 것이다.

이러한 십자가의 죽으심은 빌립보서 2:9절에서 예수님을 하나님께서 지극히 높여 모든 이름 위에 뛰어난 이름을 주셨을 뿐만 아니라 빌립보

서 2:10절에 하늘에 있는 자들과 땅에 있는 자들과 땅 아래에 있는 자들로 모든 이들이 예수의 이름에 무릎 꿇게 하셨다.

　이러한 하나님의 의도와 목적은 모든 사람을 구원시키기 위해 예수님을 낮아짐의 죽음으로 순종하게 하신 후 그 낮아짐을 통하여 하나님께서 극히 높이신 것이다.

## 결론

　우리는 항공기가 이·착륙 단계에서 '비행 취약 단계AOV의 11분의 위기'가 늘 잠재되어 있는 것처럼 우리의 인생도 신혼기와 황혼기에 '인생의 취약 단계AOV의 위기'에 노출되어 있다. 특히 우리의 신앙생활도 신앙 초기 시작할 때부터 모든 신앙생활 가운데 '신앙의 취약 단계AOV의 위기'는 항상 도사리고 있는 것이다.

　그래서 우리는 신앙의 초창기나 믿음 생활을 지속적으로 하여 점진적으로 성장 도약하는 단계에 도달했다 할지라도, 하인리히법칙의 신앙의 실수와 경고의 신앙 사례들의 속성들이 쌓이고 쌓여서 신앙의 취약 단계 AOV의 위기의 국면에 들어 갈 수 있다는 사실을 인지해야 한다.

　이러한 신앙의 취약 단계AOV에서 이를 극복하는 길은 신앙의 'Back to the Basic', 즉 '기본으로 돌아가는 것'이다. 우리의 죄를 해결하고 구원에 이르는 유일한 길은 오직 예수 그리스도 한 길 밖에는 없는 것이다.

### 유일한 구원자 예수 그리스도를 바라보라

　신앙의 첫 걸음부터 우리의 목적지인 하나님 나라인 천국 본향까지 안전하게 비행하여 도착하려면 오직 한 길, 예수 그리스도의 십자가의 길을 신앙 출발 시점부터 선택하여 On Position하여 끝까지 따라 가는 것이다. 올바른 구원 항로를 선정하여 비행하여야 하는 것이다.

　예수 그리스도 구원의 십자가의 길을 항상 묵상하며 따라가야만 하는 것이다.
　이 십자가의 길은 예수 그리스도만이 십자가에 죽으심으로 모든 인류의 구원자되시고 3일만에 부활을 이루시어 승천하시고 하나님의 때에 다시 오실 재림의 예수님을 대망하는 구원의 길인 것이다.
　우리는 구원 받은 크리스천으로서 기독교의 기본 핵심 진리를 품고 살아가는 것이 가장 복된 인생이며 '신앙의 취약 단계AOV의 위기'를 알고 말씀을 통하여 극복하는 길로 나아가야만 한다.

## 06

# Salvo Jettison | 얽매이는 것을 버리라

씨 뿌린 적 없어도, 물주지 않아도
거름 주지 않아도, 병충해도 없는 너
마음의 정원에 예쁜 꽃 밀어내고
뽑아도 뽑아도, 잘도 다시 자라나네

- 아당의 시 | 잡초 중에서

 전투기에는 셀보우 제티슨 시스템Salvo Jettison System이라는 장치가 있다. 우리 말로 굳이 해석한다면 '일시 투하장치'이다. 전투기가 외부에 다양한 폭탄과 미사일들을 최대한으로 탑재하여 이륙 중 엔진Engine의 내부 손상이나 조류 충돌 및 조류 흡입 등으로 엔진이 정지된다든지, 항공기가 손상을 입을 경우[10]에는 더 이상 항공기는 속도를 증가시킬 수 없어

---

[10] IOD Inner Object Damage 내부 물질로 인한 손상, FOD Foreign Object Damage 외부 물질로 인한 손상

상승이 어려운 상황을 직면하게 된다.

　이러한 비상상황에서 항공기는 지속적인 상승이 어렵고 침하가 이루어 지면서 지면에 충돌하게 되어 대형사고를 일으키게 된다. 이런 비상상황에 조우된 조종사는 바로 '살보 제티슨 단추Salvo Jettison Button'를 누르면 모든 탑재된 폭탄과 미사일들이 Dearming장전이 되지 않는 상태에서 일시에 투하된다.

　이로 인해 항공기의 무게를 경량화시켜 속도를 증가시키면서 고도를 상승하게 되어 착륙할 수 있는 것이다. 이 때 폭탄과 미사일들은 폭발하지 않고 그대로 지면에 떨어진다.

　특히, 항공기 엔진이 손상된 상태에서는 조종사는 항공기에 탑재된 고가의 모든 폭탄과 미사일들을 아쉽지만 과감히 투하시켜 버려야 한다. 전투기 외부에 많은 폭탄과 미사일들을 탑재한 것은 항공 역학적으로 공기저항을 많이 일으켜 항력이 증가되고 양력을 감소시켜 항공기 속도 증가에도 어렵기 때문에 위험에 직면할 수 밖에 없는 것이다.

　수백 억짜리 폭탄이라도 항공기가 정상적인 안전비행이 불가할 경우는 과감하게 일시에 투하시켜 조종사와 항공기를 보호하여 안전하게 착륙할 수 있도록 하여야 하는 것이다.

　우리의 신앙생활에서도 동일하게 적용되는 것이다. 우리의 신앙도 지속적으로 발전하여 그리스도의 장성한 분량에 이르도록 믿음의 성장을 이루어야 하는데, 그 과정에서 신앙생활을 위협하고 안정적 성장을 방해하는 요인들이 있다면 과감하게 Salvo Jettison시켜 투하해야 한다.

### 신앙 생활은 달리기 경주자와 비슷하다

히 12:1 이러므로 우리에게 구름 같이 둘러싼
허다한 증인들이 있으니 모든 무거운 것과 얽매이기 쉬운
죄를 벗어 버리고 인내로써 우리 앞에 당한 경주를 하며

성경 말씀, 히브리서 12:1절에서 우리의 '신앙 생활'을 목적지인 결승 지점을 향하여 달려 가는 '달리기 경주'에 비유하고 있다.

경주자는 결승 지점을 통과할 때 그 영광을 바라보며 열심히 믿음으로 달려야 한다.

그런데, 전반 절에 경주자인 우리에게는 구름과 같이 둘러싼 허다한 증인들이 바라보고 있다고 말씀하고 있다. 육상선수가 결승점까지 인내하면서 끝까지 달리는 모습을 스타디엄 관중석에서 그 광경을 응원하기 위한 수많은 관중들이 바라보는 것과 같다.

우리 신앙의 달리기 경주는 영적으로도 동일하게 '구름같이 둘러싼 허다한 증인들', 즉 믿음의 선진들, 순교자들, 증인들께서 우리 신앙의 달리기하는 광경을 관중석에서 바라보며 응원하고 있기에, 우리들에게 '신앙의 고난과 시험을 인내하며 달려라'는 권면의 말씀이다.

말씀 중반 절에 경주자가 경주를 함에 있어서 벗어버려야 할 것, 끊어버려야 할 것이 있다고 말씀하고 있다. 첫째는 무거운 것이며, 둘째는 얽매이기 쉬운 죄라고 말씀하고 있다.

첫째, '모든 무거운 것'의 원어의 의미 속에는 '방해물, 부피가 있는 덩어리, 짐, 그리고 과도하게 많이 나가는 체중'의 뜻이다.

둘째로 또 하나의 장애물로서 '얽매이기 쉬운 죄'라고 말씀하고 있다. 원어로는 '단단히 붙어 얽매는 죄'이다. 우리에게는 이미 오래되어 고착화된 습관성 죄도 있다. 혹은 '쉽사리 함정에 빠뜨리는 죄, 유혹의 죄, 신속하게 우리의 발을 묶는 죄' 등을 표현하고 있다.

## 죄는 강력한 접착성을 가진다

성경은 이 '얽매이기 쉬운 죄', '쉽사리 함정에 빠뜨리는 죄', '떨쳐 버리기 어려운 죄'를 버리라고 말씀하고 있다. 즉, 얽매이기 쉽고 떨쳐 버리기 어려운 죄에 대한 말씀을 살펴 본다면,

갈 4:9 이제는 너희가 하나님을 알 뿐 아니라
더욱이 하나님이 아신 바 되었거늘 어찌하여 다시 약하고
천박한 초등학문으로 돌아가서 다시 그들에게 종 노릇
하려 하느냐
갈 4:10 너희가 날과 달과 절기와 해를 삼가 지키니
갈 4:11 내가 너희를 위하여 수고한 것이 헛될까 두려워 하노라
골 2:8 누가 철학과 헛된 속임수로 너희를 사로잡을까
주의하라 이것은 사람의 전통과 세상의 초등학문을
따름이요 그리스도를 따름이 아니니라

## 가장 중요한 경기는 인생 경기이다

한 사람이 이 땅에 태어나서 죽기까지의 전 인생이 하나의 경기이다. 이 경기는 거룩한 경기이다. 이 땅에는 많은 경기들이 있다. 농구, 축구, 배구, 야구, 테니스, 골프, 탁구, 체조, 달리기, 넓이뛰기, 권투, 태권도, 격투기 등 수 없이 많은 경기가 있다. 학교시험도 일종의 경기이다.

각각의 경기는 묘미가 있다. 그런데 우리 대한민국을 열광의 도가니로 몰아넣었던 2002년 월드컵도 시간이 지나자 이제 지나간 옛이야기가 되었다.

이제 더 이상 흥분하지 않는다. 나도 지금까지 수 없이 많은 운동경기를 하며 그때는 월드컵 때만큼 이기려고 노력하기도 하였지만, 지나고 보니 그때의 흥분이 지금 나에게 여전히 있거나 나에게 유익을 주는 것은 별로 없다. 그러나 지금도 계속되고 있고 매 순간 가장 큰 영향을 주는 한 경기가 있으니 그것은 바로 인생이라는 경기이다.

인생은 모든 사람에게 주어진 가장 큰 중요한 경기이다. 인생은 모든 사람에게 주어진 가장 거룩한 경기이다. 세상의 어떤 경기도 그 가치면이나 그 실제성의 면에서, 그 현실성의 문제에서 인생이라는 경기만큼 크지는 않다.

'사람이 온 천하를 얻고도 자기 목숨을 잃으면 무엇이 유익하리요? 사람이 무엇을 주고 자기 목숨을 바꾸겠느냐?'

결국 천국을 향해 달려가는 신앙은 선택의 문제가 아니라 이생과 내생에 연관된 가장 중요한 문제인 것이다.

예수를 믿지만 교회를 안 나가는 신자를 '가나안 신자' 즉 '안나가'라는 말을 뒤집어 우회적으로 표현하는 말이다. 가나안 신자들이여, 일어나 다시 믿음의 경주를 시작하라! 신앙의 마라톤 경주는 인내가 필요하다는 사실을 기억하라!

## 세상 철학은 인본주의 철학이다

철학이란 문자 그대로 지혜를 사랑하는 인간의 지혜학이다. 모든 지식에 관한 근본원리를 추구하는 학문을 철학이라고 부르는데, 말하자면 학문의 바벨탑이 철학이다. 사실 지혜의 근본은 창조주 하나님을 경외하고 그 말씀을 의지하는 것이 바른 지혜이다. 그러나 헬라 철학의 기원은 하나님과 그의 말씀인 성경으로부터 나온 것이 아니다.

모든 근본을 캐내어 하나님의 존재와 대결하려는 인간의 지혜에 기초하고 있다. 그래서 성경에서는 이같은 세상의 철학이란 학문에 대하여 세상의 초등학문이라고 규정하고 있는 것이다.

그후, 신학에서 소위 종교철학이라는 학문이 만들어졌지만, 이 종교철학이 하나님의 존재를 변증하거나 그리스도의 존재를 완전히 증명할 수는 없다. 사람이 성경 없는 인본주의 철학에 깊이 빠지면 무신론 사상, 허무주의 사상, 신비주의 사상에 물들기 쉬운 것이다.

갈라디아서 4:9절과 골로새서 2:8절 말씀에 전통과 세상의 초등학문을 떨쳐버리고 그리스도를 따르라고 말씀한다. 여기서 초등학문이란 유대인에게는 모세의 율법이 될 것이고, 이방인에게는 그들의 이방 종교, 귀신의 속박 등을 따르지 말라는 의미이다.

전통이라는 그들의 사고방식과 삶의 상황이라는 측면에서 율법주의적인 체계 아래 종 노릇하고 있었다는 것이다. 그리고 초등학문이란 세상에서 말하는 가장 기초가 되는 학문 즉, 자연숭배나 천체(해, 달, 별 등) 숭배를 기초한 원시적인 학문이나 종교를 일컫는다.

따라서 복음을 믿기 전에 가르침을 받던 율법 또는 이단 사상을 가리킨다고 볼 수도 있는데, 이 말씀에는 본질상 하나님이 아닌 자들에게 종노릇하고 있었으므로 이 천박한 전통과 세상적인 초등학문을 버리라는 것이다.

## 세속주의를 경계하라

세속주의란 무엇인가? 하늘에 속한 자가 땅의 일에 우선권을 두고 생각하는 삶의 방식과 사상이다. 세속주의로 나아가는 원초적 동인은 바로 소유욕이다.[11] 그러면 세속주의를 제거하기 위한 가장 중요한 것은 무엇일까? 그것은 죄에 대한 민감함이다.

죄의 해악들을 내가 해결할 수 없다는 것과 오직 하나님께 마음을 쏟는 것 즉 우선순위와 죄에 대한 민감성이다. 영적인 원칙과 가치관 세우기를 바르게 하는 일이다. 물질에 대한 가치관이 바르게 서 있으면 혼돈 속에서 살지 않는다. 이것이 없기 때문에 결국 인간적으로 합리화하고 점점 인본주의로 나가게 된다.

세속적인 사람의 특징은 다음과 같다.
1. 땅의 일을 가장 중요하고 가치 있는 일로 생각한다.
2. 죄악된 방식으로 세상의 일을 생각한다.
3. 세상에 대한 애착심과 세상 것들에 대한 염려와 두려움을 가지고 있다.
4. 세상 일에 가장 마음을 많이 쓴다.
5. 신령한 일을 하면서도 세속적인 마음과 태도를 취한다.
6. 세속적인 일에는 잘 참고 견디지만 신령한 일에는 금방 싫증을 낸다.
7. 진리를 속된 방식으로 이해하려 한다.

---

11) A Treatise of Earthy-Mindeness / by Jeremiah Burroughs 세속주의를 경계하라 | 제레미야 버러우즈 | 이태복 번역 | 개혁된 신앙사 참조

## 죄악의 쓰나미를 피하는 법을 배우라

  그러면 쓰나미처럼 밀려오는 세속주의의 도전을 극복할 수 있는 방법들은 무엇인가?
1. 죄에 대하여 민감하라.
2. 세상에 집착하지 말라.
3. 하나님의 창조의 목적을 생각하라.
4. 영혼의 소중성을 생각하라.
5. 세상에 있는 것들이 불확실하다는 것을 기억하라.
6. 세속적인 사람들의 종말을 주의하여 보라.
7. 짧은 이 세상의 시간동안에 해야 할 일의 중대성을 생각하라.
8. 세상의 삶은 순례자요 나그네의 삶이다.
9. 우리를 행복하게 하는 것은 재물이 아니라 하나님께 속한 것이다.
10. 하나님의 공급을 믿어라.
11. 세상에 대하여 죽은 사람이라는 것을 믿어야 한다.

  죄는 접착제와 같아서 접하는 순간 우리 몸과 마음과 생각 속에서 떨어지지 않고 더욱 살과 피부에 고착하려고 발버둥을 친다. 그리고 그 죄는 방치하면 전염되고 번식하려는 특징을 가진다. 더 나아가 잠복기가 오래되면 죄에 얽매어, 죄의 종이 되어 결국 마귀의 종 노릇을 하게 되기 때문이다.

  은혜로운 말씀은 쉽게 잊어 버리면서도 순간을 기쁘게 하는 죄악은 그 다음날 다시 생각이 나고 기억력도 또렷하여 혼탁한 마음으로 다시 살아난다. 죄를 짓는 자마다 죄의 종이 되고 결국 죄가 장성하면 사망을 낳게 되는 것이다.

## 이 세상에 예쁜 죄는 없다

  신학자 벵겔Bengel이 지적하듯이 '어쩌면 죄는 모든 장애물 중에서 가장 치명적인 장애물일 수도 있다'고 말하고 있다. 그것은 '떨쳐버리기 어려운 죄'라고 할 수 있을 것이다.

 본절의 '죄'는 죄로 일컬어지는 일체의 죄들을 포함하는 것이 아니라 '쉽사리 함정에 빠뜨리는 것'으로 한정하고 있다.

 즉, 이는 모든 죄가 아니라 어떤 특정한 형태의 죄를 암시한다고 볼 수 있다. 혹자는 이 죄를 '불신앙'으로 보기도 한다.

 미국의 부흥사인 존 비비어 목사는 '우리가 선한 것과 악한 것, 즉 선과 악을 구분하는데 있어 명확하고 분명하지만 선하게 보이는 악'을 경계하라고 말하고 있다. 그런데 그 무엇이 죄는 아닐지라도 크리스천으로서 신앙생활하는데 방해가 되는 것 – '선하게 보이는 악'이라면 반드시 벗어버려야 한다.

 다른 것은 다 버려도 이것 만큼은 버리지 못하고 합리화시키려는 선하게 보이는 죄, 즉 이것이 재물, 명예와 권력일 수도 있으며 어떤 이는 이것이 자녀일 수도 있고 어떤 이는 음주와 흡연, 게임 중독 등일 수 있으며 과도한 취미 오락생활, 자주 화를 내는 것일 수도 있다.

 항공기가 추력을 얻고 상승하는데 방해가 되는 그 무엇이 있다면 과감히 투하 Jettison시켜 버려야 하듯이, 경주자가 승리를 위하여 무거운 방해물과 부피가 나가는 물체들과 비만 체중을 줄이고 뺄 것은 빼어야 하는 것이 필수사항이듯이 달리기 선수가 경주를 할 때 남보다 더 빨리 달리려면 몸무게를 줄이고 가벼운 유니폼과 경량화된 신발을 신고 공기저항을 줄여야 하는 것이 상식이듯이….

 영적인 신앙 경주, 신앙생활에 방해가 되는 일체의 군살이 붙으면 안 된다. 영적인 비만과 군살, 거추장스러운 것들을 제거해야 한다.

 죄는 그냥 방치하면 몸에 기생충처럼 달라붙어서 우리의 영적 영양과 에너지를 갉아 먹고 성장하지 못하도록 하는 것이다.

 이 장애물의 죄를 벗어 버려야 한다. 아무리 선하고 위대한 업적을 남겨 놓는 중대한 사건이 나에게 펼쳐진다 할지라도 내 신앙생활의 방해 요인으로 작용하여 신앙에 진보와 성장에 걸림돌이 된다면 이야기는 달라지는 것이다.

마치 전투기가 수백 억짜리 고가의 폭탄을 버리기가 아쉬워서 뒤뚱 뒤뚱 속도와 고도를 얻지 못하면 상승 비행이 안 되고 급기야 STALL, 실속에 빠져 에너지를 잃고 낙엽처럼 떨어지게 되면서 대형사고로 연결되고 말 것이다.

내 신앙생활을 방해하는 모든 무거운 것과 얽매이기 쉬운 죄를 과감하게 Salvo Jettison Button을 눌러서 투하시켜야만 성숙한 신앙인이 될 수 있는 것처럼 말이다.

## 회개만이 진정한 새 출발이다

모든 사람은 하나님께 자기의 죄를 꼭 개인적으로 고백해야 하며 그 죄의 용서를 기도해야 한다.(시 51 : 4-5,7,9,14, 시 32 : 5-6)

그렇게 간구하고 그 죄들을 버릴 때 불쌍히 여김을 받게 된다.(잠 28 : 13, 요일 1 : 9)

그러므로 자기 형제나 그리스도의 교회를 중상한 사람은 사적 또는 공적으로 자기의 죄를 기꺼이 고백하고 애통해야 하며 손상을 입은 자들에게 자신의 잘못을 시인해야 한다.(약 5 : 16, 눅 17 ; 3-4, 수 7 ; 19, 시 51편)

그렇게 되면 그들은 그 후 즉시 그와 화해하고 그를 사랑으로 받아들여야 한다.(고후 2 ; 8)

1. 참된 회개는 지, 정, 의 知精意 세 가지 요소를 내포하고 있다. 즉, 자신이 지은 죄를 깊이 깨닫고 슬퍼하고 미워하고 버리고 하나님께로 돌이키는 것이 회개이다.
2. 지극히 작은 죄라도 정죄 당하기에 충분하지만, 아무리 큰 죄라도 참으로 회개한다면 능히 용서함罪赦함을 받게 된다.
3. 각 사람은 자신의 죄를 하나님께 개인적으로 자백해야 하며 사람에게 죄를 지었을 경우에는 그 피해 당사자에게 그 죄를 고백해야만 한다. 회개란 전 인격적인 완전한 변화이다. 즉, 근본적인 변화, 질적인 변화, 180도 방향 전환이다. 그러므로 참된 회개에는 다음의 세 가지 요소가 포함되어야 한다.

1) 지성적 요소 : 죄에 대한 견해와 생각의 변화이다. 곧, 과거의 생활이 죄의 오염과 무능력한 절망의 삶이었음을 인식하는 것이다.
2) 감정적 요소 : 죄에 대한 감정의 변화이다. 곧, 거룩하시고 의로우신 하나님께 반역 및 대항하여 범한 죄로 인하여 근심하거나 슬퍼하는 것이다.
3) 결의적 요소 : 죄에 대한 목적과 의도의 변화이다. 곧, 죄에서 떠나는 내적 전환, 사죄와 거룩를 추구하는 성향을 가지고 살아가는 삶이다.

## 결론

우리가 신앙의 경주를 안전하게 출발, 이륙하여 지속적으로 믿음의 분량이 성장하여 끝까지 결승점까지 완주하여 목적지에 안착하기 위해서는 신앙생활의 방해 요인들인 '무거운 짐과 얽매이기 쉬운 죄'들을 과감히 버리고 끊어야 할 것이 무엇인지를 말씀하고 있다.

'숨은 죄'에는 남이 모르는 죄뿐 아니라 나도 잘 모르는 죄도 있다. 평소에 내가 잘 생각하지 못한 죄가 있는 것이 드러나면 가차없이 버려야 한다. 그리함으로 주님이 영원한 길로 인도해 가실 것이다.

히브리서 12장에는 '모든 무거운 것과 얽매이기 쉬운 죄를 벗어 버리고 인내로써 우리 앞에 당한 경주를 경주하며…'라고 말씀하고 있다.

경주하는 사람이 한 짐 걸머지고 어떻게 달음질할 수 있겠는가? 가능하면 가볍게 해서 경주하는 것처럼 신앙생활하는데 거리끼는 것, 마음속에 방해되는 죄들이 있다면 재빨리 처리해야 신앙의 경주를 잘 할 수 있다. 기도하는 가운데 말씀을 배우는 가운데 거리끼는 것이 있으면 덮어놓지 말아야 한다.

하나님은 자신의 의로운 기준을 결코 낮추거나 완화하지 않으셨다.

언제 어디서나 하나님은 항상 순결한 교회를 요구하신다. 예수님은 여전히 교회의 회개를 촉구하시고 회개하지 않으면 혹독한 결과가 초래될 것이라고 경고하신다. 오늘날 책망과 경고와 회개의 메시지는 여전히 인기가 없다. 조금 용기를 내어 부패와 부도덕과 거짓 교리를 버리고 마음 깊은 곳에서 용서와 속죄와 회복을 외치면, '당신이나 잘 하라'고 외면 당하기 쉽다.

하지만 하나님과 예수님 그리고 성령님은 차갑지도 덥지도 않은 미온적인 신자, 도덕적으로 영적으로 부패한 성도, 세상과 타협하며 세상적인 가치관을 따르는 이중적인 신자들에게 신앙의 남은 경주를 잘 하고 승리자가 되기를 원하신다.

회개는 죄악의 무거운 짐과 얽메이는 것들을 버리고 끊고 돌이키는 것이다. 영적 성장과 영적 승리의 비결은 날마다 자기를 살피고 뉘우치고 믿음의 주인이시며, 우리를 위해 십자가 피 흘리신 예수님의 은혜를 바라보며 살아가는데 있다.

## 이야기 나눌 주제

1. 예수님은 '회개하라, 천국이 가까웠느니라'고 말씀하셨다. 마르틴 루터는 이 말씀의 의미가 평생 회개하라는 말씀이라고 적용하였다.
2. 신자의 뉘우침과 회개의 생활에 대해 자신의 경험을 나누라.
3. 자신의 세속주의의 오염도를 기술해 보라.
   1) 나는 무엇을 나의 탁월함으로 여기고 있는가?
   2) 혼자 있을 때 어떤 생각을 하는 것에 감미로움을 느끼는가?

# 사랑의 빛으로 오신 님

- 아당 | 김영산

빛으로 오신 님께서는 날마다 사랑의 빛으로 비춰주시나이다.
님께서 내게 베푸시는 사랑은 무조건의 사랑으로 다가오셔서
내가 사랑하든 사랑하지 않든 님께서는 나에게 관심을 쏟으시니
이 사랑이야말로 황홀한 사랑이요 '기찬 사랑'의 활화산이시니이다

님께서 베푸신 사랑으로 제일 먼저 해 본 사랑은 에로스 사랑이었답니다
그대를 보는 순간 코스모스라 부르며 자나 깨나 그 님을 연모하였지요
젊은 날 그 사랑은 쉬 지나갔지만 그 사랑의 힘으로 오늘을 산답니다
다 헤아릴 수 없는 님의 사랑이여 다 표현 못 할 님의 숨결이여!

에로스의 사랑을 능가할 수 있는 사랑이 없을 것이라고 생각하였지만
목동 출신 다윗과 왕자 요나단의 우정은 이성간의 사랑을 능가하였답니다
그래서 진정한 필레오 사랑이 한 사람만 있어도 고독하지 않다고 합니다
님에게서 나온 참다운 사랑은 한 강물로 흘러들어 죽음도 막을 수 없습니다

참사랑! 무게를 잴 수 없고 깊이 높이 모른 채 모두가 사랑에 목마른데
님께서는 사랑하는 자가 사랑을 받는 이보다 행복하다고 말씀하십니다
사랑이 주는 것이라면 주는 자가 받는 자 보다 복된 것은 진리니이다
빛과 사랑이 한 길이듯이, 사랑과 진리의 우물에서 목을 축이나이다

님의 면전에서 사랑 없이 그 무엇을 성취한들 무슨 의미가 있겠나이까
사랑에 빚진 자로 한 사람만 사랑해도 그 인생은 참으로 복됨을 믿습니다
사랑은 오래참고 사랑은 자기의 유익을 구하지 않는 것이라고 하셨지요
오늘도 들려오는 한 말씀 있어 '사랑이 없으면 제게 아무 유익이 없느니라'

이 사랑에 눈을 뜬 그날 이후 사람들은 그 눈에서 빛이 난다고 합니다
그 눈빛 역시 사랑의 눈빛으로 모든 것을 긍정으로 바라보게 합니다
사랑을 받은 자는 아무 것이 없어도 행복에 겨워 더덩실 춤을 추게 됩니다
어느 분은 밤에도 일어나 그 님이 오시는가 가끔 하늘을 바라보신답니다

님께서 베푸시는 사랑은 고여 있지 않고 흘러가는 강물과 같습니다
그 사랑의 강가의 숲들이 우거지고 고기들이 은신하며 살아가듯이
사랑이 샘솟는 그 어디나 사람들이 모여들고 기뻐 뛰어 논답니다
오, 님의 사랑의 용천수여, 태양 같은 사랑의 핵융합 반응이여!

# 07

# Vertigo | 비행착각

## - 신앙착각 -

별빛도 없다 시계가 없다
창문도 없다 거울도 없다
옛 뱀이 있다 이웃도 없다
정신이 없다 남는게 없다

- 아당의 시 | '바벨론의 거리'에서

    한 조종사가 제트 비행기로 상승, 강하와 함께 고속 선회를 연습하고 있었다. 급상승을 하기 위하여 조종간을 뒤로 당겼으나 비행기는 지상으로 곤두박질치고 말았다. 이 조종사는 항공기 기체의 상·하가 바뀐 배면 비행 항공기 위·아래가 뒤집어진 상태 자세의 상태를 순간적으로 오판하여 '비행착각'을 한 것이었다.
    우리 시대에 인간 실존도 마찬가지이다. 인생 올바른 항로를 오판하여 암흑의 길로 추락의 길로 죽음의 길로 달려가는 자들이 많다는 사실이다.

우리 나라에서 2006년 6월 7일 공군의 최신예 전투기라 할 수 있는 F-15K 전투기의 첫 비행사고가 발생하였다. 그리고 이보다 1년 전 2005년 7월 13일에는 두 대의 전투기가 해상에서 야간비행을 하다가 동일 시간대에 15분 간격으로 한 대는 서해상에, 또 한 대는 남해상에 추락하는 비행사고가 발생하였다.

한 대는 F-5F제공호, 또 다른 한 대는 F-4E팬텀기였다. 이 세 대의 전투기 비행사고로 모두 6명의 조종사가 순직하는 안타까운 사고가 발생한 것이다. 이 세 대의 전투기 비행사고를 조사한 결과, 사고의 주된 원인은 조종사들의 'Vertigo' 즉 '비행착각'이었다.[12]

버티고 'Vertigo'[13] '비행착각'이란 비행 중 삼차원 공간에서 공간 감각을 잘못 인식하여 느끼게 되는 신체감각의 부조화 현상을 말한다. 이 '비행착각'의 감각 오류 중 '시각에 의한 공간 감각 오류'는 야간비행이나 최악의 기상을 초래하는 구름, 안개, 황사, 해무, 저 시정 등 조종사가 시계 비행을 하는데 시각 참조물이 충분하지 못한 비행 조건 하에서 일어난다.

조종사가 외부 물체의 상대적인 움직임을 관찰하다가 감각 오류를 일으켜 현재 자신이 느끼는 감각과 느낌Feeling의 자세와 실제 항공기가 지시해 주는 자세 계기Attitude Indicator와 서로 다른 감감 오류에 직면하게 되는 상태를 말한다.

---

[12] 2016년 3월 19일 오전 03:30분경 Fly Dubai의 981편 B-737기는 6시간의 장거리 야간비행을 하여 목적지 러시아의 로스토프나도느Rostov-on-Don공항에 착륙하는 과정에서 두 번째 접근 중에 실패접근Missed Approach을 고도 220m750ft에서 수행하던 중에 고도 1000m3,280ft까지 상승한 후, 갑자기 급강하하면서 착륙 예정인 활주로 반대편 122m400ft 지난 지점에 추락하여 탑승객 62명이 사망한 사고가 발생 하였다. 러시아의 민간항공을 관장하는 국제항공위원회IAC는 사고 결과를 조종사의 '버티고Vertigo'에 진입하여 회복을 못한 것이 주요 원인으로 발표하였다.

[13] 비행 전문 용어인 버티고 'Vertigo'는 일반적으로 '비행 착각' 이라는 항공우주의학 분야의 용어이다. 미국 공군에서는1989년 이후 '비행착각'인 'Vertigo'란 용어 대신에 'S,DSpatial Disorientation'인 '공간 정위 상실空間正位喪失' 이란 표준용어로 사용하고 있으나 일반적으로 통칭하여 사용하고 있는 '비행 착각'인 'Vertigo'란 용어를 사용하고자 한다.

예를 들어 공중에서 급상승, 급강하, 좌·우 급선회와 배면 비행, 또는 서너 바퀴의 회전 비행 등 고난도 기동을 포함한 여러 종류의 비행을 하다 보면 시각에 의한 감각오류의 'Vertigo 비행착각'에 노출되게 된다.

즉, 조종사는 자기 자신의 감각과 판단에 의해 느껴지는 본인의 자세와 실제 항공기의 현재의 비행 자세를 지시해 주는 자세 계기 Attitude Indicator 와 서로 다른 상황에 들어가게 된다.

## 자기 자신을 너무 믿지 말라

이런 상황에서 조종사는 자기 자신의 감각과 판단에 의해 느껴지는 본인의 자세가 옳다고 생각하여 항공기에 장착된 비행 자세 계기를 신뢰하지 않고 본인의 느낌대로 비행하게 된다.

따라서 본인의 자세에 대하여 틀림을 인정하려 하지 않고 오히려 실제 정확하게 지시해 주는 항공기의 자세계기가 고장이라고 판단하여 잘못된 자기 자신의 감각과 느낌 Feeling 대로 비행함으로써 더욱 위험한 지경에 이르게 된다.

조종사가 비행 착각에 빠지면 주간에 내륙이나 바다 위 저고도에 넓게 덮여 있는 구름을 하늘에 떠 있는 구름으로 착각하게 된다. 그래서 하늘을 향하여 상승한다는 것이 바다를 덮고 있는 구름을 향하여 실제 강하하게 되면서 비행사고를 일으키게 된다.

구름 없이 날씨가 청명한 야간에 기동을 할 경우, 바다에 떠 있는 배들의 불빛들을 하늘의 별들로 착각하게 된다. 그래서 하늘의 별을 향하여 상승한다는 것이 실제 바다의 배의 불빛을 향하여 강하하게 되면서 비행사고를 일으키게 된다. 이것이 '시각에 의한 감각 오류'의 '비행 착각'인 것이다.

또한 '신체 중력성 착각 Somatogyral Illusion'에 의한 감각 오류인 'Vertigo 비행착각'는 조종사가 시각 참조물이 없는 상태에서 급가속 또는 급감속을 할 때 인간에게 일어날 수 있는 균형 기능의 착각현상이다. 인간의 신체가 급격한 가속 또는 감속에 노출되었을 때 위나 아래로 움직이는 듯한 강력한 느낌이 들게 된다.

## 인체의 조직은 신묘막측하다

우리 몸의 내이内耳는 몸의 기울기를 신체가 느낄 수 있도록 고안된 기관이다.14) (예 : 머리가 똑바로 위를 향한 자세를 하고 있는지) 만약 머리가 뒤로 기울어져 있다면 이석耳石 안에 있는 털이(가속 또는 중력으로 인해) 뒤로 구부러지면서 기울기를 감지하게 되는 것이다.

쉽게 설명하면, 만약 수평비행을 하는 비행기에서 빠른 가속이 이루어지면 이석 내에 있는 털이 뒤로 기울어지게 된다. 우리의 뇌는 이것을 머리가 뒤로 기울어져 있는 상태와 같은 것으로 지각을 하게 되는 것이다.

또 공중에서 시각 참조물이 전혀 없거나 제한된 상태야간 비행 또는 계기 비행 조건 등에서 빠른 가속을 하게 되는 경우가 있다. 인체의 시각기능이 제한된 상황판단에 도움을 주지 못하는 상황에서 우리의 뇌는 뇌로 들어온 신호만을 해석하여 머리가 뒤로 기울어진 상태라고 결론을 내리게 된다. 가속상황에서는 머리가 뒤로 젖혀진기수가 올라감 것처럼 느끼고, 감속 상황에서는 머리가 앞으로 숙여진기수가 내려감 것처럼 느끼게 된다. 실제로 항공기는 수평비행을 하고 있는데도 말이다.

이러한 경우 조종사가 항공기 안에 정확하게 현 비행상태를 지시해 주는 자세 계기Attitude Indicator를 신뢰하지 않고 자기의 느낌대로 비행을 한다면 비행사고로 연결되게 된다.

---

14) '에어부산 안전보안실 안전지시(2018) 문서'에 의하면 이러한 착각현상은 내이内耳 안쪽의 이석耳石, 특히 내이에 속한 두 개의 전정낭 중 큰 낭인 '난형낭'에 가해지는 일상적인 非자연적인 가속항공기 등이 원인이 되어 발생한다.
우리 몸의 균형 시스템은 이석, 내이의 구형낭 및 난형낭을 사용하여 가속 사실을 감지한다.
구형낭은 수직 가속에 관여하고 난형낭은 수평 가속에 관여한다.

## 인간은 착각하는 존재이다

통상적으로 야간 또는 계기 비행 조건하의 비행에서 복행Go Around 또는 실패 접근Missed Approach을 하는 동안에 이러한 현상이 발생하게 되는데, 속도가 느린 상태에서 엔진 추력이 급속히 증가하면 항공기의 급가속이 이루어지면서 시각 참조물이 없는 상태에서 고개가 뒤로 젖혀진 듯한 느낌을 발생시킴으로 이것을 조종사의 뇌가 기수Pitch가 빠르게 올라가는 것으로 해석잘못된 해석과 판단을 하게 되는 것이다.

이런 착각은 인간의 뇌는 기수가 상승하고 있는 것으로 인지하고 있지만 실제 항공기는 수평비행 상태를 유지하고 있는 것인데 이것이 바로 전형적인 비행착각이며 항공 우주 의학적 용어로 신체 중력성 착각Somatogyral Illusion 현상이라고 말한다.15)

이와 반대로 시각 참조물이 없는 상태에서 급격한 감속이 이루어지는 경우, 조종사는 기수Pitch가 내려가는 듯한 착각에 빠질 수 있고 기수를 상승시키려 노력하다가 결국 실속STALL에 진입되는 경우도 있다. 이 비행 착각은 숙련급 조종사이든 미숙련급 조종사이든 비행시간이 많은 조종사이든 적은 조종사이든 비행 경력과 무관하게 동일한 환경에 노출이 되면 이 상태에 진입하게 된다.

## 자세 계기를 의존하라

이 비행 착각을 극복하는 방법은 시각 참조물이 충분하지 않는 야간비행이나 계기 비행 조건의 기상, 저시정 상태의 비행을 할 때 수시로 본인

---

15) 결국 조종사의 행동(Reaction)은 항공기가 빠르게 상승하고 있다는 착각 속에서 조종간을 밀어 기수(Pitch)를 내림(Down)으로써 항공기를 수평비행(level flight) 상태로 되돌리려 할 것이다. 하지만 실제 항공기의 기수(Pitch)는 강하(Dive) 상태가 되어 버리는 것이다. 기수(Pitch)가 아래로 낮아짐에 따라 항공기의 가속(Acceleration)은 더욱 빨라지게 되고 이것은 조종사로 하여금 항공기가 더 빠르게 상승하는 것처럼 또 다시 착각을 불러일으키는 악순환으로 이어지는 것이다. 이러한 VERTIGO(비행착각)은 조종사가 스스로 항공기를 급강하시켜 지상에 추락하게 되는 비극적인 결말로 이어지게 되는 것이다.

의 감각과 느낌Feeling의 자세와 본인이 조종하고 있는 항공기 자세 계기와 비교하면서 비행해야 한다. 그리고 항공기 안에 장착되어 있는 항공기 자세 계기Attitude Indicator를 전적으로 신뢰하고 비행하는 것이다.

본인이 비행 착각에 진입되었다면 본인의 감각 오류를 인정하고 함께 비행하는 조종사에게 고백Confess함으로 다른 조종사가 비행 착각에 진입하지 않았다면 조종간을 이양You Have Control하는 것이다. 무엇보다도 중요한 것은 본인의 현재 인지하고 있는 감각과 느낌Feeling에 의한 자기의 판단이 잘못 되었음을 인정하고 자기 경험적 비행의 욕구를 완전히 포기하고 오직 항공기 안에 있는 자세 계기를 끝까지 신뢰하고 비행하는 것이 '비행 착각'를 극복할 수 있는 최선의 방법이다. 이 착각을 극복하는 황금율Golden Rules은 조종석의 〈자세 계기〉를 의존하는 것 'Rely on the Attitude Indicator!'이다.

## 비행 착각 - 영적 착각

우리의 신앙생활도 마찬가지이다. 내 생각 내 사상 내 신념으로 믿는 것은 진정한 믿음의 생활이 아니다. 우리가 신앙생활을 하면서 하나님 나라의 가치관과 틀 안에서 먼저 하나님 나라와 그의 의를 구하는 삶을 추구해야 한다. 그러나 세상의 다양한 풍조와 가치관 속에서 세상으로부터 잘못 학습되어진 생활양식을 받아들여서 살아 갈 때가 있다. 이것은 하나님 없이도 자기의 소견대로 자기의 감각과 의지와 경험으로도 행복하게 잘 살 수 있다는 '신앙 착각' 속에 살아가고 있는 것이다.

특히 하나님의 천지창조 사역이 엄연한 사실임에도 이성의 코드로 부정하며 배척할 뿐만 아니라 하나님을 섬기는 백성들도 하나님을 두려운 마음으로 경외하지 않고 하나님 섬김을 죄로 가득한 자유 의지를 수단으로 합리화하며 '신앙 착각' 속에 살아 갈 때가 있다.

## 감각을 믿지 말고, 계기를 의존하라

예수님이 성육신하여 인류의 구원 사역을 이루기 위한 예수님의 십자가와 부활을 하나의 신화적인 사건으로 생각하며 지금도 '신앙 착각' 속에 살아가고 있는 자들이 종종 있다. 과학과 문명, 문화와 의료 기술이 그 어느 시대보다도 꽃을 피워 행복한 시대에 살고 있는 것 같지만, 정작 인간 개개인의 마음을 열어 보면 하나님이 없음으로 인해 선처럼 보이는 교묘한 악에 익숙하게 살아가는 자들이 많다.

현 세대와 다음 세대들에게 신앙이 점점 멀어지고 하나님 말씀이 없어지면서 그 어느 시대보다 소망이 없어 보인다. 곧 깨질 것만 같은 유리상자 속에서 가장 불행한 시대를 살아가는, 즉 '신앙 착각'에서 신앙 이탈을 하며 살아가는 자들이 많아지고 있다.

따라서 이 시대 뿐만 아니라 다음 세대들에게는 '신앙 착각' 속에 함몰되지 않도록 '신앙 자세 계기'인 성경을 기준하여 인생을 살아가도록 지도해야 한다. 즉 우리의 삶의 표준은 오직 성경, 우리의 구원자는 오직 예수 그리스도, 그리고 오직 하나님의 천지창조를 믿고 그 분을 인생의 주인으로 믿고 살아가는 믿음이 반드시 필요하다.

## 착각을 이기는 비결과 대안

먼저 '비행 착각의 원리'를 신앙에 적용하여 '신앙 착각'에 진입될 수 있는 환경과 착각에 대한 올바른 대처 내용과 잘못된 대처 내용, 결과를 생각해 보자. 그리고 '비행 착각과 신앙 착각'의 올바른 극복 원리를 생각해 보자.

인류의 조상이요, 인류의 첫사람인 아담은 과연 어떠한 '신앙 착각' 속에 빠졌기에 회복을 못하여 원죄를 범하고 후손인 인류에게 원죄를 안겨 주셨는지에 대해 살펴보자.

> 하나님께서는 창 2:16-17절에서 아담에게 세 가지 명령을 단호하게 말씀하셨다.
> 창세기 2:16 여호와 하나님이 그 사람에게 명하여 이르시되 동산 각종 나무의 열매는 네가 임의로 먹되,
> 창세기 2:17 선악을 알게 하는 나무

의 열매는 먹지 말라
네가 먹는 날에는 반드시 죽으리라 하시니라16)

아담에 대한 하나님의 첫 명령은 '먹으라, 먹지 말라, 명령을 지키지 않으면 죽으리라'라는 명령이었다.

우리가 여기서 하나님께서 창세기 2:17절 후반절의 '반드시 죽으리라'라는 한 가지 금지 명령만을 비중 있게 생각한다면 하나님은 인간으로부터 창조한 피조물에 대해 먹고 사는 일을 금지시키시는 하나님, 인간들로부터 빼앗으시고 사랑과 관용이 없으신 하나님으로 오해할 수 있다. 그러나 창조주 하나님께서는 아담인류에게 이 한 가지 금지 명령을 제외하고는 다른 모든 것에 대해서는 임의로 마음대로 모두 먹도록 하셨을 뿐만 아니라 많은 자유와 특권을 부여해 주셨다. 그만큼 아담인류은 하나님의 피조물로서 존귀함을 받은 존재임을 말씀하고 있는 것이다.

그리고 '네가 먹는 날에는 반드시 죽으리라'라는 이 말씀은 모든 인류에게 하나님 명령에 순종하라는 요구사항인 동시에 '네가 선·악을 알게 하는 나무의 열매를 먹지 않는 날에는 반드시 살리라!'라는 '죽는 길'과 '사는 길' 두 가지 의도가 분명하게 내포되어 있는데, 그 비결은 '하나님 명령에 순종하느냐? 불순종 하느냐?'라는 것이다. 또한 삶과 죽음, 즉 생사화복을 주관하시는 분이 하나님이심을 선포하신 것이다.

## 사탄, 마귀는 착각에 빠지도록 유혹하는 자

여기서 사탄의 전략과 전술 Strategy & Tactics이 바로 '신앙 착각'으로 유도한다는 것이다. 아담과 하와를 하나님 명령에서 멀어지게 하고 하나님 명령이 시각적으로나 청각적으로 아리송하게 인식하도록 하여 분명하지 않은 '신앙 착각' 속으로 빠지도록 하는 것이다.

---

16) 이 주제에 대한 더 깊은 최근 연구는 Chris W. Lee, 'For in the day that you shall surely die' The early reception history of the death warning in Genesis 2:17( the university of Edinburgh | 2018) p.1~247 참조하라. 그리고 존 비비어John Bevere 목사, '순종'(2002 | 두란노) 56~59 페이지를 참조

창세기 2:17절에서 아담인류이 반드시 사는 길은 선·악을 알게 하는 나무의 열매를 먹지 않는 것임을 하나님께서 아담에게 가르쳐 주셨다. 그런데 창세기 3:5절에서 사탄은 이것을 먹는 날에는 눈이 밝아져 하나님과 같이 될 수 있음을 더 부각시킴으로써 먹고 싶은 충동을 자극시켜 먹도록 유혹한 것이다. 즉 '신앙 착각' 속으로 빠지게 하여 결국, 죽는 길로 유도하는 것이 사탄의 전략과 전술이었던 것이다.

> 창세기 3:5 너희가 그것을 먹는 날에는 너희 눈이 밝아져 하나님과 같이 되어 선악을 알 줄 하나님이 아심이니라

특히 그 당시 상황에서 '먹는 날에는'의 뜻은 '먹는 즉시'의 의미로서 하나님의 명령을 불순종했을 때는 그 즉시 하나님의 형벌이 임한다는 하나님의 엄중한 심판 선언이다. 따라서 자기도 모르게 하나님 명령에 느슨해지면서 이러한 선·악을 알게 하는 나무의 열매를 먹을 것인가, 안 먹을 것인가와 같은 유사한 환경에 빠지게 된다면 사탄의 전략과 전술은 '신앙 착각' 속으로 빠뜨리려는 것이기 때문에 '신앙의 자세 계기 Attitude Indicator'인 '하나님의 명령'을 반드시 기억하고 따라 사는 것이 인생의 안전운행의 지름길인 것이다.

또한, 이 하나님 명령은 아담인류에게 풍요로운 세상을 인간에게 제공하는 가운데 인류의 질서유지의 생활법규를 만들어 주신 것이다. 이러한 생활법규를 지킴으로써 질서가 유지되고 '신앙 착각'을 극복할 수 있는 가장 안전한 사는 길인 것이다.

## 사탄의 전략은 아리송한 전략이다

이제 사탄은 아담과 하와를 어떻게 사탄의 전략과 전술인 '신앙 착시' 속으로 빠뜨리게 했는지 살펴보자. 창세기 3:1절 중 하반 절에서 '하나님이 참으로 너희에게 동산 모든 나무의 열매를 먹지 말라 하시더냐'라

는 의혹을 제기하였다. 여기서 '먹지 말라 하시더냐'라는 말은 먹도록 탐욕을 조장하는 늬앙스가 내포되어 '먹어도 된단다'라는 의미를 충분히 전달하는 어법이다.

즉, 사탄은 하와에게 '긴가 민가 아리송한' 어법으로 사람의 인식의 오류를 불러 올 수 있도록 '신앙 착각' 속으로 빠뜨리는 전략과 전술 Strategy & Tactics을 구사한 것이다. 그리고 사탄의 전략과 전술은 선택과 집중이었다. 아담 대신 하와를 선택하여 집중적으로 애매한 어법으로 회의를 유발하여 '신앙 착오'를 유도한 것이다.

왜냐하면 아담은 하나님으로부터 직접 명령을 받고 하와에게 전해주었기 때문에 하와는 하나님 명령을 간접적으로 받은 것이다. 따라서 하와는 하나님이 아닌 남편인 제3자로부터 전달 받음으로 하나님 명령의 강조점을 다소 약하게 받아들일 가능성이 있다고 보고, 하와를 선택하여 집중적으로 접근한 것이다. 그리고 하나님의 명령에 대한 사탄의 왜곡된 어법을 사용하면서 본질을 흐리게 하여 '신앙 착각' 속으로 빠지게 한 것이다.

## 하나님은 절대 주권자

여기서 '선·악을 알게 하는 나무 the tree of the knowledge of good and evil 의 열매'를 '먹지 말라'의 의미는 선과 악의 심판은 하나님 고유의 영역과 권위를 상징하는 것으로써 즉 하나님 나라의 법을 표상하는 것이다.

그래서 하나님 권위에 도전하려는 '교만의 싹'을 불식 시키고 하나님 권위에 대한 확고한 순종과 이로 인한 질서의 하나님으로서 무죄와 무법의 에덴 땅에서도 하나님의 권위와 질서의 법을 정립시키시려는 하나님의 원대한 작정인 것이다. 즉 이 에덴동산에서 하나님과의 상하 수직적 질서의 법과 남편과 아내의 수평적 질서의 법이 존재하도록 정립한 것이다.

## 육신의 정욕, 안목의 정욕, 그리고 이생의 자랑

에덴동산에서 아담과 하와가 마귀의 유혹을 받아 선악과를 보는 순간 먹음직스럽고 봄직스럽고 지혜롭게 할 만큼 탐스럽게 보였다. 마귀는 사람의 눈을 통해 수많은 정보가 들어오는 것을 알고 질문을 통하여 의혹하게 만들고 여성 하와에게 다가가서 착각과 착시현상을 유도한 것이다.

> 창 3:2 동산 나무의 열매를 우리가 먹을 수 있으나,
> 창 3:3 동산 중앙에 있는 나무의 열매는 하나님의 말씀에 너희는 먹지도 말고 만지지도 말라 너희가 죽을까 하노라 하셨느니라

하와는 사단의 미혹을 받아 하나님 명령과 어긋나게 자기 생각을 첨가하여 하나님께서 주신 명령을 왜곡시키는 대답을 하였다. 이 장면에서 남편인 아담이 하와에게 하나님의 절대 명령을 전달했지만 하와가 정확하게 인지를 했는지에 대해 확인하지 못했다.
그리고 하와는 하나님 명령이 정확한지에 대해 아담에게 확인도 하지 않았고 사단에게 즉석에서 대답을 한 것이다.

## 하나님의 말씀을 한 마디라도 무겁게 여겨야 한다

결국 아담과 하와는 하나님 명령을 두려운 마음으로 받아들이지 않았으며 하나님 명령을 경홀히 여겼을 뿐만 아니라 하나님을 경외하지 않았음을 알 수 있다. 그래서 하와는 하나님의 명령에 대해 애매한 상태에서 확실한 내용을 아담에게나 하나님께 구하지도 않고 그러려니 생각하여 대답을 한 것이다. 이때 사탄은 하와가 미혹됨을 인지하면서 승기를 잡고 두 가지 거짓말로 적극적 공략을 하였다.

> 창 3:4 …너희가 결코 죽지 아니하리라

> 창 3:5 너희가 그것을 먹는 날에는 너희 눈이 밝아져
> 하나님과 같이 되어 선악을 알 줄 하나님이 아심이니라

하와는 하나님의 마음, 동기, 강조점을 간파하지 못하고 사탄의 전략과 전술에 의심 없이 미혹을 받고 자기 소견대로 자기의 감각과 느낌Feeling, 자기의 의도대로 대답을 함으로써 '신앙 착각'에 빠지게 된 것이다. 그런데 이러한 완벽한 에덴 땅에도 사탄은 아담과 하와를 하나님과 같이 될 수 있다는 거짓과 탐욕의 영을 주입시키려는 전략과 전술로 '신앙 착각' 속으로 빠뜨린 것이다.

사탄은 '선·악을 알게 하는 나무의 열매'를 먹을 경우 '눈이 밝아져 하나님처럼 될 수 있다'라고 오도하여 하나님 권위에 도전하는 '신앙 착오' 속으로 빠뜨려 인류에게 교만과 탐심의 영을 주입시키려는 의도를 갖고 접근한 것이다.

아담과 하와는 '신앙 착각' 속에 빠진 후 극복하지 못하고 선·악을 알게 하는 나무의 열매를 먹게 되었다.

> 창 3:6 여자가 그 나무를 본즉 먹음직도 하고
> 보암직도 하고 지혜롭게 할 만큼 탐스럽기도 한 나무인지라
> 여자가 그 열매를 따먹고 자기와 함께 있는 남편에게도
> 주매 그도 먹은지라

이에 대한 하나님의 심판은 창세기 3:11-13에 나온다. '내가 네게 먹지 말라 명한 그 나무 열매를 네가 먹었느냐?' 그리고 하나님의 판결은 하와, 아담 그리고 모두의 순서로 선언된다.

> 창 3:16-19 (여자) 임신하는 고통을 크게 더하리니…
> 너는 남편을 원하고 남편은 너를 다스릴 것이니라
> (남자) 네 평생에 수고하여야 그 소산을 먹으리라,
> (모두) 너는 흙이니 흙으로 돌아갈 것이니라

아담과 하와는 하나님 명령을 두려워 하지 않았을 뿐만 아니라 경홀히 받아들였으며 사탄은 하와에게 아리송한 어법으로 사람의 인식의 오류를 유발하게 하는 '신앙 착각' 속으로 빠지게 한 것이다. 이에 아담과 하와는 '신앙 착각'을 극복하지 못하고 하나님 명령을 불순종하면서 사탄의 전략과 전술을 수용하여 침몰하게 되었다.

그 결과 하나님의 진노의 심판과 함께 하나님의 판(창세기 3:11-13)을 받아 인류의 원죄(창세기 3:16-19)를 잉태하게 되어 흙으로 돌아가게 된 것이다.

## 예수님은 신앙 착각의 미혹을 완벽하게 승리하신 극복책의 최상의 모델이다

아담과 하와는 하나님의 마음, 동기, 강조점을 간파하지 못하고 하나님의 명령에 불순종함으로써 사탄의 전략과 전술에 의심 없이 미혹을 받고 자기의 소견과 자기의 의도대로 대답을 함으로써 '신앙의 Vertigo', '신앙 착각'에 속수무책으로 빠지게 된 것이다.

그런데 이러한 완벽한 에덴 땅에도 사탄은 아담과 하와를 하나님과 같이 될 수 있다는 거짓과 탐욕의 영을 주입시키려는 전략과 전술로 '신앙의 Vertigo', '신앙 착각' 속으로 빠뜨린 것이다.

그렇다면 예수님께서는 사탄의 시험에 어떠한 대응을 하셔서 사탄을 굴복시켰을까?

마태복음 4장에서 예수님은 요한으로부터 세례를 받으신 후 성령에 이끌리어 마귀에게 시험을 받으러 광야로 가신다.(마4:1)

사단은 예수님을 '신앙의 Vertigo', '신앙 착각'에 함몰시키기 위해 여러 시험을 시작한다.

첫 번째 시험으로 사단은 하와에게 먹는 문제를 갖고서 시험을 했듯이, 예수님에게도 동일하게 먹는 문제를 갖고서 예수님을 시험한다. 예수님은 사십 일을 밤낮으로 금식하셨기 때문에 배가 주리신 것을 알고 사람의 원초적인 욕구인 먹는 문제를 선택하고 집중한 것이다.

그래서 '네가 하나님의 아들이거든 명하여 이 돌들로 떡 덩이가 되게 하라'라고 '신앙의 Vertigo', '신앙 착각'에 빠뜨리려 공략을 한 것이다.마 4:2,3 그러나, 이에 대한 예수님의 행동은 단호하게 '사람이 떡으로만 살 것이 아니요 하나님의 입으로부터 나오는 말씀으로 살 것이라'마 4:4라고 '신앙 자세 계기Attitude Indicator'인 '하나님의 말씀'으로 대응한다.

이에 사탄의 두 번째 시험은 '성전에서 뛰어 내리라'는 것이다. 그리고 세 번째 시험은 '사탄에게 경배하면 천하만국과 영광을 주겠다'라고 시험한다. 이에 예수님께서는 말씀으로 선포하실 때 사탄을 무력화시킨다. ① '사탄아 물러 가라'(말씀 선포) ② '주 너의 하나님께 경배하라'(하나님께 경배와 예배) ③ '그를 섬기라'(하나님 섬김)라고 했을 때 사탄은 예수님을 떠나고 천사들이 예수님께 나아와서 수종을 들게 된다.(마 4:11 )

> 마 4:10 이에 예수께서 말씀하시되 사탄아 물러가라 기록되었으되 주 너의 하나님께 경배하고 다만 그를 섬기라 하였느니라
> 마 4:11 이에 마귀는 예수를 떠나고 천사들이 나아와서 수종드니라

올바른 '신앙의 Vertigo', '신앙 착각'의 극복책은 오직 '비행 자세 계기 Attitude Indicator'를 신뢰하여 비행하듯이 '신앙 착각'의 극복책은 '신앙 자세 계기Attitude Indicator'인 '오직 하나님 말씀인 성경', '오직 예수 그리스도께 경배하며 섬기는 것', 그리고 하나님의 천지창조의 믿음'을 신뢰하여 신앙생활하는 것이다.

# 결론

### 인생 착시 - 인생 착각 - 인생 착오

우리의 신앙 여정에는 종종 여러 가지 유혹과 어려움, 그리고 때때로

마귀의 시험이 닥쳐온다. 무엇보다 자기의 생각과 판단으로는 신앙생활을 바르게 한다고 하지만, 신앙의 착각상태에 빠질 경우가 있다는 점을 기억해야 한다.

신앙생활은 내 생각, 내 경험, 내 지식의 기준으로 믿는 것이 아니라 신앙과 생활의 유일한 표준인 하나님의 말씀에 의존해서 살아가야 하는 것이다. 하나님의 말씀을 가장 귀하게 여기며 존중하며 살아가는 것이 행복의 지름길이다.

### 인생의 속도보다 방향이 중요하다

21세기 현대는 후기 현대주의 시대를 맞이하여 사람마다 자기 소견에 따라 좋은 대로 살아간다.

그리하여 전통적인 신앙의 생활이나 윤리, 도덕마저도 부정하고 모든 것을 상대화시키며 절대 진리를 부정하는 시대정신이 팽배하다. 이 시대는 그야말로 말세지말을 당하여 탈 이념, 탈 종교, 탈 규범의 문화가 쓰나미처럼 몰려오고 있다.

특별히 젊은이들은 느낌을 중시하고 종래의 기준이나 규범 등을 불편하고 억압하는 것으로 생각하는 경향이 많다.

### 영적 착각 Spiritual Illusion 에서 벗어나라

그러나 앞에서 강조하였듯이 아담과 하와의 후손인 우리는 죄 아래 태어났기에 우리가 생각하는 것이 어려서부터 악하고 누구든지 비행 착각처럼 인생 항로를 착각하여 어디로 가는지도 모르고 빠르게만 달리고 속도 중심, 성공 중심의 인생을 살아가는 자들이 많이 있다.

이런 시대에 하나님의 백성으로 천국을 향하여 더 높이, 더 멀리 신앙의 성장과 성숙을 원하는 자는 하나님이 우리에게 주신 삶의 운행 설명서인 가이드북 성경을 숙지하고, 그 메뉴얼을 따라 살아가는 것이 참 인생의 성공이요, 행복임을 알아야 할 것이다.

## 한 번의 선택이 영원을 결정한다

 우리의 인생은 한 번이요 두 번은 없다. 우리의 일상은 모두가 일회적으로 지나간다. 그러므로 우리는 순간 순간 선택의 기로에 선다. 그 선택의 기준은 하나님의 말씀, 성경이어야 한다. '신앙의 Vertigo' 즉 '신앙 착각'의 극복책은 비행기를 조종하는 기장이 오직 '비행 자세 계기Attitude Indicator'를 신뢰하여 비행하듯이 '신앙의 착각과 착시에 대한' 예방 방법도 동일하다.
 다시 강조하자면 누구든지 언제든지 일어날 수 있는 '신앙 착각'의 극복 대책은 완벽한 극복 모델이신 예수님이 행하신 극복책처럼 세 가지로 요약할 수 있다.
 첫째 '신앙 자세 계기Attitude Indicator'인 하나님의 말씀 '오직 성경'을 기준으로 삼아 말씀 선포하라. 둘째, '오직 예수그리스도'를 의지하고 바라보고 경배하며 섬기며 살아가라. 셋째 '오직 하나님의 천지창조의 믿음'을 가지고 그 분을 인생의 주인Lordship과 왕Kingship으로 신앙생활을 하라!
 이와같은 기준과 중심을 가지고 살아갈 때 우리의 인생 항로는 안전과 행복, 그리고 천국의 항로가 펼쳐질 것이다.

### 이야기 나눌 주제

1. 기장의 비행 착각은 자신은 물론 동승한 탑승객의 생명도 위험으로 몰고 간다. 의사 결정권자의 판단과 지시가 얼마나 중요한지 이야기 해 보자.
2. 라면 하나에도 끓이는 순서에 관한 설명서가 있고 가전제품도 사용 매뉴얼이 있다. 우주와 인간의 사용 설명서인 성경책의 위대함에 대해서 이야기해 보라.

# 08

# Control Tower | 관제탑

나는 왔누나, 온 곳을 모르면서
나는 있누나, 누군지 모르면서
나는 가누나, 어디로 가는지 모르면서
나는 죽으리라, 언제 죽을지 모르면서

- 철학자 칼 야스퍼스 -

 공항의 수많은 항공기들이 이륙과 착륙을 원활하게 하기 위해 어떻게 운영하고 통제할까?
 공항 활주로 Runway 에서 이착륙 Take & Landing 을 포함한 지상 활주 Taxing 의 항공 교통 흐름을 원활하게 하기 위해서 관제탑 Control Tower 에서 관제사가 항공 교통 관제를 한다. 과거에 네거리가 있는 혼잡한 도로에서 차량의 원활한 흐름을 위해 교통경찰이 차량들을 각종 신호수단을 통해 차

량들을 통제하듯이 교통경찰의 신호에 따라서 가라 하면 가고, 멈추라고 하면 멈추어야 하는 것처럼 관제탑에서는 관제사가 항공기들이 공항 활주로에서 안전하게 이륙하고 착륙할 수 있도록 관제를 한다.
  즉, 이륙과 착륙을 허가하기도 하고 취소시키기도 하고 불안전한 상황이 발생되면 관제사가 조종사에게 착륙 불가 지시와 함께 복행Goaroung을 지시하여 다시 되돌아 접근을 시키기도 하며, 때로는 공항 내에 이착륙하는 항공기가 많으면 이·착륙 대기Holding 지시를 내리기도 한다.

## 규범을 따르는 삶이 행복하다

  우리 인생의 여정에서도 마찬가지이다. 인생 행로에 있어서도 일생 동안 인생의 관제탑의 관제가 매 순간 순간마다 필요하다. 모든 사람은 이 인생의 관제사이신 예수님의 관제의 지시와 명령에 따라가야 한다. 그렇다면, 인생의 관제탑인 인생이 바르게 가야 할 인생 항로의 관제의 지시와 명령의 기준은 무엇일까? 그것은 바로 하나님 말씀이다.
  그래서 인생의 기준이 되는 하나님 말씀에 의거하여 '하지 말라 하면 하지 말고, 하라 하면 하고 가라 하면 가고 멈추라 하면 멈추고 기다리라 하면 기다려야 하며 돌아가라고 하면 돌아가야 한다.'

  문제는 우리가 언제 가야 하고 언제 멈추고 언제 기다리고 무엇을 해야 하고 무엇을 하지 말아야 할 지를 모르는데 있다. 하늘 관제탑에서 인간을 내려다 보시고 말씀하시는 하나님 말씀인 성경을 잘 읽지 않고 말씀을 배우지 않고 하나님 말씀을 경홀히 여겨 우리가 말씀대로 사는 습관과 학습이 되어 있지 않기 때문이다.
  내 인생은 나의 것이니 내 마음대로 소견에 좋은대로 살아가려는 태도는 매우 위험한 인생관인 것이다. 인간은 아담과 하와 이후 범죄로 전적 타락하였기에 욕망대로 살아가게 되면 마치 브레이크가 작동하지 않는 비행기처럼 머지않아 활주로를 이탈하게 되어 대형사고가 일어나게 되는 것이다. 성경은 인간의 정과 욕심은 십자가에 못 박고 예수님과 함께 죽고 예수님과 함께 살아가는 것이 진정한 인생이 가야 할 길임을 말해 준다.

### 후기 현대주의 사상은 마음대로 살아가라고 가르친다

후기 현대주의에서 말하는 '내 인생의 주인은 나 자신이다'라는 사상은 자기 욕망을 마음대로 발산하며 느낌 위주로 살고 모든 절대 진리를 부정하고 상대화시키고 차이를 강조하며 살아가는 것이 행복이라고 가르친다.

니이체 같은 철학자는 '짜라투스트라는 이렇게 말했다'라는 책에서 [17] '신은 죽었다', 그리고 그는 '그 동안 인간들이 신이라고 만들어 믿은 것은 하나의 억측이다'라고 가르쳤다. 그러면서 그는 인간을 세 가지 종류로 나누어 설명한다.

첫째 유형은 낙타와 같이 종교의 무거운 짐을 지고 일생을 사는 자, 둘째 유형은 사자와 같이 자기의 힘을 의지하고 고독하게 살아가는 자, 셋째 유형은 아이와 같이 울고 싶으면 울고 자고 싶으면 자는 유형을 말하면서, 어린 아이와 같이 단순하고 자유로워지라고 가르친다.

### 포스트모더니즘의 뿌리는 무신론이다

그의 영향을 받은 프랑스의 철학자 푸코 M.Foucault 는 자신이 동성애자임을 밝히면서 자유분방한 생활 속에서 결국 AIDS로 사망하였는데, 그는 맨 정신과 광기狂氣의 아슬아슬한 줄타기를 하였다.

특히 그의 관심 주제는 광기, 범죄 및 동성애였으며 필생의 역작으로 『성의 역사』를 저술하고 과거의 윤리와 전통, 그리고 인간의 기본구조와 창조 질서를 부정하는 탈 구조주의 사상의 길을 강조하였다.

---

17) 니이체. 짜라투스트라는 이렇게 말했다 | 서울 삼성출판사 | 1982 | 1~300페이지 참조하라.

포스트 구조주의의 기수요, 해체주의자 Deconstructioner 인[18] 프랑스 철학자 데리다 J.Derrida는 자신이 비판하는 체계 뿐만 아니라 이후에 어떠한 구조도 다시는 서지 못하도록 아예 모든 사상적 구조물의 기초를 뜯어내는 데 몰두한 사람이었다.

그러나 우리가 알아야 할 것은 하나님의 창조질서 가운데 크게는 우주의 질서, 작게는 우리 개인의 삶의 환경 가운데 남자와 여자의 구별, 장유유서의 윤리 도덕 등을 다 부정하는 후기 현대주의 사상은 결국 해체주의이고, 더 나아가 파괴주의로 나아가게 되는데 마귀가 그 사상을 조종하고 있음을 알아야 한다.

하나님 말씀이 인생의 관제탑인 이유가 무엇일까?

그것은 하나님께서 사람을 자신의 형상과 모양대로 창조하시고 전지전능하신 지혜와 능력으로 우리들의 안고 일어섬을 살펴보시고 더 나아가 모든 인생을 심판하시는 심판의 주시기 때문이다. 이 하나님을 인정하고 믿는 유신론의 입장과 하나님을 부정하고 스스로 높아지려는 무신론의 입장은 영생과 영벌, 천국과 지옥의 두 가지 갈림길의 인생 운명을 결정하는 것이다.

## 인간은 영적 존재이다

인간을 사고하는 존재, 도구를 사용하는 존재, 유희하는 존재 등으로 묘사하는데 가장 중요한 것은 인간은 영적 존재이며 하나님과 교제하도록 지음 받은 '종교적 존재'이다. 그런데 타락한 인간들은 자기의 지성이 타락한 상태에서 교만하여 하나님 없이 자기 마음대로 살아가기를 좋아한다. 그러나 그 길은 넓고 신나는 길 같지만 결국은 멸망과 죽음의 길이다.

반대로 하나님의 기준과 법도를 따라 사는 것은 좁고 힘든 것 같지만

---

[18] 이원적 대립주조의 해체 : 이성/감성, 논리/수사, 말/글, 과학/비과학, 문학/철학, 자연/문화, 흑/백, 남자/여자, 이단/정통, 정상/비정상, 사실/허구와 같은 것을 해체. 특히 주체/객체의 구조 해체를 중요시 함.

생명과 영생의 길인 것이다.

시편 기자는 하나님의 과제 매뉴얼인 성경말씀을 시편 119:105절에서 하나님의 말씀의 특징을 은유법을 사용하여 매우 간결하고도 함축적으로 설명하고 있다. '주의 말씀은 내 발에 등이요, 내 길에 빛이니이다' 라고 말씀하고 있다. 하나님 말씀이 '내 발의 등'이라는 의미는 어두운 밤중에 불을 밝혀 주는 심지와 기름이 있는 등잔을 켜고 지내는 당시 이스라엘 민족 생활과 연관되어 있다.

옛날 가로등이 없던 시절, 어둡고 캄캄하고 위험한 곳을 걸어 갈 때 그 앞 길을 안전하게 발을 내디딜 수 있도록 등불이 앞 길을 밝혀 주었듯이 바로 하나님 말씀이 인생의 어려운 고난과 환란을 당할 때 매 순간 순간마다 환경을 극복하게 해주시고 인도해 주신다는 표현이다.

## 하나님 말씀이 '내 길의 빛'

'내 발의 등'은 우리 각자 개인 발걸음 하나 하나 구체적으로 앞을 밝혀주는 등불인 반면, '내 길의 빛'은 그 걸음 걸음 하나 하나가 모여진 '인생 전체의 여정의 길을 비춰 주는 큰 빛'을 의미하는 표현이다. 이 말씀에서 사용된 등, 발, 빛, 길은 인생의 여정 가운데 넘어지지 않고 쓰러지지 않을 뿐만 아니라, 우리의 세상 속에서의 행함에 있어서도 선과 악 그리고 시시비비를 구분할 수 있는 기준이 하나님 말씀임을 강조하는 말씀인 것이다.

하나님은 빛이시다. 종합해 보면 하나님 말씀만이 현재의 우리의 걸음 걸음의 앞 길을 밝혀 주는 등불의 역할 뿐만 아니라 내 인생 전체 여정을 바르게 인도해 주는 빛의 역할임을 강조하고 있는 것이다.

하나님 말씀은 우리가 어떠한 위기와 고난의 위경에 처해 있을 때 인생의 관제탑 역할을 하심으로 우리를 구해 주실 뿐만 아니라 우리의 영혼과 육체에 있는 질병까지도 말씀으로 고쳐 주신다.

시편 107편 말씀의 배경은 하나님께서 선민 이스라엘이 바벨론 포로로 끌려가 극심한 고통과 위경 가운데 생활하고 있을 때 하나님께서 이 이스라엘 백성의 부르짖음을 들으시고 해방과 귀환을 시키시는 역사적 배경을 갖고 있다.

> *시 107:19 이에 그들이 그들의 고통 때문에 여호와께 부르짖으매 그가 그들의 고통에서 그들을 구원하시되,*
> *시 107:20 그가 그의 말씀을 보내어 그들을 고치시고 위험한 지경에서 건지시는도다*
> *시 107:21 여호와의 인자하심과 인생에게 행하신 기적으로 말미암아 그를 찬송할지로다*

## 하나님의 통제를 받는 인생이 안전하다

위의 본문에 시편 107:19절 말씀 중 그들의 고통 때문에 하나님께 부르짖었다고 말씀하고 있다. 이스라엘 백성들은 '하나님 이외의 다른 우상신을 섬기지 말라'는 하나님의 거듭된 경고에도 불구하고 하나님을 배반하고 우상을 숭배하며 하나님의 법을 거슬러 행하였다.

이에 하나님은 바벨론으로 하여금 이스라엘 민족을 치시고 모든 백성들을 바벨론 포로로 잡혀가게 하여 극심한 고난과 고통의 생활을 하도록 하셨다. 한 나라가 망하고 온 백성들이 이방 땅에 포로로 끌려가 흩어진 상황에서 자신들의 회복과 귀환을 바란다는 것은 도저히 불가능한 일이었다.

그러나 하나님께서는 이스라엘 백성들을 이방 나라 바벨론으로 옮겨 포로생활을 하게는 하셨지만 그들을 싫어 버리지는 않으셨다. 하나님은 여전히 이스라엘 백성을 사랑하셨고, 그리하여 그들이 포로가 되어 간 곳까지 동행하셨으며, 그곳에서 그들의 고통을 보시며 그들의 부르짖음을 들으셨다.

그래서 이러한 하나님을 향한 부르짖음에 응답을 하셨고, 20절에 '저가 그 말씀을 보내어 위경에서 건지시고 저희를 고치시고 사망의 위험한 지경에서 건지셨다'고 하신다. 여기서 위경은 '무덤', '웅덩이'로 '처지가 위급함에서 더 나아가 사망에 근접해 있음'을 말해 주고 있는 것이다.

즉, 우리가 어떠한 위기와 고난과 고통 가운데 있을 때 하나님께 진심으로 부르짖을 때에 하나님께서는 우리의 기도에 말씀으로 응답하셔서 회복하고 치유시켜 주신다.

## 인생 관제탑의 관제사는 예수님이시다

하나님은 선하심과 인자하심이 풍성하시다. 하나님은 자기 백성을 지키시고 구원해 주신다는 확고한 신앙의 고백과 동시에 하나님의 그 같은 은혜를 깨달은 인생은 하나님을 찬양할 것을 촉구하는 영적 교훈의 말씀이다.

이 '말씀'이란 단순히 '말'을 의미하는 것이 아니다. 이 '말씀은 하나님 자신'을 일컫는 말씀로고스이며, 또한 말씀은 무에서 유를 창조하시며 지금도 이 세상만을 통치하시며, 이 우주가 일점일획의 어긋남이 없이 정상 운행되어지는 것은 하나님의 전지전능한 능력의 말씀이 있기 때문이다.

그렇다면 왜 '말씀'으로 이스라엘의 역사와 인류의 세계사, 인생의 전 영역을 주관하시는 것이 가능한 것일까?

이 '말씀'이 '하나님'이시고, '말씀으로 만물이 지은 바 되었기 때문'이라고 요한복음 1:1-3절에서 정의하고 있다.

> 요 1:1 태초에 말씀이 계시니라 이 말씀이 하나님과 함께 계셨으니 이 말씀은 곧 하나님이시니라
> 요 1:2 그가 태초에 하나님과 함께 계셨고
> 요 1:3 만물이 그로 말미암아 지은 바 되었으니 지은 것이 하나도 그가 없이는 된 것이 없느니라

## 예수님은 인격화된 말씀이시다

 이 '말씀의 핵심'은 무엇인가? 태초에 말씀이 계셨는데, 말씀이 하나님과 함께 계셨고 이 말씀이 하나님이시라고 말씀하고 있다. 이는 말씀을 의인화하신 것이며 이 말씀이 곧 하나님이시며 말씀이 곧 하나님이신 예수님이시다. 요1:14-18
 말씀은 예수님이라는 이미지를 통해 예수님께서 선재성과 영원성을 가진 하나님이시란 사실을 선명하게 드러내고 있다.
 말씀은 곧 하나님이요, 말씀이 곧 도성인신道成人身 하신 예수님이신데 이 말씀이 세상을 창조하신 것이다. 그러나 여기서 오해하지 말아야 할 것은 말씀이 곧 예수님이라는 등식은 예수님을 말씀으로 한정된 용어에 가두는 제한된 존재로 오해할 수도 있다는 것이다. 이는 전지전능하신 예수님을 영적 이해력이 부족한 인간에게 자신이 누구신지를 보여주시기 위하여 은유법으로 표현하고 있을 따름이다.
 그래서 하나님이 만물을 지으셨는데, 하나님이 예수님이시고 말씀이시기 때문에 이 세상 모든 것들 중 하나도 예수님의 말씀 가운데 하나님이 창조하지 않은 것이 없다고 말씀하고 있다.
 사실 말씀을 헬라어로 로고스라고 하는데,[20] 이 또한 유대인들에게나 헬라인들에게 로고스의 개념은 하나님의 계획과 목적을 온전히 성취하는 능력이 있음을 이해하고 있었기 때문에 말씀, 로고스가 하나님 말씀으로 표현하는 것은 결코 생소한 것이 아니다.
 그래서 우리는 말씀하면 '말씀을 의인화하여 예수님이시요, 하나님이시다'라고 말하는 것이다. 이 진리는 이성적, 과학적 방법으로는 하나님께서 하시는 전지전능한 일을 알 길이 없기 때문에 믿음의 코드로 이해되어야 한다. 이것이 바로 말씀을 믿는 믿음이며 믿음에서 믿음으로 구원에 이르게 되는 길인 것이다.

---

[20] 요한은 하나님의 구속사를 기술하기 이전에 먼저 로고스 말씀이신 예수로 말미암은 첫 창조를 언급하고 있다. 로고스이신 예수께서는 첫 창조의 대행자로서 창조 사역을 행하셨으며, 만물이 그로 말미암아 존재하게 되었다. (L. Goppelt, G. Campbell Morgan, G. E. Ladd)

## 성경의 핵심은 '예수님이 그리스도'이시다

성경은 예수님이 하나님의 아들이요 하나님이심과 성경을 기록한 목적을 요한복음 20:30,31절에서 말씀하고 있다.

> 요 20:30 예수께서 제자들 앞에서 이 책에 기록되지 아니한 다른 표적도 많이 행하셨으나
> 요 20:31 오직 이것을 기록함은 너희로 예수께서 하나님의 아들 그리스도이심을 믿게 하려 함이요, 또 너희로 믿고 그 이름을 힘입어 생명을 얻게 하려 함이니라

그래서 하나님 말씀이 곧 성경이기 때문에 말씀이신 예수님께서 오늘도 기록된 말씀인 성경을 통하여 우리에게 대면하여 주시고 있는 것이다.

성경을 지나치게 정치적인 안목에서만 읽게 되면 소위 '해방', '인권', '민중', '혁명'의 이론을 세울 수 있을는지 모르나 성경의 근본 목적인 구원의 지혜는 얻을 수 없다. 또 성경을 지나치게 윤리적인 관점에서만 읽게 되면 '이웃사랑'같은 인간관계의 기본을 배울 수 있을는지는 모르나 영생의 지혜는 발견할 수 없을 것이다.

또 성경을 무슨 의학책인 양 육신의 병 고치는 부분만 중심으로 읽어 내려가는 사람에게는 성경이 근본에 있어서 병든 영혼을 치유하는 구원의 지혜라는 사실은 뒷전에 물러서게 되는 것이다.

그런고로 우리가 성경을 읽을 때에는 핵심적인 것과 지엽적인 것을 구분할 수 있어야 한다. 핵심적인 것을 지엽적으로 지엽적인 것을 핵심적인 것으로 착각하여 읽는 잘못을 범하지 말아야 한다.

성경이 우리에게 주는 핵심적인 메시지는 인권이나 인간관계나 병 고치는 것이 아니라 영생의 진리, 구원의 지혜인 것을 확실히 해야 할 것이다. 예수님께서도 이 사실을 분명히 해 주셨다.

'너희가 성경에서 영생을 얻는 줄 생각하고 성경을 상고하거니와 이 성경이 곧 내게 대하여 증거한다'(요한복음 5:39)

영국의 죠지 뮬러 목사님은 역사상 기도 응답을 가장 많이 받기로 유명하며 5만 번 이상의 기도 응답을 받고 3백만 명 이상에게 설교를 하면서 92세 나이로 소천하셨다. 그는 집에서 성경을 읽을 때 '하나님 말씀인 성경을 통하여 하나님을 뵙는구나'라고 하시면서 무릎을 꿇고 읽었다고 한다.

그래서 우리가 말씀을 듣고 보고 읽는 것은 곧, 하나님을 대면하는 것이며 예수님을 대면하는 것이요 그 말씀대로 살아가는 것이 인생의 주인이신 하나님의 통제를 받는 인생의 바른 길인 것이다.

## 결론

끝으로 기드온 협회가 발행하여 보급하고 있는 성경의 서문을 소개하며 결론을 내리려고 한다.

"성경은 하나님의 뜻, 인간의 형편, 구원의 길, 죄인들의 운명, 신도들의 복락을 제시해 주고 있다.

성경의 교훈은 거룩하며 그 명령은 구속력이 있으며 그 보도들은 진리이며 그 결단들은 불변하다. 성경을 읽어 지혜롭게 되어라, 성경을 믿어 구원을 받으라, 그 가르침대로 삶으로써 거룩하게 되어라.

성경은 너를 인도할 빛을 주며 너를 먹일 음식을 주며 너를 소생시켜 즐거움을 갖게 해준다. 성경은 여행자들의 지도요 순례자들의 지팡이이며 항해사들의 나침반이며 군인들의 검이며 그리스도인의 삶의 현장이다. 성경 안에서 낙원이 회복되며 하늘이 열리며 지옥의 문들이 극복되어진다.

예수 그리스도는 성경의 일대 주제이며 우리의 행복이 성경의 계획이며 하나님의 영광이 성경의 목표이다.

성경이 우리의 생각을 채워야 하며 우리의 마음을 인도해야 하며 우리의 발걸음을 이끌어가야 한다. 성경을 자주 기도하며 읽으라. 성경은 부의 원천이며 영광의 낙원이며 기쁨의 강물이다.

성경은 현재의 너에게 주어졌고 심판 날에 펼쳐질 것이요 영원히 기억될 것이다.

성경은 우리에게 최고의 책임을 부가해 준다. 성경은 지고한 노고에 대해서는 합당한 보답을 해 줄 것이며 거룩한 내용을 희롱하는 모든 자들을 심판할 것이다.

성경 말씀이 인생 걸음 걸음 뿐만 아니라 인생 전체의 여정 가운데 등불이요, 길인 것이다.

하나님 말씀을 통하여 우리의 역경과 고난 가운데 치유하시고 위경 가운데 건지신다. 그래서 우리는 하나님 말씀을 하나님과 똑같은 권위로 받아들이고 말씀을 보고 읽고 듣는 것은 바로 하나님을 받는 것이며 대면하는 것이다.

이 하나님 말씀의 명령과 규례가 바로 인생 전체의 여정 가운데 인생의 관제탑의 기준이요, 예수님이 관제사로서 우리 인생들의 가야 할 길의 안내와 통제, 그리고 모든 항로와 인생 여정을 아시는 통제자이시다.

## 이야기 나눌 주제

1. 21세기는 변혁의 시대이고 후기 현대주의 사상이 만연하다. 탈 규범, 탈 윤리, 탈 구조를 주장하는 철학 사조에 대해 어떻게 생각하는가?
2. 규범이 있고 윤리가 있고 기준이 있는 삶이 행복하다는 말을 당신은 어떻게 생각하는가?

# 09

# Heinrich Law | 하인리히 법칙
- 실수와 경고를 줄이는 신앙 -

*이는*
*내 뼈 중의 뼈요*
*살 중의 살이로다*

- 아담 | 창 2:23

하인리히 1 : 29 : 300의 법칙[21]은 대형 재해Minor Incident가 발생하기 이전에 반드시 29번의 사소한 재해Minor Incident가 있으며, 300번의 경미한 징후Near Misses가 있다는 법칙이다.

---

21) 하인리히 법칙[Heinrich's Law] – 1931년 허버트 윌리엄 하인리히(Herbert William Heinrich)가 펴낸 〈산업재해 예방 : 과학적 접근 Industrial Accident Prevention : A Scientific Approach〉이라는 책에서 소개된 법칙이다. 이 책이 출간되었을 당시 하인리히는 미국의 트래블러스 보험사(Travelers Insurance Company)라는 회사의 엔지니어링 및 손실 통제 부서에 근무하고 있었다.

미국의 재해방지의 선구자이며 'The Travelers Insurance Company' 에서 기술자로 활약했던 하인리히 H. W. Heinrich가 밝혀낸 안전관리 기법이다.

 이 하인리히 법칙을 비행안전 기법에 접목시킨다면 경미한 작은 비행실수들이 쌓이면서 대형 비행사고의 메커니즘으로 확산되는 것을 내포하는 법칙이다.
 따라서 비행 대형사고는 갑자기 찾아오지 않으며 예전부터 사소한 실수들과 수많은 경고를 보내왔던 사례들, 즉 각종 사소한 징후 사례를 포함한 큰 사고 사례들이 점진적으로 쌓이면서 준 사고가 대형 사고로 이어지는 법칙으로서 비행 대형사고로 발전되는 과정에서 실수의 징후를 미연에 발견하고 제거하는 것이 무엇보다도 중요하다.
 비행관리 방향은 비행환경의 내·외부적인 불안전한 잠재적 위험요인들을 사전에 발견하기 위하여 선제적 안전 예방활동을 강구하여 그 징후를 감지하는 것이다.
 특히, 인적요소인 조종사 심리상태와 비행 기량을 조종사의 비행 시간별, 등급별, 취항 노선별 관리가 시스템적으로 잘 이루어져야 하며, 정비사는 항공기의 장비와 기계의 상태를 품목별, 기간별, 시간별 점검을 면밀히 수행하여 교환이 도래된 품목은 적시에 교환할 뿐만 아니라 비행전·후 항공기 점검을 세밀히 수행하여 정상 가동상태를 유지하는 안전관리가 무엇보다도 중요하다.

### 비행기 사고는 중경상이 없다. 모두가….

 그러나 모든 항공기의 조종은 최종적으로 운항 승무원인 기장, 부기장에 의해 이루어지기 때문에 결국 안전 운항의 Final Trigger는 항공기를 조종하는 조종사에 있다. 따라서 비행 특성상 조종사의 한 번의 큰 실수 비행은 바로 대형사고로 연결될 수 있다.
 대부분의 한 번의 큰 실수는 크고 작은 실수들 없이 안전한 비행을 하다가도 조종사들의 교만함과 자만심, 기장의 일방적, 획일적, 권위 의식으로 부기장과의 권력거리 Power Distance 가 크게 작용한다든지 기장이 매너리즘에 빠져 경험비행에 치우쳐 비행을 하게 되는 한 번의 큰 실수는 300번의 사고가 날뻔한 일 Near Misses 이나 29번의 가벼운 사고 Minor Incident 단계를 거치지 않고 바로 Major Incident 인 대형사고로 발전되는 것이다.

이처럼 조종사들의 인적 관리는 크고 작은 실수들이 일어나지 않도록 안전 관리하는 것도 매우 중요하지만, 이 한 번의 큰 실수라도 발생하지 않도록 특별한 관리가 필요한 것이다.

그래서 비행사고는 일어나는 것이 아니라 과거에 잘못된 '조종 문화' 속에 젖어 있는 교만한 조종사, 권위주의적 자기 중심적 조종사, 나태하고 게으른 조종사, 비행 준비가 부족한 조종사, 자만한 조종사, 규정과 절차를 지키지 않는 조종사가 일으키는 것이다. 따라서 항공기를 조종하는 조종사의 개인별 기량 관리 IPQC, Indivisual Pilot Quality Control 인 인적관리가 매우 중요하다고 말할 수 있다.

## 이스라엘 민족의 대형사고와 지도자

성경에 보면, 모세를 이어 새 지도자로 세움을 받은 여호수아는 하나님께서 함께하심으로 모든 전쟁 시 연전연승을 거두며 가나안 땅 정복 전쟁을 수행했다. 그 과정에서 여리고 성을 완전히 함락시킨 후 기세가 오른 한 시점에서 다음 전쟁인 아이성 1차 전쟁을 치르게 된다.
전쟁의 결과는 속수무책으로 패전함으로써 이스라엘 민족의 대형사고를 당하게 된다.
하나님의 인도로 전쟁을 치르는 여호수아가 왜 참패했는지와 여호수아의 큰 실수가 무엇인지 살펴보고자 한다.
이스라엘 백성이 모세에 이어 새로운 지도자 여호수아에게 보낸 충성과 지지도는 여호수아 1:16,17절에서 찾을 수 있다.

수 1:16,17 그들이 여호수아에게 대답하여 이르되 당신이
우리에게 명령하신 것은 우리가 다 행할 것이요
당신이 우리를 보내시는 곳에는 우리가 가리이다
우리는 범사에 모세에게 순종한 것 같이 당신에게
순종하려니와 오직 당신의 하나님 여호와께서 모세와
함께 계시던 것 같이 당신과 함께 계시기를 원나이다

여호수아와 이스라엘 백성들은 이러한 지도자와 백성 간의 혼연일체의 모습으로 백성은 지도자의 명령에 순종하며, 지도자인 여호수아는 하나님과 함께 계시기를 원하는 등 지도자와 백성 간 생각, 행동, 의지, 한 마음, 한 뜻의 하나된 모습을 발견할 수 있다.

일반 전쟁의 원리로 보면 전쟁 전에 가장 중요한 것은 전쟁을 대비하여 무기인 칼을 예리하게 갈고 방패를 점검하고 준비하는 것이다.

그러나 여호수아는 무기를 점검하고 준비하는 것이 아니라 하나님 말씀인 '백성을 스스로 성결하게 하도록 하는 할례 행위와 유월절을 지키는 의식의 명령'을 먼저 수행하게 된다.

특히 전쟁을 앞두고 행한 할례 행위는 이스라엘 군대를 무방비 상태로 노출시키게 될 뿐만 아니라 적들이 공격해 오게 되면 혼비백산의 기회를 줄 수 있다. 그러나 여호수아는 말없이 순종하는 모습을 보여주고 있다. 이 의미는 이 전쟁은 군사적 전쟁이 아닌 하나님께서 함께 하시는 종교적 전쟁의 의미를 말해주고 있는 것이다. 여호수아는 전쟁 수행 경험이 많은 지도자임에도 전쟁의 승패는 오직 하나님께 속한 것임을 믿고 의심 없이 순종한 것이다.

이러한 여호수아와 이스라엘 백성은 여리고 성을 완전히 함락 시킨 후 가나안 땅 진입을 위해 반드시 전투를 치루어야 하는 곳이 바로 아이성이다. 이 아이성을 무너뜨려야 가나안 땅으로 진입할 수 있다.

그런데 아이성 1차 전투에서 여호수아 군대가 참패를 하게 된다.

> 수 7:4 백성 중 삼천 명쯤 그리로 올라갔다가
> 아이 사람 앞에서 도망하니
> 수 7:5 아이 사람이 그들을 삼십육 명쯤 쳐죽이고
> 성문 앞에서부터 스바림까지 쫓아가 내려가는 비탈에서
> 쳤으므로 백성의 마음이 녹아 물같이 된 지라

## 실패와 패전에는 이유가 있다

> 수 6:18 너희는 온전히 바치고 그 바친 것 중에서 어떤
> 것이든지 취하여 너희가 이스라엘 진영으로 바치는 것이
> 되게 하여 고통을 당하게 되지 아니하도록 오직 너희는
> 그 바친 물건에 손대지 말라
> 수 6:19 은금과 동철 기구들은 다 여호와께 구별될 것이니
> 그것을 여호와의 곳간에 드릴지니라 하니라

여호수아의 아이성 1차 전쟁의 실패 원인은 첫째, 무엇보다도 한 사람인 아간의 전리품에 대한 탐욕이 문제였다. 즉 하나님 말씀에 대한 불순종이 화근이었다.

사탄은 우리가 이렇게 말하도록 유도한다.

"큰 죄도 아닌데 뭐! 아주 작은 죄일 뿐이야! 하나님은 자비하시니까 용서해 주실 거야. 설마 하나님이 나를 버리시겠어? 나중에 회개하면 되지 뭐!" 등등으로 우리에게 다가온다.

분명한 것은 하나님은 사랑이시며 우리를 용서하시는 하나님이시다. 그러나 절대로 죄를 묵과하거나 대수롭지 않게 여기는 분이 아니시다.

여리고성을 함락시킨 후 전리품에 대한 여호와의 언약인 전리품을 하나님께 온전히 바치고 바친 물건에 손을 대지 말고 은금과 동철 기구들은 여호와 곳간에 바쳐야 하는데, 유다 지파 갈미의 아들 아간이 하나님께 온전히 바친 물건을 갈취하여 장막 가운데 땅 밑에 감추었기 때문이

다. 그래서 참패의 원인이 여호와의 언약을 어긴 아간에게 있었기 때문에 이 감춘 물건시날 산의 외투 한 벌, 은 이백 세겔과 금덩이 오십 세겔을 제하기까지 원수들 앞에 능히 맞서지 못할 것이다,라고 말씀하신다.

둘째, 여호수아 뿐만 아니라 이스라엘 백성은 전쟁을 치르기 전에 하나님께 기도와 간구를 드리지 않았다는 것이다. 기도와 간구 없이 세상적인 방법으로 전쟁을 치른 것이다. 아이성은 여리고성에 비하여 자그마한 성이므로 무시하고 얕봄으로 전쟁에 임한 것이다.

평소에 기도의 사람도 흔히 작은 일은 내 힘과 내 경륜, 그리고 나의 방법으로 쉽게 처리할 것으로 생각하고 기도를 소홀히 할 위험이 있다.

그러나 신앙의 승리를 원하다면 '너희 행사를 여호와께 맡기라!'는 말씀처럼 나의 모든 크고 작은 일들을 주님께 아뢰고 의지하며 살아가는 것이 중요하다.

셋째, 현장 지휘관이라 할 수 있는 여호수아는 전투 진영 자리에 위치한 것이 아니라 후방지역에 위치한 것이다. 과거의 전쟁은 왕이 어디에 위치해 있느냐가 중요하다.

전투요원들은 전투지역에서 현장 지휘관과 함께 지휘관의 명령 한 마디에 따라 일사분란하게 전투가 이루어지는데, 현장지휘관인 여호수아는 후방지역에 위치하고 있었던 것이다.

이러한 여러 가지 이유로 인해 이스라엘 백성은 아이성 1차 전쟁에서 참패한 것이다. 이제 1차 아이성 전쟁의 참패 후 여호수아는 하나님께 통회의 기도를 하고, 전쟁 참패의 원인을 간파하게 된다.

그래서 2차 아이성 전쟁은 오직 하나님의 명령에 순종함으로써 하나님께서는 다시 여호수아를 통해서 아이성 2차 전쟁에 대한 방법과 전략을 제시해 준다. 특기할만한 것은 여호수아가 현장지휘관으로서 전투진영에 위치하면서 일부 군사력이 아닌 전 군사력1차 전쟁 시 3,000명을 2차 전쟁 시에는30,000명을 투입하고, 매복전술, 협공과 유인전술로 정상적인 전쟁을 수행하였다.

그리하여 여리고성 전쟁처럼 여리고성 주위를 돌면서 성벽을 무너뜨리지 않고 정상적인 전투를 수행함으로써 아이성을 함락시킨 것이다.

# 결론

## 영적 전투는 지금도 계속된다

여호수아와 이스라엘 백성의 아이성 1차 참패란 대형사고의 주 원인은 아간 한 사람의 전리품에 대한 탐욕으로 인한 하나님 명령에 대한 불순종이었다. 특히, 가나안 땅 정복 전쟁은 세상적인 전쟁 형태인 군사적 전쟁이라기보다는 하나님께서 주관하시는 영적 전쟁여리고성의 승리는 군사적 전쟁이 아니라 철저한 영적 전쟁임을 간파하지 못한데 그 원인 또한 있다고 볼 수 있다.

## 모든 실패는 '디테일섬세함의 힘'을 무시하는 데에서 온다

부수 원인으로서 전쟁 수행 전 여호수아와 이스라엘 백성의 기도와 간구 부재, 연전연승의 기세로 인한 자만심과 교만함으로 아이성에 대한 과소평가, 그리고 현장 지휘관인 여호수아의 전투진영의 부재, 정탐꾼들의 교만한 행동과 여호수아의 매너리즘, 즉 참전 군인의 수요까지 정탐꾼의 의견대로 방관한 탓에 있었다.

사소한 문제가 발생하였을 때 이를 면밀히 살펴 그 원인을 파악하고 잘못된 점을 시정하면 대형사고나 실패를 방지할 수 있지만, 징후가 있음에도 이를 무시하고 방치하면 돌이킬 수 없는 대형사고로 번질 수 있다는 것을 경고한다.

즉, 하인리히의 1:29:300 법칙 적용에 있어서 비행 대형사고Major Incident가 29건의 작은 사고Minor Incident와 300건의 사소한 징후Near Misses의 경미한 실수가 없이도 조종사의 큰 실수 한 건으로 연결되는 것처럼 다양한 작은 사고Minor Incident와 경미한 사소한 징후Near Misses들의 재해가 없이도 '하나님에 대한 불순종'으로 대형사고Minor Incident를 초래할 수 있다는 영적인 교훈을 얻게 된다.

## 하나님께서 거룩하니 너희도 거룩하라

아간의 죄가 깨끗하게 처리된 후에 이스라엘은 하나님께서 주신 권능을 회복하고 적극적으로 남은 족속들을 공격하여 땅을 차지하는데 성공하였다. 죄는 작든 크든 영의 세계에서는 검은 점으로 남는다. 그것으로 인해 우리가 하나님을 직접 바라보는데 큰 장애가 온다.

죄는 회개하고 고백해야 해결된다. 우리의 구주 예수 그리스도께서 일찍이 십자가에서 우리의 죄값을 치르셨기 때문에 죄 씻음을 보장 받은 것이다.

작은 죄들을 계속 쌓아두고 쌓아두면 차곡차곡 쌓여서 하인리히 법칙의 원리에 의해 언젠가는 대형사고의 죄값을 받게 된다. 죄는 더럽기 때문에 신자의 거룩성을 더럽힌다. 우리가 하나님을 가까이하는데 가장 큰 장애요소는 바로 죄이다. 아무리 작은 죄라도 양심에 꺼리는 것은 남겨 놓을 필요가 없다.

죄는 누룩 같아서 그 번식 속도가 크기 때문이다. 물론 예수님은 의인을 부르러 오지 않으시고 죄인을 부르러 오셨다. 그러나 그 죄인된 우리는 하나님을 만나고 예수님을 믿음으로 변화를 받아 새 사람이 되어 가야 한다. 하나님이 거룩하심으로 그의 백성된 신자들도 부단히 거룩을 추구해야 한다. 이 과정은 영적 전투의 과정처럼 치열하고 때로는 지루하기도 하고 지치기도 할 것이다. 하지만 신자는 죄와 마귀와 자신의 옛 성품과 끊임없이 싸워야 한다.

> 베드로전서 5:8 마귀는 '우는 사자같이 두루 다니며 삼킬 자를 찾아 다닌다'

마귀 사단은 우리가 다니는 길과 침실을 어슬렁거리며 우리의 모든 행실을 엿본다. 처음부터 '살인한 자요 거짓말쟁이'인 그는 우리를 지옥으로 보내기 위해 밤낮으로 애쓴다. 요한복음 8:44 때로는 영어 사탄과 발음이 비슷한 '사탕'으로 달콤하게 유혹하고 미신에 빠지게 하고 때로는 반역을 일으키게 하고 때로는 이런 계략 저런 계책으로 항상 우리 영혼을 공격한다.

"사단이 너희를 밀 까부르듯 하려고 요구했으나…."(눅22:31)

말씀처럼 구원에 이르기 위해서는 날마다 원수와 맞서야 한다.

깨어 기도하고 금식하고 '하나님의 전신 갑주'를 입고 싸울 때, 원수가 떠나간다.(에베소서6:11)

매일 싸우지 않으면 무장한 강한 원수 마귀는 결코 우리에게서 떠나가지 않을 것이다.

영국에 살았던 가장 지혜로운 사람 웰링턴 공작의 금언을 기억하라.

"전쟁 중에 적을 과소평가하고, 전쟁을 사소한 것으로 여기는 것이야말로 가장 최악의 실수다."

인류 역사는 전쟁의 역사이기도 하다. 말세의 특징 중의 하나는 전쟁인데 지금도 민족과 민족들이 싸우는 나라들이 많이 있다. 수많은 전쟁 중에 가장 심각하고 집요한 전쟁은 마귀와 성도 간의 영적 전쟁이다.

전쟁에는 이등이 없다. 다시 말해 패자는 이긴 자의 종이 되기 때문이다.

지금도 마귀는 다양한 방법으로 우는 사자와 같이 신자와 교회를 공격하려고 호시탐탐 노린다. 마귀는 휴식이 없다는 점을 기억하고 영적으로 늘 깨어 말씀의 검으로 무장하고 영적 전투에 승리하는 성도가 되자.

### 이야기 나눌 주제

1. 한 번의 실수가 결정적인 실패로 나가게 된 역사적 사건을 이야기해 보라
2. 흔히들 인생은 흔들리는 꽃에 비유한다. 당신의 견해는 어떤가?

# 10

# Power Distance | 권력거리

## - Power Distance를 좁히는 신앙 -

> 종교가 함께 아파 하는 연민의 소리 대신
> 권위의 이름으로만 말을 할 때, 그 메시지는
> 무의미한 헛소리가 되고 만다.
>
> - 여호수아 헤셀 '사람을 찾는 하나님' 중

    최근 전 세계적으로 발생한 항공사의 비행사고를 과거 2000년 초까지 비행사고 추세와 상대적으로 비교한다면 현저한 감소 추세를 보이고 있는 것이 사실이다. 그러나 오늘 날에도 대형 비행사고로 발전될 수 있는 크고 작은 비정상적인 운항사례가 보고되고 있음을 볼 때, 비행사고의 잠재요인은 늘 상존하고 있는 것이다.
    그래서 과거에 대형 비행사고가 왜 빈번하게 발생하였는가에 대한 원인을 밝혀내기 위해 전 세계적으로 항공사에서 발생한 비행사고를 종합하여 분석한 결과, 주요 발생원인이 비행환경 요인이나 정비요인보다는 조종실 내 인적자원인 기장과 부기장 사이의 인간관계의 요인에 기인된 것으로 밝혀진 것이다.

 비행사고의 주요 원인인 인적 요인을 심층분석해 보면 항공기를 조종하는 운항 승무원의 비행 기량 부족으로 인한 인적 사고가 아니라 비행기를 조종하는 기장과 부기장 간에 상호 보완적 관계성의 부재에서 발생 되었음을 알아낸 것이다.
 즉, 기장과 부기장 간에 계급적 신분차이와 기장이 부기장에 비해 상대적으로 비행 기량, 비행 경력 등 모든 면에서 숙련되었기 때문에 기장의 권위를 앞세워 기장 중심적인 비행 운영이 이루어지고 있음을 밝혀낸 것이다.
 특히 기장은 부기장의 비행 안전 조언에 대하여 무시하고 비행을 함으로써 기장과 부기장 간 심리적, 감정적 거리가 존재하고 있어서 기장과 부기장 간의 권력거리Power Distance가 높게 존재하고 있다는 것이다. 이러한 권력 거리가 높은 조종실 분위기에서 운항을 하게 될 때 대부분 비행사고가 발생한다는 것이다.
 권력거리Power Distance라는 심리학 용어를 처음 사용한 사람은 네덜란드의 기어트 홉스테더Geert Hofstede라는 심리학자이다.[22]
 '권력거리는 직장, 공동체, 혹은 국가에서 '조직 구성원들을 그들의 지도자나 상사들로부터 격리시키는 심리적, 감정적 거리'를 말한다.
 권력거리Power Distance가 높고 낮음을 밝혀 내기 위한 설문조사로써 53개국을 대상으로 한 설문 내용은 다음과 같다.
1. 부하들이 지도자나 상사에게 이견을 말하는 것을 두려워하는가?

---

[22] 이 권력거리 조사에서 한국은 28위를 차지했다. 홉스테드는 권력거리가 크면 더 집합주의적으로 되는 경향이 있고, 권력거리가 작으면 더 개인주의적으로 되는 경향이 있다고 말한다.
 이러한 경향의 예외라 할 수 있는 프랑스와 벨기에는 중간 정도의 권력거리가 강한 개인주의와 결합되어 있는 경우이며, 이와 반대 형태로 권력거리는 작으면서 개인주의는 중간 수준인 나라로는 오스트리아와 이스라엘 등이 있다. 또 비교적 작은 권력 거리가 뚜렷한 집합주의와 결합되어 있는 나라로는 코스타리카를 들 수 있다. 코스타리카는 중남미에서 가장 뿌리가 굳건한 민주국가로 정규 군대가 없다. [네이버 지식백과] 권력거리 (세계문화사전 | 2005. 8. 20 | 강준만)

2. 부하직원이 느끼는 지도자나 상사의 의사결정 스타일은 무엇인가?
3. 부하직원이 선호하는 지도자나 상사의 의사결정 스타일은 어떤 것인가? 등이다.

　설문 조사결과 권력거리Power Distance가 높은 조직, 공동체와 나라에서는 부하직원이 직접 지도자나 상사에게 다가가서 반대 의견을 내놓는 일은 좀처럼 드문 것으로 나타났으며, 지도자나 상사와 부하직원 간의 의존과 반反의존의 극이 심화되어 심리적, 감정적 거리가 큰 것으로 나타났다.
　이 조직 안에서는 팀 간의 시너지가 일어나기 어렵고, 개개인의 특성을 존중하고 배려하기보다는 희생이 요구 되거나 개개인의 장점이 무시 될 수 있다는 단점이 있다.

## 인간은 관계적 존재이다

　그러나 권력거리가 낮은 조직, 공동체나 나라에서는 지도자나 상사와 부하직원 간의 상호 유기적이며 원활하여 의사결정 관계성에 있어서 상호 존중 및 배려도가 높은 양상을 보였으며, 부하직원이 지도자나 상사에게 의존하는 정도가 약하다는 것을 알아낸 것이다.
　이런 조직의 단점은 개인주의와 이기주의가 팽배함으로 인한 부작용 경향이 짙은 조직으로 변화될 수 있음을 알아낸 것이다. 그래서 권력거리가 낮은 조직이라고 해서 모든 면에서 좋다고는 평가할 수가 없으며, 최근 들어 일부 회사에서 이 권력거리 지수Power Distance Indexor, PDI를 산출하여 분석하기도 한다.

　어느 조직, 공동체이든 구성원 간 상대방과의 친밀감과 거리감, 존중과 무시, 권위적 관계와 상호 보완적 관계의 행태는 항상 존재하게 된다. 따라서 조종실Cockpit 내 한 공간 안에서 기장과 부기장의 계급적 신분의 차이를 갖고 비행을 하기 때문에 승무원 간에 이 권력 거리는 상존하게 되는 것이다.

그래서 조종실 내에서 기장과 부기장 간 비행임무를 수행할 때, 권력거리를 최소화시키는 것은 안전운항을 이루는 데 대단히 중요한 안전관리의 한 분야인 것이다.

따라서 모든 항공사에서는 기장과 부기장 간의 권력거리를 최소화하기 위한 여러 가지 비행안전 관리제도[23]들을 계발하여 소위 신분이 높은 자가 획일적, 권위적으로 운영하지 않도록 운영함으로써 권력 거리를 좁히는 안전관리제도를 운영한 결과 전 세계적으로 비행사고가 현저히 감소 현상을 보이고 있음이 입증된 것이다.

## 서로 서로 존중하라. 사랑하라

여러분이 소속되어 있는 교회나 믿음의 공동체 내에서 여러분의 지도자와 구성원, 즉 담임목사와 부목사, 장로 등 직분자, 성도 간에 의사결정 과정과 공동체의 전반적인 분위기는 어느 정도의 권력 거리를 유지하고 있는지 헤아려 볼 필요가 있을 것이다.

만일 담임목사나 당회장이 부목사와 직분자, 성도들의 의견과 조언을 무시하면서 수용하지 않는 의사결정이 이루어진다면 권력거리 지수가 높은 믿음의 공동체이다. 교회 내에서 의사결정권자 위치에 있는 지도자들은 일방적, 획일적, 권위적으로 치우치지 않도록 유의해야 할 것이다.

성경에도 이 권력거리Power Distance를 최소화하여 좁힘으로써 하나님으로부터 복을 받은 사례들과 권력거리가 높음으로 인하여 교만과 고집으로 믿음에서 일탈하고 불행한 일을 당한 사례들을 여러 곳에서 찾아 볼 수 있다.

말씀 가운데 한 지붕One Loop 안에서 모든 구성원 간 의사결정에 있어서 권력거리를 최소화함으로써 가정 내의 고난도 공동 관심사가 성취되는 건강한 이야기를 소개하고자 한다.

---

[23] CRMCrew Resource Management, 항공기 안의 인적자원인 조종실 내 운항승무원 자원과 Cabin 내 캐빈승무원 자원 개개인 간의 상호 시너지 효과를 내기 위한 안전관리 제도

열왕기하 5장에 보면 이방인 나아만[24] 군대 장관의 문둥병을 고치는 말씀이 소개되고 있다.

> 왕하 5:1 아람 왕의 군대 장관 나아만은 그의 주인 앞에서 크고 존귀한 자니 이는 여호와께서 전에 그에게 아람을 구원하게 하셨음이라 그는 큰 용사이나 나병환자더라
> 왕하 5:2 전에 아람 사람이 떼를 지어 나가서 이스라엘 땅에서 어린 소녀 하나를 사로잡으매 그가 나아만의 아내에게 수종들더니
> 왕하 5:3 그의 여주인에게 이르되 우리 주인이 사마리아에 계신 선지자 앞에 계셨으면 좋겠나이다 그가 그 나병을 고치리이다 하는지라
> 왕하 5:4 나아만이 들어가서 그의 주인께 아뢰어 이르되 이스라엘 땅에서 온 소녀의 말이 이러이러하더이다 하니
> 왕하 5:5 아람 왕이 이르되 갈지어다 이제 내가 이스라엘 왕에게 글을 보내리라 하더라 나아만이 곧 떠날 새 은 십 달란트와 금 육천 개와 의복 열 벌을 가지고 가서

1. 1절에 아람 왕의 군대 장관 나아만은 크고 존귀한 자요 큰 용사인데 불행스럽게도 문둥병자 즉 한센 병자였다.
2. 그런데 나아만 군대 장관 집에 작은 계집아이가 있었는데 이스라엘 땅에서 데리고 왔다. 이 작은 계집아이는 나아만 군대 장관 아내의 하녀가 되어 그 집에 함께 유숙하게 된다.
3. 이 하녀가 집 주인이자 군대 장관 나아만의 문둥병에 대하여 안타까운 마음이 있어 주모인 나아만 장관의 아내에게 의견을 제시한다. '사마리아 땅에 한 선지자가 문둥병을 고칠 수 있다'라는 확신의 말을 제시하게 된다.
4. 이 나아만 장관의 아내는 이 이야기를 받아들이고 다시 남편인 나아만 군대 장관에게 이 소문을 말한다.

5. 이어서 이 나아만 장관 역시 왕에게 보고한다. 왕은 이 소문을 듣고 받아들이게 되어 나아만 장관에게 큰 호의를 베풀며 치료의 길을 열어 준다.

여기까지 각 구성원 간 의사결정 과정에서의 권력거리 개념을 도입하여 살펴본다면, 여기에 등장하는 구성원들은 모두 4명이다. 계집아이인 어린 하녀A Little girl, Servant, 나아만 장관과 그의 아내, 그리고 왕이다.

이 가정 안에서의 해결해야 할 공동 관심사는 아직까지 치료의 손길을 찾아 볼 수 없었던 '나아만 장관의 문둥병을 고치는 것'이었다.

## 아무리 큰 배도 육지에 접근할 때는 작은 배의 도움이 필요하다

이제 그 사회의 각 구성원 간의 표면적인 권력 거리와 역할Roll을 살펴본다면 다음과 같다.

여기서 표면적으로 계집아이인 어린 하녀와 주모인 군대 장관의 아내, 그리고 나아만 군대 장관과 주변 사람들과의 권력 거리Power Distance는 군대의 위계질서와 사회적 계급적 신분의 차이로 매우 높은 구조이다.

그런데 이러한 구조 안에서 만일 어린 하녀가 윗 사람들에게 정확한 신뢰의 정보가 아닌 까닭 없는 소문을 건의했을 때 그 소문이 왕까지 보고가 되어 왕이 받아들여질 가능성은 전혀 없는 것으로 보일 것이다.

## 미천한 자의 말에도 귀를 기울이면 복이 된다

성경 열왕기하 5:3절 초반절에 보면, 가장 미천한 계집아이 어린 하녀는 한 나라의 장관의 집에서 유숙하는 것만 해도 황송한데 감히 장관의 아내인 주모에게 갑자기 '문둥병을 고칠 수 있다는 소문'을 전한다.

이에 주모인 나아만 장관의 아내는 이 소문이 하찮은 어린 하인의 까닭 없이 건넨 말로 받아들일 법도 한데 무시하지 않고 수용하여 남편인 나아만 장관에게 전하게 된다.

그리고 이 소문을 들은 나아만 장관 또한 어린 계집종의 하찮은 소식임에도 흘려버리지 않고 수용함으로써 왕에게 보고를 하게 된다.
　계급적 신분의 차이를 본다면 나아만 장관과 어린 계집아이인 하녀, 왕과 계집아이인 어린 하녀 간의 권력 거리는 신분과 계급상 가장 높은 구조임에도 불구하고 어린 계집아이로부터 입수된 소문을 무시하지 않고 수용하여 왕까지 받아들이게 되는 이야기이다.
　그러나 구성원 네 명 모두 가정의 공동관심사를 해결하기 위해 하찮은 소문에 불과한 소문을 상호 의존적 보완관계를 유지하며 경청하고 존중하며 수용함으로써 권력거리 Power Distance를 최소화하여 나아만 장관의 나병 치료의 길이 열리게 된 것이다.
　놀라운 것은 아람 왕, 나아만 장관과 그의 아내가 이 권력 거리를 최소화 시키는 리더십이다. 특히 왕이 자기 나라가 아닌 다른 나라 영토인 사마리아 땅에 있는 선지자에게 나아만 장관의 일행을 편지와 함께 말들과 병거, 많은 예물을 싸들고 보내도록 결정한다는 것은 그리 쉬운 일이 아닐 것이다.
　이제 왕의 허락으로 나아만 장관을 포함한 일행들이 사마리아 땅, 선지자 엘리사 집으로 출발하게 된다.

## 자존심을 내려 놓으면 기적을 체험한다

　선지자 엘리사 집을 방문한 나아만 장관과 그의 일행에게 엘리사는 치료방법을 제시한다.
　영왕기하 5:10 엘리사가 사자를 그에게 보내어, 그것도 엘리사 본인이 아니라 부하를 보내어 치료방법을 내리게 된다.
　'너는 가서 요단 강에 몸을 일곱 번 씻으라 네 살이 회복되어 깨끗하리라'
　그런데 이 치료방법을 들은 나아만 장관과 그의 일행은 황당한 마음을

---

24) 나아만은 아람 나라의 장군으로 벤하닷 2세왕의 총애를 받고 있었다. 당시에 아람은 신흥 강대국 앗수르와 여러 차례의 전쟁을 치루었는데, 나아만은 이 여러 전쟁에서 나라를 구한 공로가 있는 장군이었다. 아람과 앗수르의 전쟁은 당시의 앗수르 왕인 살만에셀 3세의 비문을 통해 살펴볼 수 있다.

금치 못하게 된다.

　엘리사가 직접 나아와 여호와의 이름을 부르며 그의 손을 아픈 부위 위에 흔들어 고쳐줄 것으로 생각했다.

　그런데 엘리사의 치료방법은 '요단강에 몸을 일곱 번 씻으라'라는 것이다. 기대했던 치료방법과는 전혀 다를 뿐만 아니라 장관의 계급과 신분의 격에 맞지 않는 모욕적인 처방 때문에 황당해 하며 분이 가득한 행동을 하게 된다.

　그리고 흙탕물에 몸을 씻을 경우 오히려 비위생적이며 더 번질 수 있는 합당한 치료방법이 아니기 때문이다.

　열왕기하 5:12절에 나아만 장관은 '내 나라 땅인 다메섹 강, 아바나와 바르발이 이 이스라엘 모든 강물보다 깨끗하고 좋으니, 내가 우리 강물에 가서 거기서 몸을 씻으면 깨끗하게 될 것 아닌가'라며 분노하며 몸을 돌려 결국 치료를 포기하고 엘리사의 집에서 떠나려고 한다.

## 하나님께서는 교만한 자를 물리치시고 겸손한 자에게 은혜를 베푸신다

　우리는 여기서 나아만 장관과 엘리사 선지자 간 권력거리Power Distance에 기초하여 살펴본다면, 엘리사의 처방은 하나님 말씀과 영적으로 내포된 하나님의 치료 방법이라 할 수 있다.

　그러나 나아만 장관은 엘리사의 처방에 대해 영적인 의미를 생각하지 않고 세상적인 치료방법에만 기대하고 있었고 장관 신분의 격에 맞지 않았고 자기 처방 기대와는 다른 처방으로 인하여 일방적으로 무시하고 수용하지 않아서 권위를 앞세워 분을 내며 포기하려고 한 것이다.

　나아만 장관의 일방적 포기로 인하여 권력거리는 가장 높은 구조를 보여 공동 관심사인 치료의 길은 이루어지지 않아 보인다. 이 나아만 장관의 생각과 교만한 마음, 행동의 모습이 우리의 모습일 것이다.

　이 때 새 길이 열린다. 바로 나아만 장관의 종들이 중재자 역할로 등장한다. 권력거리Power Distance를 최소화하여 치료의 길을 모색하는 종들의 모습을 볼 수 있다. 분에 못 이겨 떠나는 나아만 장관에게 그의 종들이 나아와서 중재역할을 하게 된다.

> 왕하 5:13 그의 종들이 나아와서 말하여 이르되 내 아버지여 선지자가 당신에게 큰 일을 행하라 말하였더면 행하지 아니하였으리이까 하물며 당신에게 이르기를 씻어 깨끗하게 하라 함이리이까 하니
> 왕하 5:14 나아만이 이에 내려가서 하나님의 사람의 말대로 요단강에 일곱 번 몸을 잠그니 그의 살이 어린 아이의 살 같이 회복되어 깨끗하게 되었더라

위의 열왕기하 5:13절에서 보여주듯이 '내 아버지여 선지자가 당신에게 더 큰 일을 행하라 말하면 행하지 않겠습니까? 가서 씻으면 깨끗하게 되어 어린 아이의 살 같이 회복되어 깨끗이 치료가 될 터이니 그리 하십시오' 하고 건의를 하게 된다. 이 종들의 건의는 그야말로 충언 중 충언일 것이다.

나아만 장관은 '야! 그만 하거라! 너희들은 자존심도 없느냐! 나는 간다! 길을 재촉하라!' 라고 하지 않고, 나아만 장관은 본인의 자존심이 땅에 떨어졌겠지만 종들의 충언을 무시하지 않고 경청하고 존중하여 수용함으로써, 나아만 장관과 종들 간의 권력거리가 가장 높은 구조에서 상호 보완적 의존적 관계형성이 이루어짐으로써 상호간 권력거리Power Distance가 낮아져서 회복의 장이 열리게 된 것이다.

여기서 나아만 장관의 종의 입장에서 생각해 볼 필요가 있을 것이다. 종은 나아만 장관이 엘리사 집을 떠날 때 그냥 종의 신분으로서 치료 가능성 여부에 관심 두지 않고 상관에게 복종하여 함께 돌아가면 된다. 그런데 상관에 대한 건의는 곧 불복종으로 연결되기 때문에 위기의 순간을 맞게 될 것이다.

이 충언에 대한 결과가 만일 나아만 장관에게 치료가 달성이 되지 않았다면 상황은 더 나빠져 나아만 장관으로부터 큰 질책을 받을 수 있는 위기의 순간이다. 그것도 장관이란 사람이 요단강 물에 한 번도 아닌 일곱 번을 담그는 그 장면과 치료가 되면 다행이지만 치료가 되지 않았다면 이 종은 살아나기가 어려운 지경까지 갈 수 있는 상황이다. 그런데 이 종

은 이런 위험을 무릅쓰고 충언을 한 것이다.
 구조적으로 나아만 장관과 종들 간의 신분적인 권력거리는 사실 가장 높은 구조이지만 상호 의견을 존중하여 수용함으로써 거리감 없이 친밀하게 해결책을 찾은 것이다.

 그렇다면 구조적으로 어린 하녀와 주모인 나아만 장관의 아내와의 관계성, 종들과 나아만 장관과의 관계성 가운데 모두 높은 권력 거리Power Distance의 수직적 관계임에도 불구하고 위협을 무릅쓰고 건의와 충언을 했을까에 대해 영적인 차원에서 묵상할 필요가 있을 것이다.

 어린 하녀의 믿음은 엘리사 선지자가 고칠 수 있다는 확신의 믿음을 갖고 있었다는 것이다. 하나님의 선지자인 엘리사에게 하나님의 치료의 능력이 임하면 치료의 길이 열릴 것이라는 믿음을 갖고 있었던 것이다. 비록 소문에 불과하다고 하지만 이 어린 하녀는 치료에 있어 하나님의 능력에 대한 강한 믿음을 갖고 있기에 이 복음의 소식을 건의하고 충언한 것이다.
 나아만 장관의 치료의 길에 함께 했던 일행 들 또한, 엘리사의 인정 없는 모진 문전박대를 당함에도 불구하고 하나님의 선지자인 엘리사의 치료 가능에 대한 확신의 믿음이 있었기에 위험을 무릅쓰고 충언을 한 것이다. 하나님의 선지자 엘리사에게 하나님의 능력이 임할 것을 믿음으로 확신한 것이다.

## 하나님께서는 어린 하녀와 종들의 확신에 찬 믿음을 보시고 선지자 엘리사를 통하여 치료의 손길을 베푸신 것이다

 여기서 왜 요단강에 일곱 번 몸을 담그라는 것일까? 일곱 번의 완전 수에 집중하기보다는 몸을 강물에 담그라는 명령에 집중할 필요가 있다. 하나님께서는 엘리사를 통하여 나아만 장관에게 권력거리를 높게 형성하는 자존심, 권위의식, 그리고 나아만 장관나의 몸에 덕지덕지 붙어있는 계급장을 상징하는 옷을 벗으라는 것이다. 하늘로 치솟는 영웅심, 엘리트 의식, 분냄의 교만함을 다 벗고 요단강에 잠겨서 그 강물로 깨끗하게 씻으라는 것이다.

열왕기하 5:3절에서 하나님께서는 왜 이 미천하고 연약한 작은 계집아이 하녀를 사용하신 것일까?

첫 번째 하나님께서는 하나님의 전지전능하심의 복음소식을 꼭 훌륭한 선지자나 종교 지도자, 박식한 지식인만 사용하시는 것이 아니라 이 하찮고 미천한 작은 계집아이 어린 하녀를 사용하여서도 이루신다는 것이다.

세상은 하나님의 전지전능하심과 위대하심을 이야기해도 귀를 닫고 듣지 않고 배척하고 마음 문을 닫는다는데 문제가 있는 것이다. 복음을 들어도 움직이지 않음이 문제인 것이다. 나아만 장관은 이 어린 작은 계집아이 어린 하녀의 복음을 받아들임으로써 치료의 문이 열린 것이다.

두 번째 치료의 길이 열린 것은 믿음의 강력한 긍정적 선포를 할 때 치료의 기적이 이루어 진다는 것이다.

하나님 선지자의 선포가 '씻으라! 회복되어 깨끗하리라!' 강력한 긍정적 선포를 할 때 함께 믿음으로 임한 나아만 장관과 그의 일행은 치료의 기적을 이루게 된 것이다.

세 번째 상관과 부하 간 수직적 관계의 공동체에서 권력 거리를 좁히기 위한 구성원 간의 상호 존중과 의존적 수용의 관계가 이루어질 때 치료의 길이 열리는 것이다.

## 자기를 비워[25]종의 형체를 입고 도성인신道成人身하신 예수님

예수님은 하나님의 위치에서 사람의 위치로 낮추셨고, 사람으로서도 자기를 더 낮추어 목숨을 버리시기까지 순종하셨다. 이것이 예수의 성육신이며, 십자가에서 죽으심의 낮아지심이었다.(히 12:2)

---

25) 비워라는 말의 원문 헬라어는 케노시스 인데 "포기하다", "격하시키다"라는 뜻이다.

예수 그리스도께서는 하나님의 아들이시지만 동시에 참 사람으로서 인간의 고난을 통해 아버지께 순종하심으로 뜻을 이루셨다.(마 26:39)

예수님은 십자가의 죽음으로써 가장 미천한 자리에서 아버지 앞에 최고의 순종을 보이고 마귀의 권세를 깨뜨렸고 인간을 섬김으로 죄를 대속하셨다.

그러나 예수의 제자들은 서로 높은 자리를 차지하고 싶은 권력 지향적인 생각을 가지고 있었다. 오늘 우리는 교회공동체 안에서 어떤 마음과 자세로 형제 자매들을 대하는가? 교회의 주인이신 예수님은 섬기는 자가 큰 자가 되는 것이 교회공동체이며, 모든 사람의 종이 되려는 사람이 영적 리더십을 발휘하는 것이 교회임을 가르쳐 주신 것이다. 그리고 그 섬김에 정비례하여 권위가 주어질 것이다.

예수는 섬김을 받으러 오신 것이 아니라 오히려 섬기려 하고 죽기까지 복종하는 대속의 제물로써 종의 모습으로 오신 것이 세상의 지도자와 다른 예수 사역의 목적이며 방법이었다.(마태 20:28)

예수님이 생명을 주셨기에 우리도 그를 위해 생명을 바칠 각오를 할 수 있는 것이다.

## 도토리 키재기를 그만 하라

한국 교회는 장점도 많지만 유교의 전통 속에 기독교가 접목되어 교회의 직분을 계급으로 생각하는 자들이 종종 있다. 그리고 그 직분을 남용하여 형제자매들에게 군림하거나 호령하거나 거만하게 행동함으로 실족케 하는 일들이 일어난다.

신학자 어거스틴은 기독교인의 미덕은 첫째도 겸손이요 둘째도 겸손이요 셋째도 겸손이라고 말했다. 우리 예수님도 하나님의 나라에서는 섬기는 자가 큰 자라고 말씀하시었다. 우리의 마음은 겸손으로 시작하지만 자기도 모르게 교만하고 자만하게 행동하고 말할 때가 있다.

너희 안에 이 마음을 품으라 곧 그리스도 예수님의 마음이니. 아멘.

## 체휼이란 입장 바꿔보는 것이다

　예수님도 인간으로서 이 세상에서 33년간 우리와 같은 연약함을 겪었기 때문에 우리의 사정과 형편을 잘 아실 수 있다는 것이다. 물론 예수님은 전지전능하신 하나님의 성품으로도 능히 우리의 사정을 다 아실 수 있지만, 그래도 예수님이 나와 같이 연약함을 겪고 아시는 것처럼 겪지 않고 아시는 것과는 공감대의 형성이 다른 것이다.
　베들레헴에 태어나시고 나사렛에서 자라나시고 가버나움으로 이사 가시고 요단강 사역을 하시면서 예수님은 우리와 같은 인간으로서 우리의 연약함을 모두 경험하셨기에 우리의 사정을 너무도 잘 아시고 계시다는 것이다. 고로 우리는 우리의 어려운 때를 너무도 잘 아시는 예수님께 담대히 나아가자는 것이다. 즉 예수님의 인성이 시험의 조건이 아니라 도리어 예수님께 더 가까이 나아가는 조건으로 삼자는 것이다.

## 예수님은 긍휼이 풍성하셔서 우리를 불쌍히 여기신다

　히브리서 5장에 보면 구약의 대제사장을 설명하면서 그도 연약한 사람이라는 것을 강조한다. 대제사장으로서 하나님의 부름을 받았기에 죄가 없는 완전한 사람이 아니라 그도 역시 죄를 짓는 한 불완전한 인간이요, 그러기에 그는 백성들을 위하여 속죄의 제사를 드리지만 자기 자신을 위하여도 속죄의 제사를 드린다는 것이다.
　히브리서 5:2에 보면 이런 구절이 있다. "저가 무식하고 미혹한 자를 능히 용납할 수 있는 것은 자기도 연약에 싸여 있음이라." 즉 과부사정 홀아비가 알아주고, 노처녀의 마음 노총각이 알아준다는 말처럼 자기도 연약함에 싸여 있기에 남의 연약함을 알고 있다는 것이다.
　예수님의 사랑은 인간의 언어로 말하자면 입장을 바꿔보신 것이다. 목사는 성도의 입장을 성도는 목사의 입장으로 바꿔볼 때 서로 이해할 수 있고 서로의 입장을 세워 갈 수 있을 것이다.
　우리는 예수님의 긍휼을 입은 자들이다. 그러므로 피차간에 서로 불쌍히 여기고 긍휼히 여기는 자세로 살아야 한다.

# 결론

하나님께서는 이 미천한 계집아이와 종들, 비천한 신분의 영혼을 사용하여 이 공동관심사인 나아만 장관의 나병 치료에 아주 긴요하게 기능적 역할을 수행하게 하신 것이다. 권력거리 Power Distance가 높은 구성원 간에도 하나님의 복음 성취는 이루어 질 수 있다는 것이다.

그래서 영토를 달리한 이방 땅 이방 민족에게도 복음의 소문이 퍼져 하나님의 구원 사역의 목표가 이루어져 감을 볼 수 있다. 신앙은 하나님이 전지전능하시다는 복음의 소문을 듣고 행하는 믿음이 신앙의 시작임을 설명하고 있다.

구조적으로 나아만 장관의 가정 구성원을 볼 때, 권력거리가 높은 공동체임에도 당사자인 나아만 장관은 권력거리를 최소화하는 의사 결정을 모두 미천한 하녀와 종들과의 상호 보완적, 의존적 관계를 형성하여 해결책을 찾아가는 과정을 통하여 우리가 본 받아야 할 신앙의 조직관리 사례임을 인정해야 할 것이다.

## 인간적 체면이나 권력보다 한 영혼 구원이 중요하다

사단은 지금도 교회 지도자와 구성원 간에 권력거리 Power Distance를 높아지게 하여 성도들 간 갈등 구조로 치닫게 한다. 결국 하나님 말씀에서 멀어지게 하고 교회와 믿음의 공동체에서 상호 존중과 배려, 친밀한 관계성 헌신과 열정, 관심을 멀어지게 하는 것이 사단의 전략이다.

교회는 유람선이 아니고 영혼을 구원하는 구원선이다. 누가 서로 높으냐를 따지며 교회의 힘을 소진할 때가 아닌 것이다. 교회의 본질은 복음 전파를 통하여 천하보다 귀한 영혼을 구원하는 일이다. 우리는 믿음의 공동체 내에서 권력거리 Power Distance 를 최소화하여 하나님 나라 확장에 유익한 길을 찾아가야 하는 것이다.

교회의 중요한 의사결정 과정에서 지도자와 구성원 간에 상호 존중하고 상호 협동, 보완적 친밀한 관계를 유지하여 합력하여 선을 이루어 하나님께 영광을 나타내는 것이 하나님께서 기뻐하시는 공동체일 것이다.

## 하나님께서 사람으로 오신 것은 가장 어려운 일

예수님께서는 평화의 왕으로 이 땅에 오신 이유 중의 하나는 하나님과 인간 사이에 막힌 담을 허무시고, 하나님과 인류 간의 권력거리Power Distance를 '0'로 만들어 우리를 사랑하는 가정의 한 형제 자매로 인정하여 주신 것이다.

또한, 주님의 피 값으로 세우신 교회 안에서 성도 간 인간관계의 권력 거리를 최소화하여 화평함과 거룩함 가운데 하나님을 섬기도록 하는 것이다.

교회는 하나님 나라의 훈련소와 같다. 예수님은 누구든지 어린 아이와 같이 되지 않으면 결단코 천국에 들어 갈 수 없다고 하셨다. 작은 자의 대표는 어린 아이이다. 집안에서 어른들과 형제들이 많지만 누가 가장 왕노릇 하는가? 가장 어린 아이이다. 모두가 그 어린 아이를 사랑하고 그가 요구하는 바에 귀를 기울인다. 마찬가지로 교회 공동체는 초신자, 믿음이 약한 자들을 신앙이 강한 자들이 그들의 약점을 담당하는 성숙함이 필요하다.

## 이야기 나눌 주제

1. 한국교회는 유교의 문화 가운데 130년전 들어와, 유교의 문화적 요소가 교회 안에도 있다. 어떤 것들이며 어떻게 개혁해 갈 수 있을 까? 이야기해 보자
2. 겸손의 문화와 권위의 문제를 이야기 해보라. 권위주의는 잘못이지만 권위는 있어야 한다. 후기 현대주의는 모든 권위에 도전하라는 프랑스 68혁명1968년 봄 혁명에서 불이 붙어 전세계를 휩쓸고 있다. 당신의 의견은 어떠한가?

# 11

# BUSS Back Up Scale System | 대체역할

### - 아리마대 요셉 -

*저 우주 속에
단 하나 붙박이별 떠 있네
지구별 위에
단 하나의 사람이 서 있네*

- 정성수 | '12시의 지구별'

  항공기 조종실Cockpit 안에 배열되어 있는 많은 계기들 중에는 실시간으로 비행 상황을 지시하는 속도계기, 고도계기, 방위 지시계기, 자세 계기Attitude Indicator : 상승, 강하, 경사각을 지시하는 계기와 항공기 내, 외부에 장착되어 있는 엔진, 유압, 전기, 여압, 연료 등을 지시해 주는 계기들로 구성되어 있다.
  특히, 이륙과 상승, 순항과 접근, 착륙 시 항공기가 불안정한 비행 상태로 진입 시에 즉시 경고음과 함께 현 비행상태를 경고 지시해주는 알림 시스템과 관련된 계기들, 그리고 타 항공기의 비행진로의 위협과 지상 장애물의 위협에 직면하게 되었을 때 즉시 경고음과 회피 조작까지 제공해 주는 장비와 계기들로 구성되어 있다.

그런데 이 비행 계기들 중에 속도계기, 고도계기, 방위 지시계기와 자세 계기는 항공기를 조종하는데 가장 필수적인 계기들이다. 그러나 여러 이유로 인해 이 계기들이 부작동하게 되면, 조종사는 이 비행계기들로부터 현재의 비행정보를 받을 수 없어 조종이 어려워지게 된다.

이러한 비상 상황에서, 이 부작동 계기들을 즉시 대신 Replaced하여 통합적으로 지시하도록 대기 Standby하며 지시해주는 계기가 장착되어 있는데, 이 계기가 바로 ISIS Integrated Standby Instrument System, A-320 Family 기종 계기이다.[26]

본 내용이 조종 측면과 비행이론 측면에서 다소 전문적이어서 난해하고 복잡한 설명이 되겠지만, 비상상황이 복합적으로 주,예비 동정압 계통과 3개의 ADR Air Data Reference 등이 부작동되면, 항공기 조종이 어려운 국면으로 처할 수 밖에 없다. 이러한 최고난도 비상상황에서 항공기를 조종할 수 있도록 제공되는 장비가 바로 BUSS Back Up Scale System 장비이다.

한 마디로 항공기 조종을 위해 갖추어진 필수적 보조적 장비와 계기들이 부작동되어 최악의 어려운 상황에 조우하게 될 때, 이 BUSS장비가 대체 역할을 제공해 줌으로써 항공기를 안전하게 조종할 수 있는 것이다.

## 장례는 사람에게 할 수 있는 마지막 봉사이다

예수님께서는 인류의 죄를 대속하시기 위해 십자가 위에서 돌아가셨다. 운명하신 후, 예수님 시신이 십자가 위에 매달려 있을 때 어느 누구

---

26) 이 BUSS장비는 현재의 항공기 무게와 항공기 외장 Configuration에 따라 계기 안에 안전영역을 나타내 주는 그린밴드 Green Band가 시현 되는데, 조종사는 항공기의 받음각 AOA, Angle of Attack, 항공기 진행 방향에 따른 기수(Pith) 각도(Angle)과 추력 Thrust을 적절하게 조절하며 이 그린밴드 Green Band 영역 안에 속도를 유지하고 착륙 외장 Configuration 조건을 만들면서, 조종하게 되면 비교적 안정을 이루어 착륙할 수 있다.

도 예수님 시신을 수습하여 장사를 지내려고 하는 사람이 없는 비상상황에 처하게 된다.

그런데 예수님의 제자들이나 예수님을 따르던 여인들이 예수님의 시신을 수습하여 장사를 지내는 것을 차마 엄두도 못내는 상황에서 이들을 대신Replaced하여 담당하게 될 한 사람이 대기Standby하고 있었으니, 이 사람이 바로 아리마대 요셉이라는 사람이다.

조종실 내에 비행과 관련된 필수적인 비행계기들과 장비들이 결함 없이 순조롭게 작동되면 다행이지만, 어떤 이유로 부작동되어 비행하기에 어려운 비상상황에 조우될 때, BUSS라는 장비가 이 비상상황을 대신replaced 담당하여 조종을 할 수 있도록 그 역할을 제공하듯이, 십자가 위에 운명하시고 싸늘하게 매달려있는 예수님의 시신을 그 어느 누구도 수습하여 장사를 지내겠다고 나서지 않는 비상상황에서 당돌하게 빌라도에게 나가 '내가 예수님 시신을 수습하고 장사를 지내겠노라'라고 요청하여 허락을 받아 장사까지 지낸 사람이 바로 아리마대 요셉이다.(눅 23:52)

우리가 곰곰이 생각해보면, 예수님 시신수습과 장례는 시간적으로 얼마나 신속히 이루어져야 하는가 하면, 예수님께서는 오후 3시에 운명하셨기 때문에, 당시 장례규례 때문에 시신을 수습하여 해질 무렵까지는 장사해야 하는데, 일몰시간이 오후 6시라고 가정을 한다면 세 시간 안에 모두 이루어져야 하는 것이다.

그런데, 더욱 중대하고 위급한 사태는 성경대로 '예수님이 장사된지 3일 만에 부활해야 하는 성경의 구약·신약 예언이 성취되어야 하기 때문에 시간적으로 최대의 비상사태가 아닐 수 없다.

> 고전 15:3 내가 받은 것을 먼저 너희에게 전하였노니 이는 성경대로 그리스도께서 우리 죄를 위하여 죽으시고
> 고전 15:4 장사 지낸 바 되셨다가 성경대로 사흘 만에 다시 살아나셨다.

## 산헤드린 공회 의원은 오늘날 국회의원과 비슷하다

　이러한 비상사태에서 하나님께서는 예수님을 적대시하는 산헤드린 공회 안에 하나님 나라를 기다리는 자인 아리마대 요셉을 심어 놓고 계셨던 것이다. 이 산헤드린 공회 의원의 한 사람인 아리마대 요셉이 하나님의 최우선 목표인 인류 구원과 하나님의 원대한 작정과 경륜인 '성경대로 삼일 만에 부활 사실'을 확증할 수 있는 중차대한 역할을 담당한 것이다. 이 아리마대 요셉은 하나님께서 예수님 시신수습과 장례를 위해 별도로 유대인 중에 대체 역할BUSS 을 할 수 있도록 준비해 놓은 BUSS장비와 같은 인물인 것이다.
　그야말로 최 고난도의 어려운 항공기 비상상태에서 대체역할을 담당하게 만들어 놓은 BUSS 장비처럼 보석처럼 활용된 인물인 것이다.
　이러한 맥락에서 예수님이 십자가 지시고 골고다까지 올라가다 예수님이 기진하여 쓰러져 힘들 때 로마 군병의 강요로 차출되어 억지로 예수님 십자가를 대신 replaced 하여 짊어진 구레네 시몬에 이어, 십자가 위에서 매달려 운명하신 예수님 시신을 어느 누구도 강요하지 않았음에도 자진해서 시신을 수습하여 장사를 지낸 아리마대 요셉을 통해서 하나님의 인류를 향하신 초월적인 사랑과 은혜를 발견하게 된다.

　아리마대 요셉에 대한 기록은 4 복음서 마지막 부분에 짧게 한 번 등장한다. 그래서 많은 사람들은 아리마대 요셉을 단지 예수님의 시신을 수습하여 무덤에 안장한 무명의 한 사람으로만 여길 뿐, 특별한 관심을 갖지 않는다.
　아리마대 요셉의 고향인 아리마대는 성읍의 이름으로 별로 잘 알려지지 않은 지역인데, 그 곳에서 예루살렘으로 이주하여 거주민으로서, 정착하여 사는 자로서, 성경은 아리마대 요셉을 인간적으로는 존경 받는 자이며, 여러 정황으로 보아 경제적으로 부자이며, 사회적으로 인정 받는 산헤드린 공회의 의원으로 소개되고 있다.
　참고로 산헤드린은 유다 왕국의 정치기구로서, 성경에서는 '공회'라고도 한다. 유다는 로마의 속주였으나 산헤드린은 자체의 군사력을 보유했고 로마와 무관한 종교적 분쟁에 대해 결정권을 가지고 있었다. 구성원은 장로, 제사장, 서기관 등 70명으로 구성되며 다수가 바리새인들이며 종교생활과 일상생활에 관해 재판하는 일을 한다. 예수님은 가야바 대제사장 집 뜰에서 열린 공회의 재판을 받으셨다.

## 반대표를 던진 사람, 아리마대 요셉

그리고 아리마대 요셉은 이 산헤드린 공회에서 예수님 처형 판결을 할 때 '예수님을 처형하면 안 된다'라고 반대표를 던진 사람(누가복음 23:50,51)이며, 요한복음 19장에서는 '예수님의 제자이면서도 유대인 지도자들이 두려워서 자기가 제자라는 것을 숨기고 있었다'라고 기록되어 있다. 따라서 예수님만을 통하여 인류 구원과 하나님 경륜을 이룰 수 있다는 것을 깨달았기 때문에, 그는 산헤드린 의원으로서 예수님을 따르는 그리스도 신앙인으로 소개되고 있는 것이다.

예수님은 성 금요일 오후 세 시경에 돌아가셨다. 그래서 유대인들과 산헤드린 의원들, 바리새인들, 종교인들 모두는 예수님의 처형된 모습과 그 소식으로 살기등등한 대낮 오후였다. 이 금요일 오후 분위기 속에 예수님의 시신은 싸늘한 주검으로 십자가에 매달려 있었다.

유대 장례 규례는 죽은 자의 시신을 금요일 일몰 시간대에 시작하여 토요일 일몰 시간대 안식일에는 만지는 일 등은 일체 허용이 되지 않는다. 따라서 십자가 위에 주님의 시신이 방치된다면 그 시신 손상은 더 심해질 수밖에 없는 노릇이다.

## 제자들의 모습을 통하여 오늘의 내 모습을 본다

예수님의 시신을 수습해야 할 사람들은 당연히 예수의 제자들이 수습을 하여 장사를 지내야 하는 것은 마땅한 것이며 도리일 뿐만 아니라 제자들의 책무이다.

그렇다면 예수님의 열한 제자 중 수제자로 알려진 베드로는 어떤 행동을 했을까?

누가복음 2:3 그가 말하되 '주여 내가 주와 함께 옥에도, 죽는 데에도 가기를 각오하였나이다. 그리고 주님! 나는 주님과 함께 어디든지 가고, 사형장에도 갈 준비가 되어 있습니다'라고 자신 만만하게 다짐한 베드로마저도 도피하고 먼 발치에서 구경꾼 의식으로 바라볼 뿐, 예수님을 따랐던 열한 명 중에는 아무도 시신을 수습하여 장례를 치르려고 나선 제자들이 없었다는 것이다.

그렇다면 예수님의 제자들과 예수님을 따르던 여인들은 어떤 행동을 했을까? 마가복음 5:40 멀리서 바라보는 여자들도 있었는데, 그 중에 막달라 마리아와 또 작은 야고보와 요세의 어머니 마리아와 또 살로메가 있었다. 그마나 예수님을 따르던 여인들은 두려움을 갖고 현장에서 먼 발치에서 바라보고만 있었다.

예수님의 시신을 속히 수습하여 일몰 전까지 모든 장례를 지내야 하는데 예수님의 제자들이나 예수님을 따르던 여인들 모두 피하여, 멀리서 쳐다만 볼 뿐 시신을 어떻게 모실 것인지 감히 엄두도 못 내고 떨고만 있던 시간이었다. 비상상황이 아닐 수 없다.

그렇다면 산헤드린 의원이나 로마 군병들이 예수님의 십자가 시신을 수습할 수 있는 상황일까? 예수님이 십자가 상에서 처형된 현장에서 살기등등한 자세로 날뛰는 그 시간에 유대인들과 산헤드린 의원들, 바리새인들, 종교인들 중에서 공식적으로 빌라도 총독 앞에 나서서 '예수님 시신을 수습하고 장례를 지내겠다'며 나선다는 것은 그 당시 여러 정황으로 볼 때 매우 어려운 상황이다.

그런데 방법은 있었을 것이다. 마치 구레네 시몬처럼 로마 군병들로부터 억지로 거명하여 차출되어 예수 십자가를 지게 했던 것처럼, 예수님 십자가 상에 싸늘한 시신으로 방치되어 있기 때문에 이 시신을 수습하기 위해, 총독의 지시나 로마 군병의 지시로 그 어느 누구를 지명하여 억지로 수습하는 것은 가능할지 모르지만, 공회 의원 중 그리고 어느 누가 자진해서 '내가 시신을 수습하겠다'라고 나서기는 어려웠을 것이다.

## 믿음은 담대함 용감으로 나타난다

이 때, 이 촉박한 시간에 산헤드린 의원 한 사람인 아리마대 사람 요셉이 등장한다. 누가복음 23:52 그가 빌라도에게 가서 예수의 시체를 달라 하였다. 그리고 마가복음 15:43절에서는 좀 더 상세히 기록하고 있다. 마가복음 15:43 아리마대 사람 요셉이 와서 당돌히 빌라도에게 들어가 예수의 시체를 달라 하니 이 사람은 존경 받는 공회원이요 하나님의 나라를 기다리는 자라고 소개하고 있다.

다시말해 아리마대 요셉은 자진하여 예수님 시신을 수습하기 위해 빌라도 앞에 나아가 요청한 것이다.

마가복음 15:43절 말씀 전반부에 부사 한 단어가 눈에 띈다. '당돌히'이다.[27] 이 부사는 '누구의 말이나 권유에 개의치 않고'의 의미이다. 부끄럽지도 않고 대의를 위해 내가 희생한다는 기독교 신앙의 표현이다. 생명까지도 아끼지 않는 담대한 용기를 담고 있는 아리마대 요셉이다.

어쩌면 이 아리마대 요셉도 구레네 시몬처럼, 혹시 '억지로라도 속히 나를 차출해 주세요'라고 마음으로 인간적인 생각을 해 볼 수도 있었을 것이다. 그러나 아리마대 사람 요셉은 직접 행동으로 옮기게 된 것이다.

## 당신은 무엇을 기다리며 사는가

마가복음 15장 43절에 아리마대 요셉은 산헤드린 공회 의원이었지만 존경받는 사람이었으며, '하나님 나라를 기다리는 사람'이라고 말씀하고 있다.

성경에 기록된 예수님께서 하나님이시며, 인류를 구원할 메시아이심을 알고 있었고, 예수님이 3일만에 부활을 이룰 수 있는 중심 인물인 것을 알고 있었기에 어떻게 해서라도 금요일 해가 질 무렵까지는 장사를 지내야 함을 마음 중심에 갖고 있었을 것이라는 것이다.

---

[27] 개역 성경은 당돌히, 새 번역은 담대히, 현대인의 성경은 용감히 공동 번역은 용기를 내어…라고 번역하였다.

예수님의 시신을 수습하고 장례를 치르는 사역을 제자들이나 추종자들이 아닌 산헤드린 공회 의원이 담당한 것, 또한 하나님의 섭리이다.

만일 공회의원이 수습하지 않고 예수의 제자들이나 추종자들이 수습하여 장사를 지냈다고 할 경우, 예수 제자들이나 추종자들이 장사를 지낸 후 죽은 다음 성경대로 3일 만에 부활하셨다고 이야기를 할 경우, 유대인들을 믿으려하지 않았을 것이다.

'너희들이 만들어 낸 일 아니냐?'라고 오해가 있을 수 있는 것이다. 따라서 성경대로 3일 만에 부활했다고 확증하기 위해서는 예수 제자들이나 추종자가 아닌 다른 사람들이 이 일을 해야 확실한 사실적 부활의 진리가 성립될 수 있는 것이다. 산헤드린 공회 의원인 아리마대 요셉이 장례를 지낸 것 또한 하나님의 섭리라고 설명하지 않을 수 없다.

우리는 이사야서 53:9절 말씀을 볼 필요가 있다. 하나님의 계획이요 섭리인 것이다.

> 이사야서 53:9 그는 강포를 행하지 아니하였고 그의 입에 거짓이 없었으나 그의 무덤이 악인들과 함께 있었으며 그가 죽은 후에 부자와 함께 있었도다

후반절에 보면 이미 이사야서에서 예수님이 부자인 아리마대 요셉의 무덤에 함께 안치될 것임을 예언하고 있는 구절이 나온다.

## 하나님의 나라를 준비하는 사람

우리는 이 아리마대 요셉의 예수님 시신 수습과 장례 행하는 모습에서 무엇을 느낄 수 있을까? 하나님께서는 아리마대 요셉을 통하여 비록 예수를 적대시하는 유대인이라 해도 그 유대인 사회 안에 하나님 나라를 준비하는 사람으로 심겨지고 자라고 있었던 것을 알 수 있는 것이다. 적극적인 신앙 행동을 표출하지 못하지만 언젠가는 하나님의 때에는 반드

시 그 손길을 통하여 이루어 나가신다는 것이다.

　우리에게 하나님 나라 확장을 위해 도전을 주는 교훈이다. 만일 내가 소극적인 신앙인, 믿음이 없어 보이는 신앙인으로 살고 있다고 할지라도 하나님의 때가 도래되면 세상을 놀라게 하는 도구로 쓰임 받는다는 교훈이다.
　우리 주님을 따르던 인정 받는 제자들을 믿음의 용장들이라 생각했지만 누구도 공포에 질려 감히 예수님의 시신을 수습하겠다고 나서지 못하고 있을 때, 하나님께서는 아리마대 사람 요셉을 세우셔서 역사에 영원토록 기록된 '성경대로 장사한 지 3일 만에 부활한다'는 말씀을 이어가는 부활의 중심에 있었던 인물로 쓰임 받은 것이다.

## 그 크신 하나님의 사랑 말로 다 형용 못하리

　마지막으로 하나님께서는 독생자이신 예수께서 십자가 지시고 골고다 언덕으로 올라가는 고통스런 모습과 하나 뿐인 독생자 예수께서 십자가 위에서 못 박히며 고통 가운데 죽임 당하는 장면을 보시고, 그리고 죽은 후 십자가 위에서 싸늘한 시신으로 매달려 주검이 된 아들의 모습을 보시며 마음의 참담함이 어떠하셨을까? 하나님의 마음 말이다.
　성경에는 언급이 되고 있지 않지만 하나님께서도 당신의 독생자이신 예수께서 십자가 죽임 당하는 모습을 보시면서 흐느끼는 눈물을 감추지 못하셨을 것이다.
　하나님의 최우선 목표이신 인류 구원 사역을 위한 대 과업과 경륜을 하나님 섭리대로 성취시키셨지만, 하나님께서도 하나 뿐인 아들이 죽어 가는 모습을 보시면서 하나님의 마음 또한 눈을 뜨고 차마 볼 수 없었을 것이다. 그리하여 잠시 해가 빛을 잃었던 것임을 짐작할 수 있다.
　그런데 우리는 하나님으로부터 값없이 은혜를 받아 구원을 이루었지만 하나님께서는 인류를 구원하시기 위해 독생자를 죽임 당하도록 하는 엄청난 값을 치르신 것이다. 이 얼마나 하나님의 인류를 향하신 피 눈물 나는 사랑이며 은혜인가!

하나님 편에서 가장 무서운 죄는 하나님의 사랑을 거부한 죄이다. 즉 그 아들 예수님을 믿지 않는 불신의 죄이다.

하나님은 그 아들 예수님의 십자가와 부활을 믿지 않는 자는 영벌에 던지신다고 말씀하신다.

왜 사랑의 하나님이 예수님을 믿지 않는 자를 영원히 심판하시는가? 그것은 그만큼 하나님이 인류의 구원을 위해 자기의 사랑하는 독생자를 보내시면서까지 하나님의 사랑을 표현하셨지만 끝까지 믿지 않는 사람들의 불신앙을 엄중히 처리하신다는 말이다.

우리는 이 하나님의 인류 구원 사역을 온전히 알고 받아 들여서 이 예수께서 바로 나의 구원자, 예수께서는 나의 피난처, 예수께서는 나의 왕이심을 믿고 이 복음 전파에 힘을 기울여야 하겠다.

## 스펙보다 중요한 것은 스토리이다

사회적으로 공회 의원은 스팩이다. 그런데 아리마대 요셉은 그 스팩을 넘어 공적으로 살기등등한 그 순간에 예수님을 믿음으로 신앙을 고백하고 예수님께 드릴 수 있는 마지막 봉사 즉 우리 문화로 말하면 〈염〉을 한 것이다.

하나님께서는 예수께서 죽임 당하시고 장사된 지 삼 일만의 부활을 확증하시기 위해 예수님을 따르는 무리와 열한 제자들은 도피하고 예수님 시신을 멀리서 보고 있을 때, 예수님의 시신을 수습하여 장례를 치르기 위해 아리마대 사람 요셉이란 인물을 산헤드린 공회 의원으로 세우시고 대체 역할을 시키신 것이다.

그러므로 하나님께서는 이 예수님 십자가 처형 재판부터 처형 현장까지, 시신을 수습, 장례하는 과정을 통과케 하신 후, 그리고 죽음의 권세를 이기시고 삼 일 후 부활의 경륜을 이루게 하신 것이다.

# 결론

 항공기 조종실 내에 비행에 필수적인 계기들이 여러 이유로 중대한 결함이 발생하여 위급한 비상 상황에 조우되어 항공기 조종이 어려움을 당하고 있는 시점에서 이를 대신 Replaced 하여 대체 역할을 할 수 있는 BUSS라는 장비가 항공기에 구비되어 있다.

 마찬가지로 십자가 위에서 운명하시고 싸늘하게 매달려 있는 예수님의 시신을 그 어느 누구도 수습하여 장사를 지내겠다고 나서지 않는 비상상황에서 더군다나 위급한 사태는 성경대로 '예수님이 장사된 지 삼일 만에 부활해야 하는 성경의 사실적 예언'이 성취되어야 하는 시간적으로 매우 촉박하고 누군가의 결단을 필요로 하는 그 때에 산헤드린 공회원으로 생명의 위협을 느끼면서 당돌하게 빌라도에게 나가서 '내가 예수님 시신을 수습하고 장사를 지내겠노라'라고 요청하여 허락을 받아 장사까지 지낸 사람이 바로 아리마대 요셉이다.(눅 23:52)

 그래서 아리마대 요셉은 예수님의 시신 수습과 장례를 담당하여 성경대로 예수님의 부활을 이루게 한 신앙의 산 증인이 된 것이다.

## 12

# STALL | 임계점을 넘을 때

### - 아리마대 요셉 -

　　　　내일은 내 일이 아닐세
　　　　오늘만이 모두 내 일일세
　　　　내 일을 잘 해야
　　　　내일이 행복하다네

　　　　- 아당의 시 '오늘과 내일 사이' 중

　본 도서 '4. Thrust | 추력' 내용에서 언급했듯이 대형 항공기가 그 많은 승객과 무거운 화물을 싣고 활주로에서 이륙하고 상승하면서 비행을 할 수 있는 것은, 항공기에 장착되어 있는 엔진의 추력의 힘이 있기 때문이다. 이 엔진의 추력이 항공기를 전진시키며 비행을 할 수 있게 하는 것이다.
　역으로 항공기에 장착되어 있는 엔진이 손상을 입어 제 기능을 못 할 경우에 항공기는 추력을 잃어 위험한 지경에 직면하게 된다. 그리고 엔진은 모두 정상 작동이 되고 있으나 항공기를 급상승시키려고 항공기 기수Pitch를 과하게 들어Up 상승각을 증가시킬 경우에는 잠시 후 상승할 수 있는 에너지가 없게 되어 항공기가 전후좌우 3축에 불안정한 상태로 진입이 되면서 조종불능 상태가 되어 낙엽처럼 지면으로 떨어지게 된다. 이것을 가리켜 STALL, 즉 '실속에 진입했다'라고 한다.

항공기, 비행물체가 STALL,실속에 들어가는 원인은 간단하다.
항공기가 수평으로 비행을 할 때, 날개의 중앙을 관통하는 가상의 선날개의 전면과 후면을 일직선으로 그은 선, 시위선이라고도 함과 비행하고 있는 항공기의 기수Pitch 사이에는 각도Angle가 생기는데 이를 받음각AOA, Angle Of Attack, 영각迎角이라고 한다.

## 너무 과도하면 누구든지 망하게 된다

항공기 기수를 들어 높은 각도로 상승하게 되면 받음각AOA은 증가한다. 그런데, 받음각이 증가한다고 양력Lift이 계속 증가하는 것이 아니다.
항공기의 받음각이 최대 양력을 얻을 수 있는 각도 이상으로 더 증가시킬 때 최대 양력지점을 지나면서 임계받음각Critical AOA 이상으로 기수가 들리게 되면 항공기는 양력 감소와 함께 항력Drag이 급증하게 되어 운동에너지가 상실되면서, 바로 3축Pitch, Yaw, Roll이 불안정하게 요동Buffet치면서 점진적으로 날개를 들어 올리는 힘인 양력보다는 날개를 뒤로 미는 힘이 더 커진다.
이 상태에서 양력은 사라지고 중력Gravity만 남게 되어 항공기가 떨어지게 되는데 이런 비행 현상이 바로 STALL, 실속이라고 한다.
이때 조종사는 즉시 STALL,실속 회복조작STALL Recovery을 실시해야 하는데, 항공기 기종에 따라 다소 상이하겠지만 전반적으로 즉시 항공기 기수를 임계받음각Critical AOA 이하로 낮추면서 항공기를 수평Wings Level으로 유지하여 양력을 얻을 수 있도록 받음각을 낮추며, 최대의 추력을 사용하면서 위치에너지를 얻는 것이다. 만일 적절한 회복조작에 실패하면

STALL,실속에 진입됨으로써 조종불능 Out Of Control이 되어 거대한 항공기는 낙엽처럼 힘없이 지면으로 추락하고 만다.

## 100점 짜리 인생은 없다

성경에도 하나님 말씀에서 멀어지고 영육간에 에너지를 잃어 인생의 STALL,실속에 진입되어 낙엽처럼 인생의 파국으로 종결된 인물이 있는가 하면, 하나님 말씀을 철저히 따르며 하나님의 영이 충만하여 하나님 주시는 에너지로 안정적으로 성장하며 신앙생활을 한 인물도 있다.

또한 인생의 STALL,실속에 빠져 인생 파국의 상황에서 다시 하나님께 철저히 참 회개하고 기도와 부르짖음으로 하나님께 돌아와 영적 에너지를 회복하여 성공적인 신앙생활을 한 인물들도 있다.

먼저, 하나님께서 주신 권능을 세상적인 가치관과 프레임 안에서 자기중심적 사고와 본인 주도의 틀에서 남용함으로써, 인생의 STALL, 즉 실속으로 빠져 인생 파국으로 넘어졌다가 다시 하나님께로 돌아와 자기의 소원을 간절히 하나님께 부르짖음으로 인해 그 순간 하나님께서 주신 에너지로 인생의 실속을 회복함으로서 소원을 성취한 인물을 소개하면서 하나님께서 이 인물을 통하여 우리에게 주시는 메시지가 무엇인지를 살펴보고자 한다.

사사기 13장에서 16장까지는 이스라엘 가나안의 서부 해안 지역에서 활약한 사사 삼손 Samson에 관한 말씀이다.

사사시대 당시 이스라엘 백성은 블레셋의 압제를 받으면서도 여호와께 부르짖지도 않고 소원을 간구하기조차 않는다. 이는 하나님의 전지전능하심을 망각하고 백성 모두 자기의 소견대로 살아가고 있었기 때문에 그들의 영적 상태는 영적인 STALL,실속에 빠져 극도로 피폐해졌을 뿐만 아니라 하나님의 진노 가운데 처할 수밖에 없었음을 시사해 주고 있는 것이다.

그러나 하나님께서는 이스라엘 백성이 하나님을 잊었을지라도 하나님께서는 이스라엘 백성을 결코 잊지 않으시고 구원의 언약을 지키시고자 극도의 영적인 STALL,실속에 빠졌던 이스라엘 민족을 위하여 사사를 세워 주셨던 것이다. 이 시기에 사사 삼손이 세움을 받은 것이다.

### 체력 지력 영력… 그 중의 제일은 영력 Spiritual Power 이다

　사사 삼손의 이야기의 시작(삿13장)은 먼저 삼손의 출생과 관련한 여호와의 사자의 예고로 시작한다. 삼손의 잉태 소식은 자식이 없는 마노아 부부에게 나타나서 아들을 낳을 것과, 그 아이가 장차 블레셋의 손에서 이스라엘을 구원하기 시작할 것과, 또한 그 아이가 평생을 나실인Naazirite 으로 살게 될 것임을 미리 예고하였다.
　결국 여호와의 사자의 예고대로 마노아 부부는 아들을 낳았고 그를 삼손이라고 이름하였다.
　사사로 부름을 받은 삼손은 자라면서 하나님께로부터 초인적인 무소불위無所不爲의 에너지와 큰 능력을 받았다. 위기의 환경과 큰 일을 할 때면 하나님의 영이 임하므로 무소불위의 에너지를 공급 받아 그 위기를 극복하도록 하셨다.
　당시에 삼손과 같은 사사도 없었고 역사에 이런 인물도 없었을 정도의 어마어마한 무소불위의 능력을 주신 것이다. 그래서 성경은 삼손에게 오직 하나님의 영이 임할 때만 무소불위의 에너지를 발휘할 수 있음을 말하고 있다. 사사기15장에서 삼손의 능력을 말씀하고 있다.

> 삿 15:14 삼손이 레히에 이르매 블레셋 사람들이 그에게로 마주 나가며 소리 지를 때 여호와의 영이 삼손에게 갑자기 임하시매 그의 팔 위의 밧줄이 불탄 삼과 같이 그의 결박되었던 손에서 떨어진지라
> 삿15:15 삼손이 나귀의 새 턱뼈를 보고 손을 내밀어 집어 들고 그것으로 천 명을 죽이니라

블레셋 사람은 삼손의 괴력의 에너지에 속수무책 당함으로써 삼손을 죽이려고 한다. 블레셋 사람의 이러한 행동에 유다 사람들은 삼손 때문에 위기를 맞게 됨을 알고 유다 사람 3천 명이 삼손을 결박하여 블레셋 사람에게 넘겨주게 된다.

이때 삼손을 죽이려고 밧줄로 결박할 때 하나님의 영이 삼손에게 임하여 삼손이 한 번 힘을 주니까 그 팔 위의 밧줄이 불탄 삼과 같이 떨어져 나갈 뿐만 아니라 나귀의 새 턱뼈로 천 명을 죽일 정도로 하나님께서는 삼손에게 큰 능력을 주신 것이다.

## 하나님의 백성으로서 성도는 구별된 자이다

그럼에도 불구하고 삼손은 나실인의 신분으로서의 삶을 살지 못했다. 나실인Naazirite이란 오직 하나님을 위해 힘쓰며 헌신하겠다고 서원한 자들로서(민6:2-6) 포도나무의 소산을 먹지 말고 머리에 삭도를 대지 말며 시체를 가까이하지 말아야 했다.

이는 나실인이 세속으로부터 자신을 철저히 분리시켜 오직 하나님만이 자신의 즐거움이요 주인이며 영예라는 사실을 고백하는 증표의 의미이다.

그러나 삼손은 들릴라는 여인의 유혹에 넘어가 머리를 밀게 되고 또 사자의 시체에서 꿀을 취하여 먹고 나귀의 턱뼈를 만짐으로써 나실인의 의무를 어겼으며 일생 성적인 행동에 지나치게 집착하는 경향이 있었다. 삼손의 세 여인이 등장하는데 모두 블레셋 여인들이었으며, 그 중 두 여인은 기생이었다. 결국 소렉 골짜기의 여인 들릴라의 끈질긴 미혹을 이기지 못해 자신의 힘의 원천의 비밀을 누설해 버린다.

이러한 삼손의 치명적인 약점의 귀결로서 삼손은 하나님으로부터 선택 받은 사람으로서의 삶보다는 그의 괴력의 에너지를 세속적인 곳에 몰두함으로써 극도의 인생의 실속에 빠지는 생활로 전락하고 만 것이다.

## 흔들리지 않고 피는 꽃이 어디 있는가

성경을 통하여 삼손의 실패의 원인을 살펴 본다면, 삼손은 이런 자기의 무소불위 능력이 하나님으로부터 온 것이라 생각하지 못하고 자기의 능력이라 생각함으로써 자기 자랑에 도취되고 만 것이다.

> 삿 15:16 이르되 나귀의 턱뼈로 한 더미 두 더미를
> 쌓았음이여 나귀의 턱뼈로 내가 천 명을 죽였도다 하니라

16절 후반절에 삼손은 '내가 천 명을 죽였다'는 것이다. 나귀의 턱뼈로 천 명을 죽인 것은 본인의 손으로 죽였지만 그 힘의 원천은 하나님께서 주신 하나님의 영이 삼손에게 임했기 때문에 가능한 것이었다. 삼손은 본인이 하나님의 도구로 쓰임 받은 것 뿐임을 망각한 것이다.
 나귀턱뼈로 한 더미 두 더미 쌓았으며 '내가 나귀 턱뼈로 1,000명을 죽였도다'라며 본인도 놀라워, 자랑스러워져서 교만에 빠진다. 삼손은 '내가' '내가'라고 하면서 승리에 도취되어 노래를 부르고 있는 것이다. 삼손도 흔들리고 있는 것이다.

## 영적 무력과 게으름과 나태를 주의하라

우리의 인생도 항상 하나님 말씀과 계명과 함께 신앙생활을 할 때는 하나님의 영이신 성령이 임하게 되어 항상 형통의 날과 성취와 승리를 누리며 살 수 있지만 자기중심적 주도로 자기 능력만 의지하는 교만함과 유혹에 안주하다 보면 자기도 모르게 하나님과 멀어지게 되면서 불행의 씨앗이 심겨지게 되어 인생의 STALL, 즉 영적 실속에 빠지게 되는 것이다.

> 삿 15:17 그가 말을 마치고 턱뼈를 자기 손에서 내던지고
> 그 곳을 라맛 레히라 이름하였더라

이 때 삼손은 손에 들고 있던 나귀 턱뼈를 내던지고는 그곳을 '라맛레히Ramath Lehi', '턱뼈의 산'이라고 이름하였다. 그런데 이러한 승리의 기쁨도 잠시이다. 자기 공로를 자화자찬 하자마자 삼손은 곧 에너지가 고갈 되고 목이 말라 죽을 지경이라고 불평한다.

> 삿 15:18 삼손이 심히 목이 말라 여호와께 부르짖어 이르되 주께서 종의 손을 통하여 이 큰 구원을 베푸셨사오나 내가 이제 목말라 죽어서 할례 받지 못한 자들의 손에 떨어지겠나이다 하니
> 삿 15:19 하나님이 레히에서 한 우묵한 곳을 터뜨리시니 거기서 물이 솟아나오는지라 삼손이 그것을 마시고 정신이 회복되어 소생하니 그러므로 그 샘 이름을 엔학고레라 불렀으며 그 샘이 오늘까지 레히에 있더라

위의 18절은 삼손의 솔직한 고백이다. 삼손이 하나님의 큰 구원으로 승리는 하였는데 심히 갈증이 나 죽을 형편이라고 여호와께 부르짖는 것이다. 그래서 근처에 아무리 찾아도 마실 물이 없으니 하나님께 본인의 심정과 소원을 위해 여호와를 찾는 것이다. 즉시 하나님을 바라본 것이다. 자기 공로를 앞세워 자랑하는 교만의 생활에서 즉시 삼손은 하나님의 영이 임한 생활이 필요하여 하나님께 부르짖게 된 것이다. 삼손을 칭찬할만한 대목이다.

## 방전에서 충전으로 충전에서 재헌신으로

우리도 마찬가지이다. 하나님의 도우심으로 성령 충만하여 형통한 날을 살다가도 영적 에너지의 갈증 가운데 처할 수 있다는 것이다.
우리의 신앙이 교만과 유혹에 넘어져 하나님과 멀어짐으로써 영적 에너지가 바닥나는 이러한 상황에서 우리는 한없이 영적인 STALL, 실속에 빠질 수 있다는 것이다.

어마어마한 괴력의 에너지를 갖고 있는 삼손이 죽겠다는 것은 삼손이 영적인 STALL, 즉 실속에 빠진 것이다.

그러나 삼손은 하나님께 본인의 심정과 소원을 부르짖음으로써 회복의 기회를 갖게 된다. 삼손은 19절에서 하나님께서 마실 물을 마련해 주심으로 영적인STALL,실속에서 회복이 됨을 알 수 있다.

## 영적 STALL의 신드롬

우리는 이러한 삼손의 행태를 '삼손의 영적 STALL의 신드롬 Syndrome' 이라고 이름하여도 될 것이다. 인생의 생활 가운데 승승장구하는 형통한 삶을 살아가는 것이 하나님의 도우심의 결과임에도 자기의 공로와 자기의 능력으로 이루어졌다고 착각 속에 살아가는 것이 현실이다.

여러 이유로 인해 영적 에너지의 갈증에 목이 말라 최악의 상황으로 떨어져 바닥을 치는 영적 상태의 '삼손의 영적 STALL의 신드롬'이 도사리고 있음을 알아야 한다. 이럴 때일수록 더욱 하나님을 찾고 부르짖으면 하나님께서 '영적 STALL,실속의 회복의 복'을 주시는 것이다.

삼손이 현재 처한 영적 갈증의 상황 가운데 본인의 심정과 소원을 하나님께 부르짖음으로 하나님께서 응답해 주시는 이야기는 본 받아야 할 우리의 신앙관이 될 것이다.

## 레히 Lehi에 있는 '부르짖는 자의 샘'인 '엔학고레 En Hakkore!'

우리의 신앙이 바닥나서 영적 에너지가 고갈되어 '영적인 STALL,실속'에 진입될 때 하나님께 나아가 부르짖어 성령 충만을 받아 에너지를 공급 받는 '엔학고레 En Hakkore의 생명의 샘'의 복을 받는 것이 무엇보다 중요하다.

이 '영적인 STALL,실속'에서 하나님을 기억하고 하나님께 부르짖을 때 '엔학고레의 생명의 샘', '에너지의 샘', '회복의 샘'이 터지는 역사가 일어난 것이다 우리가 인생을 살아가면서 큰 고난의 때를 만나게 되면, 내가 자신의 의와 능력으로 세상의 방법과 기준으로 문제를 해결하려고 한다.

이럴 때 해결의 진전이 없고 손을 쓸 수도 없는 인생의 목마름으로 기진할 때가 있다. 이 때가 하나님께서 우리를 부르시는 때임을 명심하여 우리는 무조건 하나님께 나아가 부르짖어야 한다.

## 결론

사사기 15:17절 '나맛레히Ramath Lehi'와 19절 '엔학고레En Hakkore'가 함께 있다는 것은 놀라운 말씀이다.

즉, '턱뼈의 산'인 '나맛레히'와 '부르짖는 샘'인 '엔학고레'가 함께 있다는 것은 삼손이 놀라운 승리를 취하고 침체할 수 있는 '삼손의 영적 STALL,실속의 신드롬Syndrome'에서 삼손이 침체된 심정과 소원을 하나님께 부르짖음으로써 하나님께서 에너지를 잃지 않도록, 에너지를 공급받도록 '부르짖는 샘'인 '엔학고레의 생명의 샘'이 그 자리에서 터지도록 하나님께서 역사하신 것이다.

### 예수님께서 곧 엔학고레, 즉 생명의 샘

현재 우리는 어떻게 '엔학고레 생명의 샘'을 공급받을 수 있을까? 우리에게는 영원토록 살 수 있는 영생의 샘을 공급하시는 분, 영원토록 영원한 광합성을 주시는 분, 우리 생활 가운데 늘 푸르름을 유지하며 살 수 있는 생수의 샘을 공급해 주시는 분, 바로 이 예수 그리스도 안에서 이 에너지를 공급받을 수 있는 것이다.

예수님께서는 마 28:18-19절에서 '우리에게도 크신 권세와 능력을 주셨다'고 말씀하신다.

> 마 28:18 예수께서 나아와 말씀하여 이르시되 하늘과 땅의 모든 권세를 내게 주셨으니
> 마 28:19 그러므로 너희는 가서 모든 민족을 제자로 삼아 아버지와 아들과 성령의 이름으로 세례를 베풀고

예수님께서는 우리에게 하나님의 모든 통치 영역인 하늘과 땅의 모든 권세를 주셨다. 하나님께서 우리에게 세상을 이길 모든 권능을 우리 안에 주신 것이다.

하나님께서는 영생을 주셨고, 구하면 주시는 모든 것들을 우리에게 주신 것이다. 이 권세를 하나님 나라의 확장을 위해 주셨는데 우리는 그 능력을 삼손처럼 내 옳은 소견대로 내 욕심을 채우기 위해 사용하면서 인생의 영적 STALL,실속에 빠지게 되는 모습을 우리가 보게 된다.

삼손은 하나님으로부터 받은 무소불위無所不爲의 에너지와 큰 능력을 상당한 기간동안 상실한 채 허송세월하며 살았음을 알 수 있다.

우리는 삼손의 모습이 우리의 모습임을 알아야 한다. 그래서 사사시대의 사사 삼손의 이야기는 우리가 과연 하나님께서 주신 모든 나의 것들을 하나님 나라를 위해 쓰고 있는가에 대한 교훈의 메시지이다.

먼저 세상적인 가치관의 삶에서 하나님 나라의 가치를 위해 살며 '하나님 나라와 그의 의를 위해 살 수 없겠느냐?' 물으시는 것이다. 나에게 주신 건강과 기회와 물질과 재능 등이 하나님의 것인 것이다.

우리 삶의 열정을 빼앗아가는 것 네 가지를 주의해야 한다.
1. 불분명한 목적은 생의 열정을 앗아간다. 우리 인생의 목적은 하나님을 영화롭게 하는 것이다. 그리고 그 분으로 인하여 즐거워할 때 우리 인생도 활기차게 된다.
2. 균형을 잃은 열정은 삶의 기쁨을 앗아간다. 늘 쫓기는 삶은 현대인의 특징이다. 그러나 우리는 우리의 시간과 물질 그리고 하는 일들의 우선순위를 잘 결정하고 행동해야 한다.
3. 해결되지 않는 죄, 특히 갈등, 풀지 못한 인간관계는 우리를 힘들게 한

다. 죄는 우리를 부자유하게 하고 영적 기쁨을 앗아간다. 그러므로 회개는 날마다 해야 하는 것이다.
4. 함께 하지 못하고 함께 나누지 못하는 삶은 삶의 열정을 파괴하고 무기력하게 한다.
　인간은 사회적, 공동체적 존재이다.
　특히 하나님의 나라인 교회 안에서 헌신과 섬김의 자세로 신앙생활을 해야 영적 근육이 발달되고 영적 힘을 계속 유지할 수 있다.

## 힘으로도 능으로도 되지 않고 오직 하나님의 능력으로

　우리의 인생도 항공기의 STALL,실속과 동일하게 인생의 신앙생활 가운데 영적인 에너지와 육적인 에너지가 상실되고, 하나님 나라의 가치관에서 하나님이 없는 세상적인 관습과 부귀영화를 추구하다보면 인생의 STALL,실속에 진입될 수 있음을 알아야 한다.
　때로는 처음 열심, 처음 사랑을 잃어버리고 게으름과 영적 나태, 그리고 STALL,실속에 빠져 신앙 생활의 활력을 잃어버리고 살아갈 때도 종종 있다.
　이와같은 신앙적인 STALL,실속에 진입되고 있음을 인지하게 될 경우에는 즉시, 하나님이신 오직 성경 중심, 오직 예수 그리스도, 예배 중심으로 회복하기 위해 자신을 성찰해야 한다.
　그리고 어디서 떨어졌는지 깨닫고 회개함으로 하나님 나라의 가치관에 초점을 맞춘 삶으로 변화되어야 한다.
　그러나 STALL,실속에 진입되고 있음을 인지 못하고 방관하게 된다면 마치 항공기가 하늘에서 낙엽처럼 떨어지는 조종 불능 상태로 발전되어 지면에 추락하듯이 인생도 점진적으로 STALL,실속에 진입됨으로 인해 치명적인 영적 파국의 대형사고가 일어날 수도 있음을 알아야 한다.

그러므로 '선줄로 생각하는 자는 넘어질까 조심하라' 는 말씀을 기억해야 한다.

### 이야기 나눌 주제

1. 게으름, 나태 싫증의 경험이 있다면 나누어 보라. 그 원인은 무엇이라고 생각하는가? 어떻게 극복했는가?
2. 영적 무기력, 무감동, 무목적의 신앙인들이 있다면 어떻게 도울 수 있을까?

## 13

# WELL DONE | 잘 하였도다

사랑도, 이별도, 고독해도
잘돼도, 안돼도, 기다려도
아파도, 울어도, 난감해도
오늘도, 노젓는다 그럴지라도

- 아당의 시 '다도해' 중에서

    2018. 4. 17일, 뉴스를 통해서 방영한 미국의 SW South West 항공사의 비행 중 엔진 폭발한 사례가 있었다.
    미국 SW항공 1380편 보잉 737 여객기는 승객과 승무원 149명을 태우고 뉴욕 라가디아 공항을 출발해 달러스로 비행 중에 이륙 20분 후 왼쪽 날개 엔진이 폭발해 잔해가 동체의 유리창을 쳐서 기압이 급강하됨으로써 비상 강하와 함께 남은 한 엔진으로 가까운 필라델피아 공항에 비상 착륙한 사례이다.

SW 항공사 슐츠 여성 기장이 조종한 이 항공기는 승객 1명이 숨지고 7명이 부상을 입기는 하였지만 두 개의 엔진 중에 한 개가 엔진 앞 부분이 폭발해 나머지 한 개의 엔진으로 비행하게 된 것과 또한, 잔해가 동체의 유리창을 쳐서 기내 여압이 급격히 상실되어 비상 강하 Emergency Descend 까지 해야 하는 복합적 위기의 비상 항공기를 인근 비행장에 안전하게 착륙시킴으로써 대형 사고를 막을 수 있었다.

미 연방 교통안전 위원회 NTSB 는 초도 사고 조사에서 사고 원인은 정비 요인으로 엔진 내부의 블레이드날의 금속 피로도 Metal Fatigue 로 인해 피로가 쌓여 부러지고 이탈되면서 다른 엔진의 부품들을 손상시킴으로써 엔진 작동이 정지된 것이며, 이 블레이드가 엔진 자체를 폭발시킨 것을 주 사고 원인으로 보고 있다.

비행 임무 중 위급한 비상 사태나 돌발 사태에 직면한 항공기를 정확한 상황판단과 적절한 조치로 책임감을 다해 안전하게 착륙시켜 재산과 인명을 구한 비행을 하거나, 피해를 최소화하여 항공기 사고를 예방하는데 크게 기여한 비행을 하게 되면 '웰던WELL DONE) 비행을 하였다'라고 한다. 특히, 군에서는 이러한 비상 상황이나 항공기에 큰 결함이 발생하여 항공기를 버리지 않고 위험을 무릅쓰고 항공기를 안전하게 착륙시킨 조종사에게는 웰던WELL DONE 상을 수여하고 있다.

우리도 신앙 생활을 하다 보면 신앙을 방해하는 내적, 외적인 환경에 늘 노출되어 인생의 고난과 환란, 위기에 봉착할 때가 있다. 이러한 위기를 만났을 때, 세상을 바라보지 않고 처한 환경을 바라보지 않고 사람에게 기대하지 않고 오직 하나님만을 신뢰하여 인내하며 하나님을 경외하며 기도와 간구로 부르짖음으로써 하나님의 때와 기한에 하나님으로부터 응답 받고 회복되어 이전보다도 더욱 형통의 복을 받은 웰던WELL DONE 신앙인들이 있다.

성경에서 웰던WELL DONE 신앙인의 한 사람을 선택하라고 한다면, 주저 없이 욥이란 인물을 꼽지 않을 수 없을 것이다. 웰던WELL DONE 신앙의 진면목을 보여준 구약시대의 인물이다. 욥은 알 수 없는 이유로 가정이 큰 재앙을 만나 가정이 풍비박산되고 심한 환란 가운데 본인이 질병으로 도저히 회복될만한 형편이 되지 못하는 절박한 상황임에도 욥은 오직 하나님 한 분만 바라보고 의지하면서 재앙을 인내함으로써 본인은 물론 가정이 회복되고 동시에 하나님으로부터 갑절의 복을 받은 웰던WELL DONE 신앙인이었다.

## 동방의 부자, 동방의 의인 욥

  욥 시대의 시대적 배경은 지금으로부터 4000년 전 그러니까 약 B.C 2000년 경의 족장시대로 보고 있다. 그 이유는 구약시대에서 족장시대에서만 제사장이 드려야만 하는 번제를 욥기 1:5절에 욥이 가정의 제사장으로서 자녀를 위해 번제를 드린 사실에서 과거 족장들과 마찬가지로 욥이 제사장의 역할을 수행하였다는 점이다.
  모세의 율법이 주어지기 이전의 고대사회에서는 가장이 그 가정의 제사장적 역할을 감당하였다. 시대적으로 모세 율법에 의하면 제사는 오직 대제사장만이 주관할 수 있었기 때문이다
  성경은 본문 욥기서 1장 1과 그리고 8절 말씀에 욥의 성품을 소개하고 있다. 동방의 우스 땅에 살고 있는 욥은 네 가지 고귀한 믿음의 품성에 대해 언급하고 있다.
1. 하나님으로부터 온전하고
2. 정직한 사람이면서
3. 하나님을 경외하며
4. 악에서 떠난 자로 소개되고 있다.
  그리고 3절에서는 욥의 소유물은 하나님께서 욥의 손이 닿는 곳마다 복을 주심으로써 부유한 자임을 언급하면서, 이 욥을 '동방의 의인'이라고 소개되고 있다.
  욥기1:3 그의 소유물은 양이 칠천 마리요 낙타가 삼천 마리요 소가 오백 마리요 암나귀가 오백 마리이며 종도 많이 있었으니 이 사람은 동방

사람 중에 가장 부유한 자라고 말씀하고 있다.

욥기 1:8절에서는 특이하게 하나님께서 사단에게 욥의 품성과 신앙심을 자랑하고 있는 모습을 볼 수 있다.

> 욥 1:8 여호와께서 사탄에게 이르시되 네가 내 종 욥을 주의하여 보았느냐 그와 같이 온전하고 정직하여 하나님을 경외하며 악에서 떠난 자는 세상에 없느니라

그리고 에스겔서 14:20절에서도 욥은 하나님으로부터 인정받은 인물이다.

> 겔 14:20 비록 노아, 다니엘, 욥이 거기에 있을지라도 나의 삶을 두고 맹세하노니 그들도 자녀는 건지지 못 하고 자기의 공의로 자기의 생명만 건지리라 주 여호와의 말씀이니라

야고보서 5:11절에서도 욥을 인내와 오래 참음의 대표 신앙인으로 기록하고 있다.

> 약 5:11 보라 인내하는 자를 우리가 복되다 하나니 너희가 욥의 인내를 들었고 주께서 주신 결말을 보았거니와 주는 가장 자비하시고 긍휼히 여기시는 이시니라

하나님께서는 고난 가운데 인내하고 오래 참는 자의 대표로서 욥을 기록하고 있는 것이다.

욥의 가정 형편은 식구가 아들 7과 딸 3 모두 10명, 아내와 함께 하였다. 그리고 욥의 손이 하는 일에 하나님께서 복을 주심으로 그의 재산이 많아 재물의 복을 받고 하나님을 경외하며 살아가는 동방의 의인이었다. 그런데 이런 욥과 그의 가정에 어두운 최고난도의 환경재앙이 찾아온다. 욥기 1:13절부터 욥의 고난이 시작된다. 즉, 욥기 1:13절에 '하루는 욥

의 자녀들이 그 맏아들의 집에서 음식을 먹으며 포도주를 마실 때'부터 욥의 고난이 임하기 시작하는데, 여기서 '하루는'이란 말은 직역을 하면 '그날이 되었다', '고난의 날이 시작되었다'라는 의미이다.
　곧 '그날에 엄청난 재앙들이 일어날 것이다'의 뜻이다.

### 의인도 고난을 당할 수 있다

　욥기 1:4-5절에 잔치 분위기가 무르익을 때였다. 계속해서 성경은 욥의 고난이 4차례 일어났다. 15-19절에 언급되고 있다.
　특히 19절에는 우리 말 성경에는 생략되었는데 '그리고 보라'로 시작된다. 앞 절의 재앙과 함께 다름아닌 자녀들의 죽음을 보라는 것이다. 그것도 재앙의 방법을 본다면 1차, 3차는 사람의 약탈로 임한다.
　즉, 스바 사람과 갈대아 사람이 칼로 종들을 죽이며, 육축을 약탈하여 빼앗아갔다. 그리고 2차, 4차는 자연현상을 통해 임했다.
　즉, 하나님의 불이 하늘에서 떨어져 낙타와 종들을 불살라 버렸으며, 큰 바람이 불어와 집의 네 모퉁이를 무너뜨려 10명의 자녀들이 한꺼번에 몰살된 것이다. 그래서 굳이 욥 자신의 질병인 악질의 피부병까지 셈을 한다면 여덟 가지의 재앙에 봉착하게 된 것이다.
　특히 욥이 이러한 고난 가운데 아내는 남편을 위로하면서 함께 고난을 이겨내야 할 의무가 있음에도 이를 저버리고 욥에게 입에 담지 못할 말 즉, 욥에게 '차라리 하나님을 욕하고 죽으라'는 욕설까지 마음 아프게 퍼붓는다.
　그리고 친구들은 위로의 말보다 욥의 죄에 대해 캐내며 변론까지 하는 이른바 인과응보적, 전방위적, 그리고 총체적인 극심한 최고난도의 재앙을 겪게 된다.

### 끝까지 견디는 자가 구원을 얻는다

　재앙이 찾아온 방향도 사방에서 일어서는데 아마도 신앙의 맷집이 약하고 믿음이 없고 하나님 신뢰하는 큰 믿음이 없는 사람이면 이 중 한 가지의 고난도 인내하기가 어려워 나가떨어질 상황일 것이다.

그러나 참된 신앙은 위기의 순간에 더욱 빛을 발하듯이 욥은 이러한 재앙 가운데 빛을 발한다. 그렇다면 이렇게 욥이 어떻게 반응하고 행동을 하고 있는지, 신앙심을 지키고 있는지를 성경을 통해서 살펴보고자 한다.

첫 번째, 욥은 고난 가운데 예배를 하나님께 드리게 된다. 청천벽력과 같은 재앙의 소식들을 한꺼번에 연속적으로 듣자마자 한 행위는 사환들에게 닥친 재앙에 대하여 '확인하지도 않고 따지지도 않고 묻지도 않고 입술로 불평불만 원망하지 않고 범죄하지 않고 욥이 일어나 겉옷을 찢고 머리털을 밀고 땅에 엎드려 예배'한다.(욥1:20 )

두 번째, 욥은 모든 일에 범죄하지 아니하고 하나님을 향하여 원망하지 않는다. 현재 재앙의 상황임에도 불구하고 모든 일에 범죄하지 아니하고 하나님을 원망하지 아니하고 찬송을 드린다.

> 욥 1:20-22 내가 모태에서 알몸으로 나왔사온즉 또한 알몸이 그리로 돌아가올지라 주신이도 여호와시요 거두신 이도 여호와시오니 여호와의 이름이 찬송을 받으실지니이다.

세 번째, 욥의 인내와 오래 참음이다. 욥은 고난 상황을 하나님만 의지하고 하나님만 바라보면서 인내하고 오래 참은 것이다. 하나님의 의도적인 고난을 당하는 삶의 환경에서도 끝까지 자기 영·혼·육 모두가 여호와께서 주신 것이라고 고백하며 인내하고 있는 것이다.

욥 2:7-8에 사탄이 욥을 쳐서 그의 발바닥에서 정수리까지 종기가 나게 함으로써 욥이 재 가운데 앉아서 질그릇 조각을 가져다가 몸을 긁으면서 악질의 피부병을 앓게 되었는데, 이 재앙의 소식을 들은 친구 세 명이 위문차 찾아와 보니 욥의 몰골이 말이 아니었다. 알아보기 힘들 만큼 달라진 그를 보며 그들은 다음과 같이 반응했다.

신앙의 선배 욥의 처지가 너무나 참담하여 그의 친구들이 찾아와 '소리를 질렀다. 울었다. 겉옷을 찢었다. 티끌을 공중에 날렸다. 그리고 욥과 함께 땅에 앉았다, 할 말을 잃었다' 그들은 아무 말 없이 칠일칠야 동

안 욥과 함께 땅바닥에 앉아 있었다. 이것은 죽은 자를 위한 애곡 기간과 같다.(창50:10)

이렇게 그들은 욥이 고난 당하는 현실에서 '이것은 아니다, 도저히 있을 수 없는 일이다' 라고 생각을 할 정도로 힘든 고난의 현실이지만 욥은 여호와의 종임을 망각하지 않고 인내하며 견뎌낸다.

네 번째, 욥이 최고난도 고난 가운데에서도 하나님의 종으로서 정체성을 버리지 않고 지키고 있는 것을 볼 수 있다. 욥에게는 두 종류의 울타리가 사탄에 의해 무너진 것이다. 열 자녀 모두 죽임을 당하고 많은 소유물과 종들이 여러 방법으로 몰살됨으로써 무너졌으며, 아무 것도 남아 있지 않은 것같이 절망적인 상황이었지만, 그러나 아직 남은 울타리가 하나 더 있었다.

그것은 욥기 2장 3절 말씀처럼 자신이 하나님의 종이라는 신앙이다.

그는 어떤 경우에도 그것을 양보할 수 없었다. 이는 그의 존재 목적인 동시에 자신이 다른 사람이 아니라 하나님의 종, 욥이라는 정체성을 지키고 있는 것이다. 하나님의 종, 남들이 알아볼 수 없는 고통 가운데에서도 하나님의 종으로서의 정체성을 견지하면서 인내와 오래 참음의 신앙으로 나아간 것이다.

## 가장 가까운 사람에게서 상처 받을 때

이러한 욥에게 아내는 욥의 신앙의 정체성을 흔들려는 독설을 한다. 당신의 하나님께서 도우시는 결과가 이러한 처절한 고난을 주셨다는 것이다.

그래서 아내는 욥에게 '이런 고통 가운데에서도 하나님께 온전함을 굳게 지키느냐? 하나님을 욕하고 죽으라'라는 욕설로 욥의 마음을 흔들어 놓는다. 이때 욥의 대답은 '그대의 말이 한 어리석은 여자의 말 같도다 우리가 하나님께 복을 받았은즉 화도 받지 아니하겠느냐'(10절)

이로써 욥의 아내는 마치 도마의 의심이 예수님의 부활을 확실하게 증명해 주었듯이 욥의 신앙이 굳건하다는 것을 확인시키는 역할을 한 것이다.

욥은 '입술로 범죄하지 아니하니라'라고 말씀하고 있다.

> 욥 2:8 욥이 재 가운데 앉아서 질그릇 조각을 가져다가 몸을 긁고 있더니
> 욥 2:9 그의 아내가 그에게 이르되 당신이 그래도 자기의 온전함을 굳게 지키느냐 하나님을 욕하고 죽으라
> 욥 2:10 그가 이르되 그대의 말이 한 어리석은 여자의 말 같도다 우리가 하나님께 복을 받았은즉 화도 받지 아니하겠느냐 하고 이 모든 일에 욥이 입술로 범죄하지 아니하니라

가정에서 화목하고 하나님께로부터 복을 받는 비결은 오직 전지 전능하신 하나님을 의지하고 끝까지 신뢰하며 입술로라도 범죄하지 않는 것이며 오래 참는 것임을 잊지 말기를 바란다.

동방의 의인이었던 욥이 하나님의 절대 주권적 섭리로 인하여 '알 수 없는 고난'에 직면하였으나 그후 다시 하나님의 의로운 섭리로 인하여 순금과 같은 욥으로 만들기 위한 단련의 시련으로 그의 가정이 '갑절의 복'을 받는 결말로 끝을 맺고 있다.

마지막으로 욥의 이러한 웰던WELL DONE 신앙생활과 웰던WELL DONE 의 복인 갑절의 복에 대해 살펴보고자 한다.

> 욥기 42:10 욥이 그의 친구들을 위하여 기도할 때 여호와께서 욥의 곤경을 돌이키시고 여호와께서 욥에게 이전 모든 소유보다 갑절이나 주신지라

여기에서 '욥의 곤경을 살피시고'의 의미는 욥이 당하고 있는 곤경 가운데 어떻게 신앙심을 갖고 인내하며 오래 참았는지를 감찰하신 결과라는 말씀인 것이다.

여호와께서 욥에게 응답해 주신 시기는 욥의 고난에 위로가 되지 않았던 친구들을 위하여 기도할 때 응답을 받았는데, 여호와께서 욥의 이전 모든 소유보다 갑절이나 주셨음을 알 수 있다.

욥 42:12 여호와께서 욥의 말년에 욥에게 처음보다 더 복을 주시니 그가 양만 사천과 낙타 육천과 소 천 마리와 암나귀 천을 두었고 또 아들 일곱과 딸 셋을 두었더라

 이 말씀은 욥이 하나님으로부터 받은 갑절의 복을 구체적으로 설명하고 있다. 욥기1:3절에 언급된 욥의 소유보다 정확히 두 배를 받음으로 하나님께서 욥에게 얼마나 구체적이시며 자세하게 섭리하고 계시는가를 실제로 교훈하시는 것이다.
 즉, 셈을 해 보면 양은 7천 마리에서 1만4천 마리, 낙타는 3천 마리에서 천 마리, 소 5백 마리에서 1천 마리, 암나귀 5백 마리에서 1천 마리의 축복을 주심으로 갑절의 수효를 얻게 된 것이다. 이상의 내용을 보면 물질적 측면의 복에 초점을 맞추어 기록하고 있다.
 이어서 본 절은 욥의 가문과 대를 이을 수 있는 자손들에 대한 복을 말해주고 있다. 그런데 자녀의 복은 수적으로 처음의 자녀들과 비교해서 두 배가 되지는 않는다. 이것은 인간의 가치가 다른 물질적인 것들처럼 산술적으로 계산해서는 안 된다는 영적인 교훈이 담겨져 있다고 할 수 있다.( 또 어떤 이는 이미 이전의 자녀들이 천국에 들어갔음으로 갑절로 해석하기도 한다.)

### 인간은 삼생이다 모태의 생, 현세 그리고 내세의 생이다

 그리고 더 나아가 인간은 동물과 같이 죽음으로 완전히 소멸되는 존재가 아니며, 이미 죽은 자녀들도 죽음 후에 재회가 가능하다는 점에서 욥이 같은 수효의 자녀를 또 다시 얻은 것은 자녀의 복 역시 두 배로 받았음을 의미한다고 볼 수도 있다. 아무리 하나님께서 하루 아침에 강권적으로 아들 딸 10명을 잃게 만드는, 인간적인 생각으로 너무하지 않았나 하는 생각을 하게 되는데, 하나님께서는 자녀들을 하늘나라로 불러올리신 것이지 죽은 것이 아니라고 이해해야 한다.

## 죽음 이후의 세계가 있다

　세상 사람들은 눈앞에서 겪는 자녀의 죽음을 비통하게 느낄 수밖에 없지만, 하나님께서는 하늘 나라로 불러 재회의 날을 기다리게 하실 것이다. 이러한 믿음의 마음으로 세상을 살아간다면 사람이 죽었다고 해서 슬퍼하거나 아쉬워할 이유는 없는 것이다.
　이러한 환경에 처한 사람들에게는 큰 위로가 되는 말일 것이다. 즉, 크리스천은 인간의 죽고사는 문제는 하나님의 절대 주권임을 직시할 때 크리스천에게는 큰 위로가 되고, 이후에 반드시 재회하기에 이것이 하나님 나라 백성들의 특권이 아니고 그 무엇이겠는가?

　'당신의 믿음, 업그레이드 시키라'의 저자인 김정곤 목사는 욥의 고난을 해석하면서 '신앙의 본질'을 강조하고 있다. 이 본질 중에 Give and Take, 조건부 신앙- 하나님께서 무엇을 주시면 하나님을 믿고 주시지 않으면 믿지 않는 신앙은 참신앙이 아닐 뿐만아니라 이러한 신앙은 결과적으로 하나님은 믿을만한 분이 못 된다는 결론에 이르게 된다'라고 말한다.
　즉 욥은 하나님께서 주시든 거두시든 하나님은 여전히 믿어야 할 분이시고 경배를 받으시기에 합당한 분이시고 사랑해야 하고 복종해야 할 분, 찬양을 받으셔야 할 분, 절대 존귀하시고 주권자 되시는 분, 그래서 욥은 여전히 하나님을 찬양하고 한 마디 말이라도 하나님께 원망하지 않았다.

　한편 아내에 대한 생사를 성경에서는 언급하고 있지 않다. 본 아내로부터 함께 이혼하지 않고 죽임 당하지 않고 계속 살아서 다시 10자녀를 낳았는지? 아내가 욥이 극심한 고난 가운데 빠지자 욥에게 차라리 '하나님을 욕하고 죽으라'라는 욕설을 하여 집을 떠난 것인지? 아니면, 하나님께서 죽게 했는지에 대해서는 알 길이 없다.
　확인되지 않은 추정에 불과하며 이 아내 역시 본 아내에게서부터 낳은 것으로 생각하는 것이 일반적인 견해이다.

## 생명은 하나님의 손에 있다

그러므로 인간의 생명은 철저히 하나님의 손에 있음을 성도는 인정해야 한다. '욥의 생명의 연수도 갑절의 복을 받았을까'하는 것이다. 욥기 42:16,17절은 또 하나의 놀라운 사실을 발견할 수 있다.

욥기 42:16 그후에 욥이 백사십 년을 살며 아들과 손자 4대를 보았고, 욥이 늙어 나이가 차서 죽었더라. 70인역LXX 성경에 의하면 고난 당할 때 욥의 나이가 70세인 것으로 나타난다.

따라서 이에 근거할 때 여기에서도 갑절의 복의 법칙이 그대로 적용되고 있다는 사실이다. 욥이 고난 당할 때 나이가 70세이지 고난을 당한 기간이 70년은 아니기 때문이다.

웰던WELL DONE 의 복이 갑절의 복으로 잉태된 것이다.

# 결론

## 믿음과 인내는 같이 간다

하나님께서 자랑하시는 '의인이요, 동방의 훌륭한 자 욥! 웰던WELL DONE 신앙인 욥!'이다.

성경에 온갖 고난으로 인해 몰골이 심하게 상한 이가 있다. 바로 우리 구주 예수님이시다.

이사야 52장 마지막 부분을 보면, 메시아 예수님의 증표를 나타내 주시고 있는데, 이어서 이사야 53:2 '그는 주 앞에서 자라나기를 연한 순같고 마른 땅에서 나온 뿌리같아서 고운 모양도 없고 풍채도 없은 즉 우리가 보기에 흠모할만한 아름다운 것이 없도다'라고 했다.

이사야 52:14절에는 그의 모양이 타인보다 상하였고 그의 모습이 사람들보다 상하였음으로 많은 사람이 그에 대하여 놀랐다고 예언했다.

우리 구주 예수 그리스도께서 모든 멸시 천대 다 받으셨을 뿐만 아니라 온몸에 피투성이가 되도록 채찍에 찢기고 결국 양손과 양발에 대못이 박혀 십자가에서 고난 당하사 죽임을 당하셨다. 이러한 예수님의 고통과 십자가에서의 죽음까지의 최고난도의 인내는 어느 누구와 비교할 수 없는 고난의 절정이다.

그 모진 고통을 예수님께서는 인내하여 십자가에서 돌아가심으로 인류의 죄를 대속하시고 구원자가 되신 것이다. 또 죽은 다음 3일 만에 부활의 영광으로 다시 찾아오셔서 승리의 증표가 되신 것이다.

## 웰빙 WELL BEING - 웰다잉 WELL DYING - 웰던 WELL DONE

우리 구원자되시는 예수님과는 비교할 바가 아니지만, 욥이 웰던WELL DONE 신앙인이 된 이유는 극심하고 잔혹한 재앙에 처했을지라도 오직 하나님만 경외하며 악에서 떠나 인내하고 오래 참았기 때문이다.

잘 사는 것이 잘 죽는 준비의 지름길이다. 하루하루 하나님 앞에서 욥과 같이 신앙 중심으로 살아가는 자는 복된 인생이다. 우리가 사는 현실이 당장 살기가 어렵다고 절망해서는 안 될 것이다.

욥의 신앙을 본 받아 하나님을 경외하며 악에 치우치지 말고 오로지 고난을 인내하며 오래 참는 것이 영적 승리의 길인 것이다. 이러한 신앙인이야 말로 '웰던WELL DONE 신앙인'이다.

## 거기 계시며 말씀하시는 님

- 아당 | 김영산

님은 빛이시오, 님은 다함이 없는 사랑이시며,
동시에 말씀이시나이다
태초에 말씀이 있었기에 님의 위엄의 말씀으로 천지도
생겨난 줄 믿나이다
한 다발의 말씀으로 무한한 우주를 만드셨으니 님께서는 진실로
위대하시니이다
그러므로 님은 피조물로부터 찬양과 영광과 존귀를 받기에
합당하시니이다


말씀으로 다가오시고 인생에게 언어를 허락하시고 서로
소통하게 하셨나이다
님께서는 무한하시고 인생들은 유한하므로 우리가 당신께
다가갈 수 없을 때
님께서 먼저 우리에게 들리는 말씀으로, 혹은 보이는 말씀으로
다가오시나이다
진실로 님의 보배로운 한 말씀은 내 발의 등이요, 내 앞 길의
빛과 같나이다

청각장애자는 뇌성이 울려도 듣지 못하듯 내 영혼 때로는 듣지
못해 방황했나이다
하오나 그발 강가에 선 에스겔처럼 어느 날 하늘이 열리고
말씀이 들려왔나이다
그날 이후 그 눈에서는 빛이 나고, 얼굴은 확신에 차며, 발걸음

또한 가벼워졌나이다
님이여 도우사 나의 귀도 열어주소서 내 맘도 열어주소서
내 영도 열어 주소서
사랑 덩어리이신 님의 말씀은 때로는 위로와 격려 때로는
꾸짖음으로 다가오나이다
진정한 사랑은 훈계를 포함하고, 진정한 사랑은 절제로 마무리
되는 것을 아나이다
그 말씀이 찌르는 채찍 같고 그 말씀이 잘 박힌 못과 같이
내 맘에 남아 있게 하소서
갈급한 내 마음에 소리 없이 내리는 이슬같은
〈는개비〉로 촉촉이 내려주소서

옛적의 선조들이 님의 말씀 앞에 온몸을 정결케 하고 무릎을
꿇고 귀를 기울였듯이
나 또한 님의 말씀에 부복하게 하시고 한 구절 한 단어까지
무겁게 여기게 하옵소서
'화로다, 나여 망하게 되었도다'라 고백한 이사야처럼 자신의
진상을 발견케 하옵소서
님의 말씀은 거울과 같아 나의 영혼의 찌그러진 얼굴을
보게 하고 다시 씻게 하나이다

요단강변의 세례 요한 앞에서 수많은 사람들이 그 말씀 앞에서
회개하고 세례 받을 때
도성육신 예수님께서 모래바람 불어오는 그 강변에 순서를

기다려 세례를 받으실 때
하늘이 열리며 들려오는 말씀이 있어
"이는 내 사랑하는 아들, 내 기뻐하는 자로다"
그 말씀 힘 입어서 공생애 다 마치고 골고다까지 올라 갈 힘을
주신 하늘의 음성이여

때로는 천둥 속에서, 때로는 잎새에 이는 바람 가운데서
지금도 들려오나이다
머리 카락 한 올 속에 유전인자가 다 내포되어 있듯이 님의
말씀 또한 그러하여
한 마디 말씀 속에서도 님의 사랑과 지혜와 거룩과 능력을
맛 볼 수 있나이다
그 말씀이 있는 인생은 복되도다. 〈기찬 말씀〉의 비밀이 있는
인생은 행복자여라.

# 14

# Cross | 십자가

- 이사야 53장 1-3절 중심 -

두 번은 없다
지금도 그렇고 앞으로도 그렇다
우리는 아무런 연습 없이 태어나
아무런 연습 없이 죽는다
(하략)

- 심보르스카 | 폴란드 여류시인*

  십자가는 항공기 조종 분야에서도 많이 활용되고 있다. 항공기의 상승·강하 각과 좌·우 비행 진로를 정확히 안내해 주는 십자가Cross Bar인 비행안내지시계(FD Flight Director)를 따라 조종하면 항공기를 올바른 항로와 경로로 수월하게 유도할 수 있다.
  즉 십자가의 X축은 항공기 진로 상에 상승·강하를 지시해 주는 기수각 Pitch Bar인 Vertical Mode를 안내해 주며, 십자가의 Y축은 좌·우 횡적 진로 Roll Bar인 Lateral Mode를 안내해 준다.

그래서 PFD Primary Flight Data 계기 내에 X축과 Y축의 십자가 교차점인 FD Flight Director를 주 참조점 Main Refferance으로 활용하고 있다.

비행을 할 때는 이 십자가 Cross Bar인 X축과 Y축이 교차되는 지점에 항공기를 On Position 시키면서 조종을 하면 안전하게 비행을 할 수 있으며, 특히 이륙과 착륙 시에는 이 십자가 교차점인 FD를 따라가야만 하는 것이다.
(The FD Flight Director Pitch and Roll Cross Bars show pitch and roll demands)

십자가는 언제나 승리와 구원, 평화와 자유의 상징이다. 국제 적십자사의 마크도 십자가, 영국의 국기도 십자가, 스위스 국기도 십자가, 스웨덴이나 덴마크, 뉴질랜드 깃발도 모두 십자가를 새겨넣고 있다.

십자가를 깃발에 넣은 국가 중에 시시한 나라가 하나도 없다. 십자가는 사형 형틀이었지만 예수님이 지신 이후로 교회와 병원 그리고 용서와 사랑의 상징이 되었다.

## 음악의 아버지도 십자가를 노래하다

음악의 아버지가 누구인가? 요한 세바스찬 바흐 1685~1750이다 그의 최고의 걸작은 예수님의 십자가 수난을 묘사한 작품이다. 특히 그는 모차르트, 베토벤, 슈베르트 등 많은 후대 음악가들로부터 존경을 받았다.

바흐는 〈마태 수난곡〉〈브란덴부르크 협주곡〉〈토카타와 푸카 D단조〉〈평균율 피아노 곡집〉〈관현악 조곡 제 3번〉 등을 만든 음악가이다.

바흐의 집안은 200년에 걸쳐 수많은 음악가를 배출한 집안으로 바흐가 음악가로 성장한 것은 이미 예정된 길이었다고 할 수 있다.

바흐는 어릴 적부터 가문의 풍습에 따라 바이올린을 배웠고 후에 오르간 연주자로 궁정에 취직했다.

그는 무엇보다 음악으로 하나님에게 평생 봉사하겠다고 맹세한 독실한 신자였다. 그래서 그는 독일의 라이프치히에 있는 성 토마스 교회에서 27년간 지휘자로 일하면서 중요한 작품들을 많이 작곡했고 그의 시신도 거기에 묻혀 있다.

그리고 그는 말 잘 듣는 모범생처럼 교회와 가정에 충실한 사람이었다. 늘 가족과 일, 그리고 신앙생활에 얽매이다 보니 단 한번도 출생지인 독일을 떠나본 적이 없을 정도였다.

독실한 기독교 신자였던 바흐는 음악의 대부분을 종교적 신념과 신앙심을 바탕으로 만들었다. 특히 바흐는 기악곡에서 뛰어난 재능을 보였는데 모든 악기가 조화롭게 어울리도록 완벽한 작곡을 했다.

후대 사람들은 왜 바흐를 '음악의 아버지'라고 할까? 우선 바흐는 서양음악의 기본 골격을 완성했고, 그로 인해 서양음악이 태어난 것이나 다름없기 때문에 그를 가르켜 음악의 아버지'라고 하는 것이다.

특히 바흐는 '음악의 천재'인 모차르트마저 '나는 아무리 많은 곡을 쓰고 열심히 노력했지만, 결국 바흐를 벗어나지 못했다'라고 고백했을 정도로 후대 음악가들에게 가장 많은 영향을 미쳤다. 그리고 바흐의 음악은 진지하고 종교적이며 엄숙한 분위기 때문에 바흐를 남성적인 '아버지'라 부르게 된 것이다.

## 마태 수난곡은 음악의 선교사이다

죽기 전에 우리가 들어야 할 음악이 있다면 바하의 마태 수난곡이다. 수많은 종교음악의 명작을 남겼거니와 그 중에서도 이 마태 수난곡과 요한 수난곡, 크리스마스 오라토리오, 많은 칸타타 등은 잘 알려져 있다. 이 곡은 바흐 44세 1729 무렵의 작품인데, 4복음서 중의 마태복음 26~27장을 바탕으로 하고 있다. 제1부는 「최후의 만찬」・「감람산의 터」・「유다의 반역」・「예수의 포박」, 제2부는 「카야파의 심판」・「빌라도의 판결」・「골고다 언덕 위의 책형磔刑」・「예수의 죽음과 매장」으로 나뉘며

전곡은 신앙적 감격에 넘쳐 있다.

 1729년에 완성된 이 곡은 같은 해 부활절의 전주前週가 되는 동년 4월 15일의 금요일에, 라이프찌히 성토마스 교회당에서 초연되었다. 전곡의 연주에는 약 3시간을 필요로 하는 대곡이며, 오늘날에는 크리스마스나 사순절, 그리고 부활절에 구미 각지에서 연주되고 있다.

 마태 수난곡이 세상에 나온 것은 그가 죽은지 약 100년이 지난 뒤 1829년 3월 11일에 20세인 멘델스존이 지휘봉을 잡고 재연하면서부터이며, 당시 합창단은 400명이었다. 왕실 관현악단과 필하모니 협회 사람들이 관현악을 맡았고, 전원 무보수로 출연했다.

 그 초연에는 초만원의 홀은 마치 교회와 같은 느낌을 주었다. 장엄하기 이를데 없는 경건함이 청중을 지배했고, 깊은 감동의 기분으로 입에서 새어나오는 두 세 마디가 '들릴 뿐이었다'라고 멘델스존은 적은 바 있다. 사람들은 감격하여 바흐의 최고 예술에 황홀해졌으며, 어떤 사람들은 무의식 중에 울었다고 전해진다.

 그래서 어떤 무신론자까지도 이 찬양이 〈음악선교사〉라며 극찬한 바 있다. 우리 찬송가 145장에 바하의 찬송이 있다. '오, 거룩하신 주님'이 그 한 부분이다

 이사야 53:3 마지막 말씀 그대로 제목을 삼고 생각하고자 한다.

> 그는 멸시를 받아 사람들에게 버림을 받았으며 간고를
> 많이 겪었으며 질고를 아는 자라 마치 사람들이 그에게서
> 얼굴을 가리는 것 같이 멸시를 당하였고 우리도 그를
> 귀히 여기지 아니하였도다

 약 2천7백여 년 전에 이사야 선지자는 메시아의 탄생을 예언했다. 교부 폴리갑은 이사야 53장을 '복음 기자의 황금같은 장이다'라고 말했다. 주석가 델리취는 '구약성서 예언의 가장 중심부요, 가장 깊고 가장 높은 것이다'라고 말했다. 캠벨 모르간은 이사야 53장을 그리스도의 초상화라고 했고, 죤 칼빈은 그리스도의 이력서라고 극찬하였다. 그래서 '메시아'

를 작곡한 헨델은 이사야 53장 말씀으로 '수난의 어린 양'을 작곡하다가 큰 감동으로 펜을 멈추고 울었다는 일화도 전해진다.

오늘 '우리도 그를 귀하게 여기지 아니하였다'는 것은 불신자만 말하는 것이 아니다. 십자가 목걸이를 하고 십자가 문패를 붙이고 십자가 찬송을 부르면서도 자세히 보면 그 시대 사람처럼 우리들이 예수님을 귀하게 여기지 않는다는 것이다.

왜, 그렇게 되는 것일까? 세상적 가치관과 인간적 기준으로 매력이 없기 때문이다. 거기에 세 가지가 없다.
1. 고운 모양도 없고
2. 풍채도 없고
3. 육체적으로는 흠모할만한 아름다운 것이 아무 것도 없다는 것이다.
그러나 영적인 눈이 열리고 자세히 보면 아주 중요한 말씀이 있다. '그는 주 앞에서 자라나고 있다'는 것이다.
예수님은 하나님의 사랑하는 아들이시다. 우리의 구원사역을 위해 33년간 영아시기를 거쳐 유년시기를 거쳐 청년시기에 와서 가장 신체적으로 심리적으로 건강할 나이 33세에 우리를 위해 십자가 제단 위에 자기 몸을 얹어 살 찢기고 피흘려 죽으시었다.
그가 그렇게 흉측하고 마른 땅에 나온 뿌리같아서 아무도 눈여겨 주목하지 않았다. 너무 쳐다보기가 끔찍하고 그래서 사람들이 얼굴을 가렸다. 그래서 그 시대 사람들이 '사람들이 그를 귀히 여기지 아니하였다'는 것이다.

## 우리도 예수님을 귀하게 여기지 않고 있다?

예수님이 탄생하시고 사신 그 당시 사람들은 예수님을 귀히 여기지 않았다. 영적으로 그 당시 사람들의 마음 밭은 마른 땅과 같았다.
1. 종교적으로 마른 땅이었다

바리새파, 사두개파, 엣세네파, 열심당파 모두 자기 이념에 갇혀서 살아간 자들이다
그래서 자기들의 이론에 동조하지 않는 예수님을 사람들이 멸시하고 귀히 여기지 않았다.

2. 정치적으로 마른 땅이었다
로마 치하에서 피폐해 진 유대 나라였다. 로마 총독, 천부장 그리고 군인들 모두가 에수님을 우습게 여겼다. 헤롯왕도 로마의 꼭둑각시였다. 성전에서 장사하고 강도들의 본부처럼 우굴거리는 곳이 되었다. 성전을 46년 동안 지었지만 주님은 그 성전에 주무시지 않으시고 베다니에 나가서 주무실 정도로 정치와 종교가 야합한 타락한 시대였다.

3. 경제적으로 착취 당해 마른 땅이었다
삭개오같은 세리가 민중의 피를 빨아먹고 매국노가 판을 치는 사회였다. 그런 상황 가운데 주님께서 태어나셔서 그런 나라에 33년 보통 백성으로 사셨다. 멸시를 받아서 사람들에게 버림을 받았고 간고를 많이 겪었다. 30년간 목수 요셉의 장남으로 우리가 당하는 보통사람의 애환을 다 경험하신 분이시다.

'질고를 아는 자라'의 '질고'는 여기서 문자적인 뜻으로 '질병'인데, 신장염이나 폐암 같은 육체의 질병을 뜻하기도 하지만, 성경 전반적으로 말하는 '질병'의 영적 의미는 '죄로 인한 영혼의 질병'이다.
그래서 '질고를 아는 자'라는 뜻은 '우리 죄로 인해서 우리가 당하게 되는 죄의 고통, 또 그로 인한 파생적인 질병' 이것을 예수님께서 잘 아시고 그 아픔을 해결해 주시고 또 그것을 치료하러 오셨다는 것이다.

### 예수님의 손에 못자국이 나기 전,
### 목수 일로 생긴 굳은 살이 박힌 손을 보라

그런데 웬일인가? '마치 사람들이 그에게서 얼굴을 가리는 것같이 멸시를 당하였고' '얼굴을 가린다'는 것은 당시 사람들이 한센병 환자에게

보이던 행동이었다. 그만큼 심한 멸시와 수치를 당했다는 것이다. '우리도 그를 귀히 여기지 않았도다' 문제는 세상사람들이 그럴 수 있다지만 예수님을 믿는다는 이 시대의 우리신자도 그럴 수 있다는 것이다.

우리도 십자가를 진 예수님을 한 때 귀히 여기지 않는다는 것이다. 그래서는 안 되는데 우리도 역시 한 통속이란 것이다.

그런데 미래의 천상에서는 십자가를 주목하고 십자가를 지신 예수님을 찬양하고 계시록을 통해 먼저 커튼을 열어 하늘의 모습을 살펴보면, 천사들은 항상 죽임 당하신 어린양을 찬양하고 있다. 그리고 천상의 천사들이 찬양하는 주제는 항상 '죽임 당하신 어린양'이다.

주님을 귀한 분으로 대우하고 그에게 합당한 영광과 감사와 존귀를 돌리는 것이다.

지금 우리는 어떠한가? 우리 신자들마저도 어쩐 일인지 우리도 그를 귀히 여기지 아니하고 살아가고 있지 않는가? 십자가를 지신 여호와의 종, 예수님을 귀히 여기지 않고 또한 십자가를 지고 가는 사람들을 귀히 여기지 않을 뿐더러 더 심하면 자기 얼굴을 돌려 버린다는 것이다. 신경 쓰기 싫다는 것이다. 머리 아픈 이야기는 그만하라는 것이다.

왜 이렇게 되었는가? 우리는 이미 자본주의, 세속주의, 경제 논리에 빠져버렸기 때문이다.

교회는 마땅히 영적 논리와 기준으로 움직여야 하지만 세속적인 가치관이 너무 깊이 들어와 버렸다. 그가 고운 모양도 없고 풍채도 없어서 그렇기도 하거니와 우리 자신이 너무나 세속적인 신앙과 시각을 갖고 있기 때문에 우리 신자들 마저도 십자가를 지는 사람들을 무시할 수 있고, 또 자기가 자기 스스로를 무시할 수 있는 것이다.

일례로 '십자가를 지시는 그리스도'에 관한 메시지를, 우리는 묵상을 잘 하지 않는다.

어쩌다가 한 번 할 때가 있는데, 고난 주간에 좀 할뿐이다. 얼굴을 돌려서 쳐다보지 않는 것이다. 실제의 삶에 고난은 비켜가 버린다. 그리고 십자가와 그리스도에 관한 요절을 거의 암송하지 않는다. '구하라 주실 것이요, 찾아라 찾을 것이요, 문을 두드려라 그리하면 열릴 것이니라' 이런 말씀들은 성공주의에 빠져서 줄줄 외운다.

## 아, 내 안에 십자가가 없다

결론부터 말하자면 십자가 없는 신자는 가짜 신자이다. 십자가 없는 목사는 가짜이다.

어떤 형태로든지 우리가 져야 할 것은 십자가이다. 우리는 이사야서 53장을 구약의 복음서라 부른다. 복음의 핵심은 십자가이다. 그런데 이 시대 우리 신자들도 '그를 귀히 여기지 않는 것'이다. 십자가 신앙에 대해 관심이 없는 경우가 많다. 아! 내 안에 십자가가 없다! 이게 큰 일인 것이다.

나를 위한 주님의 십자가의 고통이 얼마나 컸는 지를 생각해 보면 그를 귀히 여길 수밖에 없다. 모일 때마다 아니, 집에서 차 안에서 직장에서 늘 그 분의 은혜를 찬송할 수밖에 없다.

나의 생명의 은인이시다. 그를 모르고 귀히 여기지 않으면 배은망덕인 것이다.

## 십자가의 고통

먼저 주님께서 감람산에서 기도하시면서부터 십자가에서 죽으시기까지 당하신 고통을 살펴보자. 주님께서 감람산에서 기도하실 때 땀방울이 핏방울이 되었던 것부터 살펴보자. 이런 현상은 너무 열심히 기도하신 나머지 땀샘에서 땀과 피가 섞여나온 것이다.

의학박사 트루만 데이비스 박사와 알렉산더 메드럴 박사 자료의 의학적 용어로 '혈한증'이라고 한다. 사람이 엄청난 스트레스를 받으면 땀샘에 있는 모세혈관을 파괴하는 화학성분이 나오게 되고 그래서 소량의 피가 땀샘에 들어오게 되는 것이다.

　이 사실로 우리가 알 수 있는 것은 예수님께서는 심리적으로 그리고 육체적으로 극도로 약해져 있는 상태였다는 것이다. 주님께서 본인이 짊어지지 않아도 되는 십자가를 앞에 두고 굉장한 스트레스를 받으신 것이다. 또 주님께서는 사람들에게 잡히셔서 희롱을 당하고 몰매를 맞으셨다.

　총독 빌라도의 관정에서는 군사들이 주님의 옷을 벗기고 홍포를 입히고 가시관을 엮어 머리에 씌우고 희롱을 하였다. 그들은 주님의 얼굴에 침을 뱉고 갈대로 주님의 머리를 쳤으며 손으로 주님을 때렸다. 창조주이신 주님께서 하찮은 인간들로부터 온갖 수모를 다 겪으신 것이다.
　예수께서 십자가에 달리시기 전에 태형을 당하셨다. 군인들은 기둥에 주님을 묶어놓고 채찍으로 때렸다. 채찍의 구조를 살펴보면 채찍이라기보다는 살인무기라고 봐야 할 것이다. 주님께서 맞으신 채찍은 39개의 땋은 가닥으로 되어 있는데, 그 안에는 쇠구슬과 뼛조각이 들어 있었다. 병사의 기분에 따라 가닥 수가 많을 수도 있었다.
　뼛조각은 살을 찢는 역할을 했다. 쇠구슬은 살을 멍들게 했고 찢어진 근육조직을 더욱 크게 벌리는 역할을 했다. 예수께서 단순한 채찍에 맞으신 것이 아니라 칼보다도 더 무서운 채찍에 맞으신 것이다.
　예수님은 그 채찍으로 어깨, 등 그리고 엉덩이와 정강이 부분을 주로 맞으셨다. 채찍에 맞으신 예수님은 골격 근육이 찢어지고 피범벅이 되었으며 살점은 리본처럼 매달려 있었다.

　기원 후 3세기 역사가 유세비우스는 태형에 대해 이렇게 이야기했다.
　"태형을 당하는 사람의 정맥이 밖으로 드러났고 근육, 근골, 창자의 일부가 노출되었다."
　많은 사람은 태형으로 인해 죽었다. 예수께서는 이미 십자가에 달리시기 전부터 매우 위독한 상태셨다. 그 원인은 고통도 고통이겠지만 대부분 저혈량성 쇼크 때문이었다. 저혈량성 쇼크는 쉽게 말해서 피가 부족하다는 뜻이다.
　저혈량성 쇼크 상태의 증세는 다음과 같다.

1. 심장이 더 이상 피를 못 퍼 올림
2. 혈압 저하
3. 정신이 몽롱해지거나 기절
4. 신장에 남아 있는 피의 양을 유지하기 위해 소변의 역할 중지
5. 몸에서 액체를 요구하기 때문에 목이 아주 마름

우리가 꽃꽂이할 때의 가시를 기억하는가? 이스라엘의 가시는 그보다 더 크고 강하다.

찔리면 바로 피가 나올 수밖에 없다. 그 가시관을 쓰신 예수님의 머리를 사람들이 갈대 지팡이로 때렸다고 생각해 보라. 가시가 사정없이 예수님의 머리를 찔렀을 것이고 예수님의 머리에서는 피가 흘렀을 것이다. 채찍이나 가시관으로 인한 고통은 십자가의 고통에 비하면 약한 것이다.

### 십자가의 가로 들보는 57Kg

십자가의 고통은 그만큼 엄청난 고통이었다. 십자가의 가로 들보는 수직 기둥과는 분리되어 있다. 그 가로 들보의 무게는 57kg이었다. 그 가로 들보를 매고 올라가시는 예수님은 계속해서 넘어지셨다. 왜냐하면 이미 채찍에 맞으셔서 많은 피를 흘리셨기 때문이다.

그런데 예수께서 넘어지시면 로마 군병들은 또 채찍으로 때렸다. 예수님은 넘어지면서 턱이 깨지고, 무릎이 상했으며, 얼굴에는 더 많은 상처가 났다. 사53장 말씀처럼 사람들이 고개를 돌릴만큼 흉칙한 모습이 되셨다.

하나님의 신성을 사용하지 않고 인성만 사용하셔서 십자가를 지고 골고다 언덕을 오르는 것은 너무나 힘든 일이었다.

그래서 군인들은 구경하던 구레네 시몬을 붙잡아서 주님의 십자가를 대신 지게 했던 것이다. 사실 이것 자체도 주님께 큰 고통이었다. 자기의 의사와 상관없이 임시응변으로 억지로 십자가를 지워 가게 한 것이

더 괴로웠던 것이다.

어쨌든 골고다 언덕에 오르신 예수님은 십자가에 못 박혔다. 수직 기둥은 땅에 고정되어 있고 가로 들보는 땅에 놓인 채 예수님을 못 박았다. 그리고 못 박은 후 수직기둥에 올려 고정되었다.

이때 주님의 손과 발에 박힌 못은 굉장히 큰 대못이었다. 예수님의 몸을 십자가에 걸어놓아야 했기 때문에 큰 못을 사용할 수밖에 없었다.

## 18cm 대못으로 양손과 양발에 못질

예수님과 동시대 사람인 요하난 벤하콜이라는 사람의 십자가 처형 당시의 못이 발견되었는데 길이가 약 18cm의 대못이었다고 한다. 그렇게 엄청난 못을 주님의 손목에 박았다.

손바닥이 아니다. 손바닥에 못이 박혔다면 찢어져 땅에 떨어졌을 것이다. 못 박힌 곳은 손의 중추신경이 지나는 위치로서 못으로 큰 신경이 파괴되었던 것이다. 그때의 고통은 척골신경을 뺀찌로 비틀어 으깨는 느낌과 비슷하다고 한다.

그런 고통을 느끼면서 약 6시간 동안 십자가에 달려 있었다. 주님께서 십자가에 못 박히신 시간이 제3시이다. 그리고 운명하신 시간이 제9시이다. 약 6시간 동안 십자가에 달려 있으시던 주님께서는 팔이 6인치 정도 늘어났을 것이고 어깨는 탈골되셨다.

이런 상황 가운데에서도 주님께 고통을 덜 수 있는 방법을 선택하지 않고 그 고통을 다 받으셨다. 그리고 다 이루셨다.

사람들이 주님에게 쓸개 탄 포도주를 먹이려고 했으며, 해융에 신 포도주를 묻혀서 먹이려고 했다. 해융에 신 포도주를 묻힌 것은 맛보시고 거절하시었다.

이것은 신 것이기 때문에 침이 나오게 하는 효과가 있다고 보지만 당시의 상황에서는 마치 식초를 마신 것과 같다. 우리 예수님은 쓸개 탄 포도주는 거절하셨다.

## 예수님께서 십자가를 지고가신 것 같지만, 가슴으로 안고 가셨다

예수님께서는 한 사람 한 사람을 진정으로 사랑하신 분이시다. 천하보다 귀한 사람, 죄 많은 나를 구원하시려고 십자가를 지셨다. 로마병정들은 사형수에게 마취제를 마시게 하여 까무러친 상태로 죽도록 쓸개 탄 포도주를 입에 대어 주었으나 마시지 않으셨다.

주님께서는 맑은 정신으로 모든 고통을 그대로 다 받으신 것이다. 우리의 구원을 깨어있는 정신으로 100% 완수하시기 위해서였다. 십자가는 인간이 만든 사형 도구 중 가장 끔찍한 도구로 사람을 질식해서 죽이는 사형틀이다. 근육에 충격이 가해지면서 '횡경막'이 가슴의 상태를 숨을 들이쉬는 상태로 고정시킨다.

이때 사형수에게 호흡 곤란을 가져다 주게 되고 결국 숨이 막혀 죽게 되는데 숨이 막혀 죽기까지 6시간 동안 그 고통이 계속되었던 것이다. 십자가에 달려 있으면 팔에 힘이 빠지고 근육에 엄청난 경련이 일어나면서 깊고, 가혹하고, 지근거리는 고통이 따르게 되고 이 고통이 근육을 굳어지게 만든다.

## Passion of Christ

십자가에 처형되는 죄수가 이런 상태가 되면 몸을 위로 밀어올릴 수 없는 상태에 이르게 된다. 몸이 팔에 매달려 있게 되면 가슴 근육이 마비되고 늑간 근육이 활동을 할 수 없게 된다. 공기가 폐로 유입은 될 수 있지만 밖으로 뿜어내 질 수 없게 된다.

인간의 몸을 입은 예수께서는 단 한 번의 짧은 숨을 쉬어보려고 몸을 위로 밀어 올리기 위한 사투를 하셨을 것이다.

대못에 박힌 채 숨을 쉬기 위해서 온몸을 위로 밀어 올릴 때 얼마나 고통스러우셨겠는가? 패션 오브 크라이스트, 예수님의 수난을 영화로 만든 장면 중에 차마 바라보지 못할 광경이 바로 그 장면일 것이다. 예수님께서는 숨을 쉬기 위해 여섯 시간 동안 못이 박힌 발을 들었다가 났다가 하셨을 것이다.

못이 박혀 발도 움직일 수 없는 상황인데도 말이다. 숨을 쉬기 위해 발을 움직이다가 결국은 근육이 굳어지게 되고 발의 뼈가 못에 고정된다. 더 이상 숨을 쉬기 위해서 몸을 위로 들어 올리지 못하면서 서서히 질식을 하게 된다.

마침내 호흡량이 줄어들면서 심장이 불규칙적으로 되고 결국 사망하게 된다. 주님께서 십자가에서 당하신 고통은 말로 표현할 수 없이 큰 고통이다.

'주 달려 죽은 십자가 우리가 생각 할 때에 세상에 속한 욕심을 헛된 줄 알고 버리네'(찬송가)

### 주님을 귀히 여기는 자는 어떻게 귀히 여길 수 있는가

1. 주님을 귀히 여기는 자는 주님의 몸된 교회를 귀히 여긴다.
교회는 주님의 몸이라고 했다. 교회에서 우리는 보이지 않는 하나님을 찾으려고 시간을 낭비해서는 안 된다. 하나님께서 인간을 창조하실 때 하나님의 형상으로 창조하셨다고 했다.
또 세상의 다른 어떤 것보다도 사람을 특별하게 창조하셨다.
이것은 무슨 말인가? 나도 소중하고 너도 소중하고 우리도 소중하다는 말이다.
그렇기 때문에 하나님께서는 우리가 나를 사랑하고 이웃을 사랑하기를 바라신다. 그래서 오늘 성경 구절에서는 말하고 있는 것이다.

> 너희를 영접하는 자는 나를 영접하는 것이요
> 나를 영접하는 자는 나를 보내신 이를 영접하는 것이니라

우리는 하나님을 영접해야 한다. 보이지 않는 하나님을 영접하는 방법은 이웃을 영접하는 것이다. 그러므로 우리는 나의 유익을 위해서가 아니라 하나님의 이름을 위하여 다른 사람들에게 사랑을 베풀어야 하는 것이다. 선지자의 이름으로 선지자의 이름을 대접하면 선지자의 상을 받을 것이요, 사랑하는 것이 교회의 주인되신 예수님 사랑하는 것이다.

2. 주님을 사랑하는 것은 주님의 백성을 사랑하는 것이다.

사울이 교회를 핍박할 때, 주님께서 나타나셔서 '네가 왜 나를 핍박하느냐?'고 하셨다. 사실 사울은 신자를 잡아 가두고 핍박하고 죽이는 일에 앞장섰다. 다시 말하면 신자인 교회는 예수님과 같은 몸이란 사실이다. 몸인 신자가 기쁘면 머리이신 예수님께서 기뻐하신다. 반대로 몸인 신자가 고통을 당하면 하늘의 주님께서 고통을 당하신다

3. 주님을 귀히 여기는 자는 자나깨나 찬송하며 감사하며 살아 간다.

신앙의 선조들은 주님의 십자가를 묵상하며 다시 오실 주님을 기다리며 이런 찬송을 불렀다. 낮에나 밤에나 눈물 머금고 내 주님 오시기를 고대합니다. 가실 때에 '다시 오마' 하신 내 주님. '오, 주여 언제나 오시렵니까?' 오늘 나의 노래, 내가 부를 노래, 나의 관심사는 무엇인가? 스스로 물어 보자.

## 음악의 어머니 헨델도 주님 찬양

우리 나라는 물론 전 세계적으로 헨델의 '메시야'곡은 가장 많이 불리어지고 가장 많은 사랑과 감동을 받는다.

헨델은 오랫동안 왕실의 총애를 받으며 음악가로서 부귀와 영화를 누렸는데, 50세에 위기가 찾아왔다. 뇌출혈로 몸의 일부가 마비되어 궁색한 처지가 되었다.

어느 겨울, 산책을 하다가 교회의 종탑을 보며 땅바닥에 주저앉아 탄식하였다.

"하나님, 어찌하여 저를 사람들에게서 버림을 받게 하셨습니까?"

그날밤 늦은 시간에 집에 돌아와 보니 소포가 하나 도착해 있었다.

찰스 제넨스로부터 온 우편물이었는데 자신이 작시한 오라트리오 가사에 작곡을 해 달라는 내용이었다. 그는 가사를 대충 훑어보면서 이렇게 중얼거렸다.
"삼류 시인 주제에…, 하나님께서 영감을 주셨다고? 나에게 격이 있는 오페라 대본이 아니라 이런 성가곡 쪼가리를 보내다니."
그는 불쾌한 심기로 가사를 뒤적거리다가 한 가사에 눈이 머물렀다. 바로 이사야 53장이었다.
"그는 사람에게서 멸시를 당하였고 버림을 받았으며, 자기를 긍휼히 여길 자를 찾았지만 위로해 줄 자가 없었다."
이사야서 53장의 내용이었다. 그때 헨델은 마치 자기 자신의 이야기를 읽는 것 같았다.
"오, 주님께서 이런 처지에 놓이셨다니!"
계속 원고를 읽어나갔다.
"그는 하나님을 믿었도다. 하나님은 그를 음부에 내버려두지 아니하셨도다. 그가 너에게 안식을 주시리라."
그 순간 헨델의 귀에 천국의 음악이 들려오기 시작하였다. 그는 자리에 앉아 하나님의 영감에 사로잡혀 작곡을 시작했다. 완전히 몰입하였다.
다음날 아침, 아침 식사도 하지 않고 그는 정신없이 악보를 그렸다. 그러다가 광인처럼 방안을 왔다갔다하면서 팔을 휘두르며 허공을 후려치기도하고 큰 목소리로 노래를 부르기도 하였다.
"할렐루야 할렐루야 할렐루야!"
헨델은 무려 24일간 작곡을 계속하였는데, 마치 광인과 같은 모습으로 작곡에만 몰두하였다. 그렇게 해서 탄생한 노래가 이 세상에서 가장 위대한 오라트리오 '메시야'이다.
탄생-생애-고난-십자가-부활의 순서로 짜여진 불후의 명작인 것이다.
헨델의 '메시야'는 헨델을 천상의 음악으로 인도하였고 하나님의 영광을 목격하게 했다. 그 노래가 자기 자신을 회복시켰고 수많은 사람들을 하나님의 영광으로 인도하였다.
최악의 고난 가운데서 최상의 성취를 이루었다. 버림 받고 낭패에 빠진 헨델이 일어서게 된 계기는 '그리스도의 수난과 버림 받음'이었다. 그리스도의 고난을 발견하면 그리스도의 영광에 참여하게 되었다. 이러한 회복의 이야기가 여러분의 삶 가운데 이루어지기를 바란다.

헨델은 작곡에 너무나 열중한 나머지 두문불출하고 음식도 거의 먹지 않았다. 6일 동안 제1부가 완성되고, 9일만에 제2부가 완성되고, 다시 6일만에 제3부가 완성되었다. 총 260 페이지의 원고가 24일만에 완성되었다. 단시일에 방대한 곡이 완성되어 음악사에 있어서 큰 업적으로 간주된다.

그리고 헨델의 이 〈메시아〉는 하이든의 〈천지창조〉와 멘델스존의 〈엘리야〉와 함께 세계 3대 오라토리오 중 하나로 헨델이 57세 되던 해인 1742년 아일랜드 더블린에서 초연되었다.

## 헨델의 메시야는 왕도 일어나서 불러야 할 찬송이다

계속 식사를 하지 않아서 그를 섬기던 하인이 식사를 시킬려고 문을 여니 놀란 헨델은 온 얼굴에 눈물이 흐르고 크게 울면서 말했다.
"내 앞에 온 하늘이 열리는 것을 보았고, 그리고 위대하신 하나님을 내가 보았다고 생각했네."(I did think I did see all Heaven before me, and the great God Himself.).

메시야그리스도가 멸시를 당하는 예언인 "그가 멸시를 당하였다."(이사야 53장 3절)는 말씀을 작곡할 때에 흐느끼며 우는 것을 친한 친구가 보았다고 한다. 헨델은 그 때의 경험을 사도 바울의 말로 표현했다.
"내가 작곡했을 때에 내가 몸 안에 있었는지 몸 밖에 있었는지 몰랐다."(고린도후서 12장 2절).

이 '메시야' 곡을 1742년 4월 13일에 더블린에서 첫 공연하여 400파운드를 모아서 142명이 감옥으로 가는 것을 막게 되었다.

1743년 3월 23일에 런던 코벤트 가든 극장에서 공연을 하게 되고, '할렐루야 코러스'Halleluja Chorus를 부를 때에 영국 국왕 조지 2세가 일어나니 신하와 온 청중이 다 일어나서 그 때부터 지금까지 '할렐루야 코러스'

를 부를 때는 청중이 일어나는 관례가 되었다. 왜냐하면 예수는 만왕의 왕이시기 때문이다.

헨델은 자선사업을 위하여 공연을 많이 해서 '메시야' 곡은 메시야처럼 "배고픈 사람들을 먹이고, 벗은 사람들을 입히고, 고아들을 돌보는 일에 있어서, 어느 나라 어떤 음악 작품보다 더 기여했던 것이다."

(Messiah has fed the hungry, clothed the naked, fostered the orphan. more than any other single musical production in this or any country.)

인간의 고통을 덜어주는 일에 있어서 헨델이 그 어느 작곡가보다 더 크게 기여했다고 보고 있다.

키노울 경이 '메시야'를 듣고 나서 헨델에게 "참 즐거웠습니다." (Entertainment)하니, 헨델은 이렇게 말했다고 한다.

"경이여, 만일 내가 사람들을 즐겁게만 하였다면 유감입니다. 나는 그들이 더 선하게 되기를 원합니다."(My Lord, I should be sorry if I only entertain them. I wish to make them better.)고 하였다.

헨델은 믿음이 좋은 경건한 그리스도인이었다고 한다. 그가 흔히 무릎을 꿇고 기도하는 모습을 볼 수가 있었다.

## 예수는 그리스도, 메시야

'메시야'라는 단어는 히브리어로 '기름부음 받은 자'이며 헬라어로는 '그리스도'이다. '메시야' 곡은 예수 그리스도의 예언과 사역과 십자가의 죽음과 부활과 승천과 재림과 천국의 통치로 구성되어 있다. 헨델이 마지막으로 메시야를 지휘하고 8일 후에 1759년 4월 14일 별세했다. 그의 가까운 친구인 제임스 스미드 James Smyth 는 말했다.

"그는 하나님과 사람에게 참다운 의무감을 가지고 온 세상을 사랑하며, 선한 그리스도인으로 살다가 선한 그리스도인으로 죽었다."[28] 웨스트민스터 사원에 묻히고 '메시야' 곡 제3부의 시작인 욥기 19장 25절의

---

28) He died as he lived – a good Christian, with a true sense of his duty to God and to man, and in perfect charity with all the world.

말씀인 "나의 구속자가 살아 계시는 것을 내가 안다."(I know that my Redeemer liveth.)가 적혀 있는 악보를 들고 있는 동상이 세워졌다.

### 예수님 귀히 여기면 예수님 자랑한다

 이것이 자연스러운 전도이다. 누구든지 자기 관심, 자기 좋아하는 것은 무언 중에 자랑하게 되어 있다. 예수님의 사랑, 내가 받은 십자가 사랑 이야기를 좀 해 보자. 예수님을 귀하게 여기는 자는 복된 자이다. 왜냐하면 예수님은 생명이요 영생이요 진리요 천국 가는 길 자체이기 때문이다.
 아들이 있는 자에게는 생명이 있고, 아들이 없는 자에게는 생명이 없느니라! 우리의 생명, 아니 생명의 근원이신 그 분을 귀히 여겨야 한다. 주 예수보다 귀한 것도 귀한 분도 이 세상에 없다.


### 널 만나고부터

- 이생진 | 원로시인


어두운 길을 등불 없이도 갈 것 같다
걸어서도 바다를 건널 것 같다
날개 없이도 하늘을 날 것 같다
널 만나고부터는
가지고 싶었던 것
다 가진 것 같다

# 별 하나

- 아당 | 김영산

눈 감으면
깜깜한 동공에
떠오르는 별 하나

까맣게 잊었다가
자리에 누워 눈만 감으면
어김없이 떠오르는 별

달도 없는 그 하늘에
말없이 자기 길을 가는 차가운 별
동공에 뜨고 지는 별

눈 안에 있어도
눈 감지 않으면 보이지 않는
하나뿐인 그 별

몰래 기도를 한다
초신성같은 그 별을 만나러
밤이 깊어갈수록 영롱한 별

## 영원에 눈을 뜨게 하신 님

- 아당 | 김영산

언젠가 님께서 제게 하신 말씀 기억하나이다
세월을 아끼라 때가 악하니라
영원한 님께서 보이는 것은 잠깐이요 보이지 않는 것이
영원하다고 하셨나이다
영원의 관점에서 바라볼 때 현세의 지금은 한 점으로도
표식할 수 없나이다
영원한 과거시며, 영원한 현재시며, 영원한 미래이신 님이시여
존숭을 받으소서

님이여! 어릴 적에는 세월이 너무도 가지 않아 빨리 어른이
되고 싶었답니다
철이 조금씩 들어가면서 시간과 공간이 우리의 일생을
엮어감을 알게 되었습니다
그리고 시간이 금이요 시간이 돈이며 시간이 소중함을
체득하게 되었습니다
하오나 아직도 철부지같은 제가 생각 없이 보내는 날이
많음을 용서하소서

동일한 하루도 쓰는 이에 따라 생산적일 수도 있고 무의미
할 수도 있나이다
어떤 경우에는 하루는 짧게 느껴지고 어떤 때는 하루가 무척

길게도 느껴지나이다
인생의 선배 모세는 우리의 남은 날을 계수하는 이가 진정
지혜롭다 하였나이다
제게 님의 지혜를 주사 지난 날도 알게 하시고 남은 날도
알게 해 주소서

사람들은 시간이 과거가 현재를 거쳐 무한정 미래로 향해 가는
줄 알고 있나이다
하오나 시간의 주인이신 님께서 우리에게 다가오심으로
시간이 시작되었나이다
님께서는 참으로 우주와 인생의 역사의 시작이시요 주관자시요
종결자시니이다
만물이 님께서 나오고 님으로 말미암고 님의 품으로 돌아
갈 것이니이다

천년이 하루 같은 님이시여, 우리는 님의 무한하심 앞에
경배를 드릴뿐이니다
님의 위대하심 앞에 한 방울의 물이요, 우주의 작은 먼지
같은 존재니이다
제가 무엇이관대 저에게 관심을 가지시고 영원과 영생의
눈을 뜨게 하시나이까
불가항력적 자비여! 표달 못할 은총이여!
'기찬 축복'의 신비 중의 신비여!

이생이 다인줄 알고 살아가던 인생에게 영원에 눈을 뜨게 하신
영원한 님이시여
〈영원〉 속에 〈영생〉하는 〈영혼〉이 되게 하시려고 지금도
일하시는 님이시여
님의 열심이 저를 존재케 하시었으니 님이 없는 저는
생각할 수도 없나이다
제가 있어 님이 있음이 아니라, 님이 계셔서 저의 금생과
내생이 보장되나이다

사람이 이생에서 천하를 얻고도 영생을 얻지 못하다면
무슨 유익이 있으리이까
영생을 잃는다는 것은 영원한 형벌을 받는 것일진대 감히
상상하기도 두렵나이다
영원을 가르쳐 주신 님이시여, 님의 나라가 임하실 때 천상의
영원으로 인도하소서
나그네 인생들에게 그 길과 그 진리와 그 생명이신 님께서만
호올로 찬미를 받으소서.

# 15

# RTB Return to Base | 본향으로

### - Return to Base, 임무 중지하고,
### 모기지Home Base로 귀환하라 -

일생을 걸고 그리는 한 장의 그림
하나밖에 없는 자신만의 작품
날마다 감상하며 손질해 가는 화가여
 - 아당의 시 '얼굴'에서

  조종사들은 비행기량을 향상 시키기 위해 활주로에서 이륙하여 배당된 공역항공기가 안전 비행을 보장하기 위한 공중 공간 영역에서 단기, 또는 여러 댓수로 구성된 편대 대형을 유지하면서 비행을 한다.
  어떤 경우에는 30~40대 규모의 임무별 다양한 기종들로 구성하여 시간차로 대규모 공격 편대군Package 훈련을 전시를 대비하여 비행하기도 한다.[29]

---

[29] 공중 전투기동, 공대공 / 공대지 사격 등 다양한 비행 과목(예, Loop, Barrel Roll Attack, Immelman Attack, Double Attack, Head On Attack, Weapon Ground, Air To Air… 등)

그런데, 여러 가지 이유로 갑자기 공통 비상주파수UHF 243.0MHZ, VHF 121.5MHZ 등, 일명 가드Guard 주파수 방송으로 즉시 'RTB'라는 명령이 하달될 때가 종종 발생한다.

다시 말해서 RTBReturn To Base 명령이 내려지면 공중에서 비행임무를 수행하고 있는 모든 항공기는 임무를 중지하여 즉각 항공기 기수Heading를 이륙한 모기지Home Base로 정침하여 해당 관제소 관제 하에 최대 속도로 신속히 귀환하여야 한다.

RTB 귀환명령의 사유로는 여러 가지가 있을 수 있겠지만, 대략 다음과 같은 이유이다.
1. 정체 불명의 미 식별기Unknown Track, 대부분 북한 전투기가 휴전선 인근 북쪽 방향에서 기수를 남쪽으로 정침하여 고속으로 휴전선을 향하여 일정시간 남하 비행을 할 때
2. 국내·외적으로 국가 비상 사태에 준한 상황이 발령되어 대비태세를 유지하여야 할 때
3. 이륙한 모기지Home Base에 기상이 갑자기 악화되어 시간이 지나면 착륙할 수 없는 기상이 예보될 때
4. 경우에 RTB 귀환명령이 하달될 수 있다.

### 한 번 죽는 것은 정하신 것이요, 그 후에는 심판이 있으리라

우리의 인생도 마찬가지다. 지금 우리는 하나님께서 우리를 위해 만들어 놓으신 지구라는 행성의 별에서 본향Home Base을 떠나 즐겁고 행복하고 기쁨을 누리며 푸른 초장, 쉴만한 물가에서 부족함 없이 살아가고 있는 것이다.

그러나 하나님께서 우리를 어떠한 방법과 명령으로 우리 각자에게 '본향으로 귀환하라!'는 'RTB 명령'이 하달되면, 우리는 지구에서의 모든 삶을 멈추고 본향으로 돌아가야 한다.

따라서 우리의 생명의 연수가 다하여 죽음의 시간을 맞든지, 불의의 사

고를 당하여 죽음을 맞이하게 되든지, 또는 우리가 대망하고 있는 예수님 재림의 시간이 임한다면 우리는 하던 일들을 그만하고 삶의 현장이 있는 곳에서 본향으로 돌아가야 한다.

## 천국 본향 Home Base으로 안전하게 귀환

그렇다면 하나님께서 우리에게 'RTB 명령'이 내려지면 우리는 과연 하나님 나라인 천국 본향으로 안전하게 귀환할 수 있을까? 곰곰이 생각하지 않을 수 없다. 이는 모든 인간이 죽음 앞에 자기에게 던지는 보편적인 질문일 것이다. 그런데 인생의 죽음 이후의 역사는 오로지 하나님의 주권만이 임하는 영역이다.

하나님께서는 시공을 초월하여 존재하시는 무소부재하신 분이시다. 하나님의 피조물로써 공간의 개념으로 이해한다면 우리의 본향인 하나님의 나라에 안전하게 들어가느냐, 아니면 불행하게도 못 들어가느냐의 중대한 심판의 결과는 우리가 세상적인 가치관 안에서 행하였던 최상의 방법과 행위, 자기 의도대로는 절대로 해결할 수 없는 하나님의 주권 안에 있는 것이다.

그래서 우리가 죽음의 골짜기를 안전하게 통과하여 하나님 나라인 본향으로 귀환해야 하는데, 어느 누구도 죽음 이후의 세계는 스스로 갈 수 없는 하나님의 영역이다.

그러나 분명한 것은 심판의 그 날에 그 위치가 우리의 최종 목적지인 하나님의 집에 이르는 구원의 항로에 On Position했다면 우리는 '할렐루야!'를 외치며 하나님의 집, 우리의 본향인 천국으로 입성할 수 있는 것이다.

> 롬 11:36 이는 만물이 주에게서 나오고 주로 말미암고 주에게로 돌아감이니라 그에게 영광이 세세에 있을지어다

## 하루 하루가 은혜의 연장이요, 기적의 연장이다

　너희 생명이 무엇이뇨? 잠깐 있다가 없어지는 안개와 같으니라. 내일 일을 알지 못하는 너희들아, 너희가 오히려 말하기를 우리가 주의 뜻이면 이것도 하고 저것도 하리라 하라.
　그렇다. 우리가 분주히 살면서 죽음의 문턱을 스치고 지나가는 일들이 얼마나 많은가. 어떤 때는 느끼는 경우도 있지만 대부분 모르고 지나간 사건과 사고가 얼마나 많은가.
　그야말로 '나 이제 생명 있음은 주님의 은사요'라는 찬송처럼, 우리 생명은 하나님의 큰 손에 있다. 보너스 인생을 살아가는 우리는 겸손히 하루하루 최선을 다 해 감사하며 살아갈 뿐이다.
　시편 23편은 이에 대한 해답을 명쾌하게 제시해 주는 '인생의 영적 지침의 시'이다.

> 여호와는 나의 목자시니 내가 부족함이 없으리로다
> 그가 나를 푸른 풀밭에 누이시며 쉴 만한 물 가로
> 인도하시는도다
> 내 영혼을 소생시키시고 자기 이름을 위하여 의의 길로
> 인도하시는도다
> 내가 사망의 음침한 골짜기로 다닐지라도 해를 두려워하지
> 않을 것은
> 주께서 나와 함께 하심이라 주의 지팡이와 막대기가
> 나를 안위하시는 도다
> 주께서 내 원수의 목전에서 내게 상을 차려주시고
> 기름을 내 머리에 부으셨으니 내 잔이 넘치나이다
> 내 평생에 선하심과 인자하심이 반드시 나를 따르리니
> 내가 여호와의 집에 영원히 살리로다

본문 시편 23편의 말씀은 비교적 짧은 구절로 표현되고 있지만, 시편 총 150편 가운데 그리고 성경 전체의 많은 부분 가운데 시대를 초월하여 많은 독자들에게 감동을 주고 애송되는 말씀이다.

본 시편은 다윗 인생의 여정 가운데 어느 시절을 배경으로 씌어졌는지는 확실하지 않으나 일반적으로 다윗이 오랫동안 계속 되었던 고난과 투쟁의 시절을 다 보내고 노년에 과거 푸른 초장과 쉴만한 물가로 양 떼를 인도하던 자신의 젊은 시절을 회상하며 쓰여진 것으로 보고 있다.

양의 무리가 음침한 사망의 골짜기를 통과하여 양의 우리목자의 집로 돌아오는 길은 오직 목자의 음성을 따르며 목자의 인도와 보호가 있어야 가능함을 표현하고 있다.

이 시편 23편에서 표현되는 주요 낱말들을 보면 목자, 양, 푸른 초장, 물가 등 목가적 풍경의 분위기와 병행하여 사망, 음침한 골짜기 등 사망의 분위기를 암시해 주는 한편, 영혼, 소생, 지팡이, 막대기, 소생의 길, 인도, 안위 등의 여호와의 집에 영원히 거하게 되는 소망의 분위기로 독자들을 인도하고 있다.

여호와께서 인도하시며 보호하시는 길, 여호와의 선하심과 인자하심으로 나와 함께 하시는 길, 여호와께서 함께 하시며 여호와의 음성과 함께 지팡이와 막대기로 안위하시는 천국의 항로, 여호와께서 입력해 놓으신 인간 구원의 항로에 우리가 위치 On Position 해 있으면 여호와의 집에서 영생을 누릴 수 있다는 말씀이다.

## 목장의 아침, 점심 그리고 오후

시 23:1,2절에 보면 목자들은 양의 무리를 푸른 초장과 쉴만한 물가로 인도하시면서 배불리 먹고 마실 수 있도록 인도하시고 보호하신다. 양들의 생활은 밤새 우리 안에 갇혀 있어 아침이 되면 배가 주린 상태여서 푸른 초장으로 가기 위하여 주인인 목자의 음성과 인도를 사모한다.

조반을 위해 푸른 초장 물가로 인도된 양의 무리는 목자의 보호 아래 마음껏 풀을 뜯어 먹고 물가에서 물을 마시고 누리며 아침부터 오후까지 지내게 된다.
 이제 저녁이 되든지, 비바람이 거세게 몰아치면 반드시 목자의 인도와 보호 아래 양의 우리목자의 집로 돌아와야 한다. 물론 날씨와 환경, 여건이 좋으면 푸른 초원에서 몇 날씩 Layover 하면서 배를 채우며 지내기도 할 것이다.
 그런데 양들이 우리로 돌아오는 길은 평탄하지가 않음을 말씀하고 있다. 음침한 사망의 골짜기와 웅덩이와 계곡들이 산재해 있어서 크고 작은 위기의 환경에 조우될 수 있다. 그런데 이 위기의 사망의 음침한 골짜기나 계곡에는 맹수들이 길목에서 호시탐탐 먹이를 구하기 위해 기회를 노리고 있다.
 실제로 몽골 지역의 광활한 초원에도 깊은 골짜기와 비탈진 계곡에는 곰, 여우, 들개들과 같은 맹수들이 서식하고 있어, 양과 같은 가축을 노리고 있기 때문에 이 곳을 건너갈 때는 상당한 주의와 경계가 필요하다.
 양들의 특성은 먹이로 배불리 채워져 있는 상태이기 때문에 한번 넘어지면 스스로 일어나기가 어려울 뿐만 아니라 시력이 약해 앞의 물체에 대한 식별능력이 부족하고 방어수단이 없는 온순한 동물이기 때문에 무리에서 이탈된다든지 하면 그대로 맹수들의 먹잇감이 되고 만다.
 이곳을 통과할 때는 반드시 목자가 양의 무리를 인도하고 보호하여야 하며 양의 무리들은 목자의 음성을 잘 듣고 목자의 길에 함께 On Position하여 잘 따라 가야 한다.
 만일 양이 넘어지면 목자가 그 지팡이와 막대기로 일으켜 세워 다시 걸을 수 있도록 보호하고, 안전하게 통과할 수 있도록 인도한다.

### 인생은 고통 총량제요 기쁨 총량제이다

 그래서 다윗은 4절에 본인의 인생 가운데 사망의 골짜기를 건널지라도 죽음을 두려워하지 않는 이유는 목자이신 주님께서 다윗과 함께 하고 있기 때문이라고 확신에 찬 노래를 하고 있다.

다윗은 목자 출신으로서 이러한 양들의 행태와 목자의 생활을 비견하여 우리 인생의 항로 가운데 인생의 급선무 과제인 사망의 골짜기를 안전하게 통과하는 길을 본문 말씀으로 통해 쉽게 비유하며 제시해 주고 있다.

즉, 여호와 하나님을 목자로 사람을 양으로 비유한 예는 성경 본문 외에도 시편 78:52, 80:1, 에스겔 34:11절 등에서 여러 번 말씀하고 있는데, 말씀의 구도는 여호와를 이스라엘나의 목자로, 이스라엘 민족우리을 양으로 비유하고 있다.

그렇다면 인간이 건너야 할 사망의 음침한 골짜기는 무엇인가?
우리는 죽음을 맞이하게 되면 그 이후에 반드시 통과해야 할 의례가 있는데, 사망의 음침한 골짜기죽음 이 후의 심판 의례이다.

그런데 이 사망의 음침한 골짜기를 안전하게 통과하는 길은 양의 무리가 주인인 목자의 음성을 듣고 따라가면서 인도와 보호를 받아 통과해야 하는 것처럼, 우리 인생도 우리의 주인되시고 목자되시는 하나님의 인도와 보호를 받아야 본향Home Base인 하나님 나라, 천국으로 안전하게 귀환할 수 있는 것이다.

### 내일 일을 알지 못하는 존재

1년 넘게 부산외국인근로자 소속으로 함께 동역했던 김영산 선교사의 설교내용 가운데 감명 깊은 사례가 있어 소개하고자 한다.
중국 국제항공 129편 추락사고中國國際航空一二九編墜落事故는 2002년 4월 15일 월요일, 대한민국 경상남도 김해시 지내동 동원아파트 뒷편에 있는 돗대산해발 380m 정상 인근에서 발생한 민항기 추락사고이다.
CA129 사고기는 당시 김해국제공항에 선회 접근circling으로 착륙이 허가되었으며 서클링 접근으로 김해국제공항 18R 활주로에 착륙을 시도하던 중 선회 지점을 지나치는 바람에 강하 선회를 늦게 하여 김해국제공항 북쪽의 돗대산에 충돌하였다. 충돌 후 항공유가 누출되어 화재가 발생했고 많은 인명피해가 있었다.

승객 155명중국 국적 18명과 우즈베키스탄 국적 1명 포함, 승무원 12명 등 탑승객 167명 중 128명이 사망한 참사이다. 사망자 중 한국인은 111명이었다. 사고기의 기종은 보잉사가 제작한 보잉 767-200ER이다. 사고 후 약 3년만에 발표된 사고 조사결과에서 대한민국 항공·철도사고조사위원회는 항공기체, 관제시스템, 운항승무원, 항공기상, 기타 영향을 받는 사항 등으로 나누어 진행한 결과를 종합하여 보니 운항 승무원의 총체적인 안전사항 미비로 인적 요인으로 인한 추락사고로 결론을 내렸다

사고 당일 그 비행기를 타려던 세 명의 한국인은 하나님의 은혜로 그 비행기를 타지 않아서 사고를 면할 수 있었다. 하나님을 알지 못하는 자들은 운이 좋다고 할 지 모른다. 그러나 신자들은 하나님의 보호와 자비 그리고 은혜를 인하여 찬양할 뿐이다.

1. 고해상 선생
   고 선생은 아버님이 위독하시다는 전갈을 받고 토요일 학교에 가서 유학생 신분임으로 재입국 확인도장을 받아야 했다. 그러나 토요일은 휴무일이라 월요일에 출국할 재입국 비자관련 서류를 받지 못하여 부득이 출국하지 못하고 하루를 더 기다려야 했다.
   그는 월요일에 교무처에 가서 행정처리하게 되고, 그 다음날 화요일 비행기 티켓을 구입하여 귀국하게 되어 월요일의 그 사고를 면하게 되었다.
2. 김리나 유학생
   유학생으로 공부하던 한국 학생이다. 주말에 그는 김영산 선교사에게 와서 주일날 비행기를 타고 잠깐 부산을 다녀온다는 것이었다. 김영산 선교사는 '신자는 주일에 비행기를 타는 것 아니니 내일 월요일 가면 어떻겠냐?'고 하자, '주일 아침에 비행기를 타고 가면 주일 오전 부

산의 모 교회 예배에 참가할 수 있기에 주일에 간다'는 것이다. 예배 드린다는 그 말이 기특하여 김영산 선교사는 허락을 해 주었다. 그래서 월요일 비행기를 탑승하지 않고 하루 전 일요일에 북경을 떠남으로 월요일 비행기 사고를 면했다. 삶과 죽음이 한 발자욱 차이다. 살아있음이 기적이고 매순간이 감사의 주제이다.

3. 북경 김영산 선교사

김영산 선교사는 월요일 비행기를 타려고 티케팅을 하는데 늘 북경-부산 왕복표를 구입하여 국내 볼 일을 보던 그였다. 그런데 그날은 서울에 홀로 계신 어머님께 인사 드리고 기차로 부산 내려갔다가 중국으로 가려고 북경발 서울행 항공권을 구입했다. 그리하여 사고 당일 월요일 서울 인천공항에 내림으로써 북경-부산행 사고 당일 비행기를 탑승하지 않음으로 사고를 면하였다.

그날 4월 13일 월요일은 동부산노회가 모이는 날로 부산 북교회 담임목사는 월요일 비행기 사고소식을 듣자마자 황급히 북경으로 전화를 걸었다. 오늘 김 목사가 귀국한다는 소식을 들었는데, 그 비행기를 탔을 가능성이 컸기 때문이었다. 또 김리나 집의 부모님 역시 가슴 조리며 걱정을 하였다고 한다. 그러나 그는 하나님 은혜로 서울인천 공항에 무사히 도착했던 것이다.

위의 사고를 전·후한 사건 속에서 우리가 배울 수 있는 진리는 하나님께서 하나님의 백성들을 지키시고 보호하신다는 것이다.

그렇다면 예수님의 음성을 듣고 따르며 예수님의 인도와 보호를 받을 수 있는 길은 무엇인가? 즉, 우리가 사망의 골짜기를 무사히 통과하는 길, 구원을 받아 하나님 나라인 천국 본향 Home Base으로 갈 수 있는 길은 무엇인가?

목자의 음성에 귀를 기울여 목자가 인도하는 대로 우리는 따라가기만 하면 된다. 내 길이라며 내 맘대로 가지 말고 오라 하면 오고, 가라 하면 가고 목자의 음성만을 듣고 따라가야 하는 것이다.

### 대표의 원리, 첫 아담은 인류의 대표

　로마서 5:12절에 '한 사람으로 말미암아 죄가 세상에 들어오고 이 죄로 말미암아 모든 사람이 죽게 되었다' 라고 말씀하고 있다. 모든 인간은 인류의 조상인 아담의 원죄로 인해 죄인이 된 것이다. 그래서 이 한 사람 원죄로 말미암아 모든 사람에게 죄가 들어온 것이다.
　아담은 인류의 대표로서 실패하였고 그로 말미암아 죄가 들어왔고 결국 죽음을 가져왔다. 그래서 롬 3:23절에서 '모든 사람은 죄를 범하였으매 하나님 영광에 이르지 못하더니'라고 말씀하고 있는데, 아담의 후손인 모든 사람 중 어느 누구도 예외일 수 없이 모두 죄인이다.
　요한복음 1장 12절에 영접하는 자 곧 예수그리스도의 이름을 믿는 자들에게는 하나님의 자녀가 되는 권세와 특권을 주신 것이다.
　이 진리 안에 그 어느 누구도 감히 반문할 수가 없는 전적 부패한 죄인임을 인정하여야 한다. 그러므로 구원은 오직 예수그리스도 한 분 만을 통하여 얻게 되는 것이다. 이 말씀은 전능자이시요, 심판자이신 하나님 말씀이다. 특히 이 진리를 알면서도 '나는 과오가 없고 죄가 없다'고 하는 사람은 자기 자신과 하나님을 속이는 거짓말장이일 뿐만 아니라 이들이 가는 곳은 영원한 심판의 장소인 것이 명백한 것이다.

### 마지막 아담이신 예수님은 생명의 주

　이어서 로마서 6:23절에 '죄의 값은 사망이라'고 말씀하고 있다. 모든 인간은 죄의 값으로 모두 죽어야 하는 것이다. 따라서 면죄를 받아 죄를 해결해야 하는데, 성경은 죄를 해결 받을 수 있는 길, 오직 한 길을 소개하고 있다.
　　　　요한복음 14장 6절 내가 곧 길이요 진리요 생명이니

여기에 길과 진리와 생명 앞에는 정관사 'the'가 붙어있는 단어로 영어 성경에서는 그 길, 그 진리, 그 생명으로 오직 한 길은 예수 그리스도인 것을 강조하고 있다.

예수님께서 인류의 죄를 해결하시기 위해 아담의 씨가 아닌 인간의 몸으로 오셔야 하기 때문에 하나님께서 예수님을 성령으로 잉태되게 하셔서 육신의 몸으로 이 땅에 내려오신 것이다.

따라서 죄가 없으시고 흠이 없으신 거룩하신 분은 오직 예수 그리스도께서 인류의 모든 죄를 해결하시기 위해 하나님께서는 독생자이신 예수님을 십자가에서 대속시키신 것이다.

> 빌 2:6 그는 근본 하나님의 본체시나 하나님과 동등됨을 취할 것으로 여기지 아니하시고
> 빌 2:7 오히려 자기를 비워 종의 형체를 가지사 사람들과 같이 되셨고
> 빌 2:8 사람의 모양으로 나타나사 자기를 낮추시고 죽기까지 복종하셨으니 곧 십자가에 죽으심이라

예수님께서는 십자가상에서 죽기까지 하나님께 순종하셨다. 이 예수님이 인류의 죄를 대속하셨으며 모든 인간을 죄에서 구원하셨다.

그래서 이 사실을 마음으로 믿고 입으로 시인하면 구원을 이루는 것이다.

> 롬 10:10 사람이 마음으로 믿어 의에 이르고 입으로 시인하여 구원에 이르느니라

그렇다. 다른 사람, 다른 방법, 다른 어떠한 길로는 구원을 받을 수 없기 때문에 성경은 천국 갈 수 있는 오직 한 길, 예수 그리스도라고 말씀하신다.

사도행전 4:12 다른 이로써는 구원을 받을 수 없나니
천하 사람 중에 구원을 받을 만한 다른 이름을 우리에게
주신 일이 없음이라 하였더라

이 예수님을 영접하시고 예수 그리스도가 나의 모든 죄를 위하여 십자가에서 돌아가심을 믿는 순간 하나님으로부터 값 없이 구원의 은혜를 입어 하나님의 자녀가 되는 것이다.

요 1:12  영접하는 자 곧 그 이름을 믿는 자들에게는
하나님의 자녀가 되는 권세를 주셨으니
요 1;13 이는 혈통으로나 육정으로나 사람의 뜻으로
나지 아니하고 오직 하나님께로부터 난 자들이니라

우리가 예수님을 영접하게 되면, 우리는 하나님의 자녀가 되는 권세를 주시며 또한 우리는 조상의 혈통의 씨, 육정육의 결정,human decision, 사람의 뜻으로 나지 아니하고 하나님께로부터 난 자들이라고 말씀하고 계신다.
　주후 2018년 2월에 99세의 나이로 영면하신 빌리 그레이엄Billy Graham 목사님은 이러한 말씀을 하셨다 '내 마지막 호흡이 다하는 그 순간 나는 천국에서의 첫 날을 시작하게 될 것이다'

# 결론

세상은 우리의 본향Home Base이 아니다. 하나님 나라가 우리의 본향이다. 우리는 본향에서 지구라는 행성의 별로 날아와 타향살이를 하고 있는 존재이다.

창세기 1장에서 하나님께서 이 천지만물을 우리를 위해 만들어 놓으시고 '하나님이 보시기에 심히 좋았더라'라고 완성의 감탄사를 일곱 번씩이나 연발하신 이 지구라는 아름다운 꽃동산에서 우리는 잠시 새들처럼 훨훨 날아다니며 그분의 아름다움을 노래하는 행복한 하나님 나라 백성이다.

순풍과 함께 날갯짓하며 아름다운 꽃이 만발한 꽃동산과 숲속에서 이리저리 지경을 넓혀가며 최고의 행복을 누리며 날갯짓을 하며 날아다닌다.

## 달이 차면 기울듯이, 인생은 돌아가야 한다

때로는 대풍大風과 거센 비바람, 불안정한 기류 변화의 모진 환경에 직면하게 되어 심한 요란으로 날개에 상처를 입거나 고난과 고통을 겪기도 한다.

그러나 우리 인간을 만드시고 이 우주를 만드셔서 일점일획의 오차도 없이 운행하시는 우리의 주인이신 하나님께서 우리를 향하여 '본향으로 RTB 하라!'는 명령이 내려지면 우리는 그 순간 모든 하던 일을 멈추고 '동작 그만!'하여 들림 받고 예수님의 인도와 보호의 관제 하에 구원의 올바른 항로에 On Position 하여 예수님과 함께 최종 목적지인 하나님 나라 본향인 천국에 안착Soft Landing하는 것이다.

따라서 이 예수님을 영접한 우리는 목자이신 예수님의 음성을 듣고 예수님의 십자가의 길을 끝까지 따를 때, 예수님께서 우리와 함께하시고 지팡이와 막대기가 되셔서 인도, 보호하심으로 사망의 음침한 골짜기를 다닐지라도 해를 당하지 않으며 안전하게 인생의 소풍을 마치고 최고의 안식처인 Home Base로 귀환하게 되는 것이다.

## 이야기 나눌 주제

1. 일생을 통하여 사선을 넘은 경험이 있다면 나누고, 하나님의 보이지 않는 손이 어떻게 작용했는지 이야기해 보라.
2. 폴란드 여류시인 쉼보르스카라는 시인이 '두 번은 없다'라는 시를 썼다. 그 내용의 일부는 "우리는 연습 없이 태어나, 실습 없이 죽는다!"라는 글귀가 있다.
   당신의 남은 생애를 어떻게 살고 싶은지 이야기해 보라.
3. 밀턴의 〈실낙원〉 지옥편에서 '지옥 입구에 이런 글귀가 있다'고 했다.
   "여기에 들어오는 모든 자는 희망을 버릴지어다."
   이 말의 의미가 무엇인지 나누어 보자.

## 님을 생각함이 나의 기쁨

- 아당 | 김영산

조물주는 인생에게 님을 닮은 지각, 감각, 청각, 촉각,
그리고 후각을 주셨나이다
오감을 주심으로 날마다 생각하며 판단하며 묵상하며
살게 하시니 감사하나이다
배은망덕하여 생각하지 못하고 깨닫지 못한다면
멸망하는 짐승과 같을 뿐이니이다
진실로 날마다, 때마다 님을 생각하며 우러르며
사는 것이 진정한 기쁨이니이다

베들레헴에 아기로 태어나신 예수여,
지고의 영광의 나라를 떠나 이 땅에 오신이여
사천여 년 여러 선지 예언으로 허락하신 메시야가 온다더니
바로 당신이셨나이다
여관에 있을 곳이 없어 말구유에 태어나신 님의 겸손 앞에
고개를 숙이나이다
대자대비는 타종교의 교주에 붙일 이름이 아니고
님에게만 어울리는 칭호니이다

그 당시 로마황제 세계를 호령하고
유대 땅 헤롯왕이 살육의 칼을 휘둘렀나이다.
요셉과 마리아가 여장을 꾸려 애굽으로 가실 때도
아기 예수님 우시지 않으셨나이다

우주를 호령하시던 주님께서
잠시 마리아의 품과 젖을 기대실 정도로 낮아지셨나이다
인자로 오신 예수여, 골고다 이전의 베들레헴이
이미 순간마다 십자가의 길이었나이다

섬김의 왕이시여! 나사렛 목수의 아들이시여!
나사렛에서 선한 것이 나올 수 있나이까?
당신이 그 땅에 가심으로 그 땅은 성지가 되고 님의 족적마다
〈기찬 자리〉로 변하나이다.
허기진 배로 무거운 나무를 키고 자르시며 인생의 고난을
체휼하신 사람의 아들이여
님보다 〈기찬 인생〉 어디 있사오리까?
주님보다 감동을 주는 자가 그 어디 있으리이까

갈릴리 호숫물도 님을 알아보고 호수 밑 고기들도
님의 음성에 귀를 기울였나이다
하오나 무지한 이내 몸은 님을 온전히 믿지 못해
반신반의할 때가 자주 있나이다
벳새다 들녘에서 잔잔히 들려오던 그 음성,
그 자태 꿈에라도 다시 한 번 보고 싶나이다
무명의 야생화와 돌들이 뒤섞인 그 들판도 님과 함께라면
끝까지 함께 걷고 싶나이다

누구든지 나를 따라오려거든 자기를 부인하고
십자가를 지고 나를 따르라 하셨나이다
십자가 없는 예수 제자 가짜라고 하셨지요,
십자가 없는 기독교 죽은 기독교라 하셨나이다
약장사 약을 팔고 자기는 먹지 않듯,
외식하는 신앙생활 회칠한 무덤이라 말씀하셨나이다
진흙탕 세상에서 길 잃은 양같은 미천한 나를 부르신
주님이시여, 내가 여기 있나이다

겟세마네 동산에서 골고다 언덕까지 아무런 말도 없이
십자가 지시고 가신 하나님의 어린 양
천천의 입으로도 그 은혜 못 갚으리,
만만의 입으로도 그 사랑 다 노래할 수 없나이다
우주의 모든 피조물아 어린 양을 향해 일어서라,
천군천사여 일어나라 다 함께 찬양할찌라
보좌에 앉으신 그 분께 이과수 폭포 소리보다
더 웅장한 찬양을 세세토록 돌릴지어다.

# 므두셀라 Methuselah 스토리텔링

아당 | 김영산

## 므두셀라 Methuselah

성경의 기록에 따르면 인류 초기의 조상들은 평균 900세 정도를 살았다고 한다. 다시 말해 지금 사람들의 열 배를 살다가 간 것이다. 특히 '므두셀라'라는 사람은 역사에 나타난 인물 가운데 가장 오래 산 사람으로 969세를 살았다.

므두셀라, 그는 인류의 첫 부부인 아담과 하와가 130세에 낳은 셋Seth의 육대 손자이었고 라멕의 아버지이며 대홍수에 대비하여 방주를 만든 노아의 할아버지로 므두셀라 할아버지가 369세에 손자 노아를 보고 그 손자와 함께 산 세월이 무려 600년이었던 것이다. 수많은 자녀손을 거느린 족장 므두셀라를 상상해 보라.

누구나 나이가 들면 말이 많아진다. 그 말이 많은 이유는 경험이 많고 느낀 것이 많기 때문에 이야기할 거리가 많아서일 것이다. 그렇다면 이 시대의 사람들의 열 배 가량을 오래 산 사람들의 경험과 인생 스토리는 얼마나 많으며 다양하였을까?

므두셀라 그는 가장 장수한 사람으로 인류 초기의 모든 역사를 눈으로 보고 친히 경험을 가장 많이 한 자이기에 그의 생애 앞과 뒤에 수많은 스토리들이 전승되었으며 그가 살았던 초기 인류의 역사는 그야말로 신비로 가득 차 있고 흥미진진할 수밖에 없다.

나는 시대를 거슬러 인류 초창기 시대 약 1000년 가까이 살았던 사람 속에 므두셀라와 같이 시공을 초월하여 함께 걸으며 그들의 희로애락을 통시적으로 엿보고자 한다.

### 구전으로 전해 온 할아버지들의 이야기

아담이 687세 때 손자 므두셀라가 태어났다. 그래서 아담 할아버지가 700세 쯤 되었을 때 므두셀라는 13살이 된 것이다. 새해가 되면 집안의 식구들이 모두 아담 할아버지 집에 인사하러 갔다. 키가 크고 건장하시고 구렛나루 수염이 희고 길게 자란 아담 할아버지 주위에는 수많은 아들들과 손주들, 그리고 자부와 증손과 현손들이 둘러 앉아 귀를 기울이고 집안의 제일 큰 어른이 하시는 이야기를 들어야 했다.

그 대가족의 집안의 형제자매들 사이에 므두셀라도 끼어앉아 있었다. 고대사회의 권위는 일차적으로 생득적 권위, 즉 먼저 태어난 인생의 선배가 곧 스승이요 선배요 멘토였기 때문이었다.

역대의 족장들은 대부분 장수한 인물들이었음을 주목해야 한다. 인생을 살면서 짧은 시간에 배우고 습득할 수 있는 것이 있는가 하면, 오랜 시간을 통해 자기경험에서 얻어지는 것이 있다.

특별히 경건한 족장들이 장수하면서 수많은 세월동안 경험하고 깨달은 영적 진리가 얼마나 많았겠는가? 그들에게 창조주의 말씀은 단순한 지식이 아니라 삶 속에 뿌리내려있는 산 지혜였다.

## 문자 이전 시대의 구전 전통

므두셀라는 에녹 아버지로부터 인류의 첫 아버지와 어머니인 아담과 하와는 에덴동산에서 선악과를 따먹고 쫓겨났다는 이야기를 들은 바 있었다. 하지만 어린 므두셀라의 입장에서는 궁금한 것도 많았다.

에덴동산엔 어떤 동물들이 살았으며 무엇을 먹고 살았으며 천사의 모습은 어떠했는지 말이다. 그리고 조상들은 에덴 동편에 살면서 타락 이후에 부부가 가장 중요하게 생각한 것이 무엇이었을까? 어른들에게 묻기 전에 스스로 물어보며 상념에 잠겨보기도 하였다.

어느 날 므두셀라는 다가올 명절에 아담 할아버지를 만나러 갈 것인데 아담 할아버지 호칭을 어떻게 불러야 할지를 아버지 에녹에게 물어보았다. 에녹 아버지도 "글쎄, 너의 입장에서 말하자면 조부 되는 할아버지는 야렛이고 증조 할아버지는 마할랄렛이고 고조 할아버지는 게난이고 고고조 할아버지는 에노스이고 그 위에 또 그 위에 할아버지시니 왕할아버지라고 부르면 되겠네." 하면서 허허 웃으시었다.

　명절이 다가와 므두셀라는 제일 좋은 옷을 입고 아버지 어머니의 손을 잡고 왕할아버지를 뵈러 갔다. 그 무엇보다도 먼저 아담 할아버지 하와 할머니께 큰 절을 하면서 '에녹의 아들 므두셀라'라고 인사를 하였다.
　이미 그 집에는 여러 어르신들과 집안 일가친척들이 모여와서 옹기종기 앉아 안부를 묻고 그 동안에 일어난 이야기들로 왁자지껄하였다.
　하지만 13살의 어린 므두셀라의 관심은 아담 왕고조 할아버지께서 전해주시는 이야기들이었다.

　아담 할아버지는 얼굴에 만연의 웃음을 띠시고 평화로운 얼굴로 므두셀라의 머리를 쓰다듬어주시며 '너는 장래에 건강하게 오래오래 살면서 하나님을 잘 공경하거라'라고 덕담을 해 주시고 축복기도를 해 주시었다. 축복기도가 끝난 후 평소에 궁금했던 것이 많던 므두셀라는 아담 할아버지께 여쭈어 보았다.

"누가 아담 할아버지와 하와 할머니를 낳았어요?
"음, 그래 그것 참 궁금하지? 너는 아빠 엄마에게서 태어났고, 아빠 엄마는 또 할아버지 할머니에게 태어났다면 우리 집안에 내가 제일 큰 어른인데 나는 누구에게서 태어났느냐는 말이지? 참 좋은 질문이구나. 그래 지금부터 약 700년 이전에 내가 태어났는데…, 엄밀히 말하면 태어난 게 아니고 만들어졌단다."
"…"
"어느 날 깊은 잠에서 깨어나듯이 깨어보니 내가 아주 씩씩하고 우람한 이삼십 대 청년의 모습으로 서 있는데 어디선가 서늘한 바람이 불더니 그 바람 속에서 음성이 들려왔지. '아담아, 아담아' '예, 제가 여기 있습니다' '그래, 나는 너를 이 땅에 만들어낸 여호와 하나님이란다' '예, 하나님 그렇습니까?' 아담 할아버지는 그 하나님의 음성을 듣고 너무나 기쁘고 황홀하여 어찌할 바를 몰랐단다."

"그리고는 하나님께서 나에게 '이 모든 삼라만상을 다 너에게 줄 터이니 잘 관리하고 다스리고 정복하라'고 하셨단다. 그리고 하나님께서는 덧붙여 중요한 말씀을 해주셨어."
"그게 뭔데요?"
"'여기 동산에 있는 과일은 어느 것이나 네 마음대로 먹어도 좋다. 그런데 한 그루의 나무 열매는 먹어서는 안된다. 만약 먹으면 너는 반드시 죽게 될 것이다' 그래서 나는 그 선악과 나무를 지날 때마다 그저 본체만체 하고 그 열매를 따먹지 않았지."
"…"
"그리고 하나님은 모든 짐승이며 새들과 꽃들을 가리키시며 말씀해 주셨어. '여기 모든 짐승들에게 각각 이름을 지어주어라. 네가 부르는 그 이름대로 그 생물들이 이름이 된다'라고 하셨어. 그래서 나는 정신없이 그 동·식물의 특징을 따라 이름을 지어주고 내가 먼저 물어 보았지. 너무 너무 신나고 재미나는 일이었지."
"그런데 그런 일을 몇 주 동안 열심히 하고 내가 머무는 집으로 돌아오는데 좀 허전했지."

므두셀라는 다짜고짜로 아담 할아버지에게 여쭈었다.

"아니 무엇 때문에 허전했어요?"
"그래 말이다. 세상의 모든 동물들은 다 짝이 있잖아. 그런데 나는 짝이 없었어."
"아, 그렇네요 할아버지. 그래서요?"
"온 세상을 말씀으로 만드신 하나님은 우리 마음의 생각을 다 알고 계시지. 그래서 하나님께서 어느 날 나에게 '사람이 홀로 지내는 것이 좋지 않느니라' 하셨는데 내가 포근히 단잠이 들었단다. 그리고 그 잠에서 깨어나 보니 내 곁에 아리따운 한 여인이 서 있는거야! 전능하신 조물주께서 아담 할아버지를 만드실 때는 진흙으로 만드시고 코에 생기를 불어넣었는데, 하와 할머니는 아담 할아버지의 갈비뼈로 잠든 사이에 만드신 것이란다."
"…"
"조물주의 지혜와 솜씨는 인간이 상상할 수 없을 만큼 무한하셔서 똑 같은 사람이 없지. 지문도 다르고 머리카락 염색체도 다르고 음성도 다 다르게 각자의 개성을 주신 분이지. 므두셀라야 지금의 너의 왕고조 할머니 하와 할머니 인물이 어떻니? 지금도 예쁘지?"
"…"
"그 때는 지금보다 더 예쁘고 귀엽고 아름다웠어. 하하하하…."

아담 할아버지는 너털웃음을 웃으시면서 말을 이어가셨다.

"그래서 나는 한 눈에 너무 기쁘고 황홀하여 그녀에게 바치는 한 줄 시를 읊조렸단다."

므두셀라는 아담 할아버지의 말이 떨어지기 무섭게 또 물었다.

"아담 할아버지, 그러면 그 한 줄 시를 들려주세요."
"그래, 한 번 들어 봐. 한 줄 시이지만 내가 읊조린 것으로 많은 뜻을 내포한 한 줄 시란다."

> 그대는
> 내 뼈 중의 뼈요
> 살 중의 살이로다
> 그대여

어린 므두셀라는 문학적인 소양이 좀 부족하고 상상력이 부족한 탓에 그 말의 뜻을 잘 몰랐다. 하지만 아담 할아버지 면전에서 그런 느낌을 함부로 말할 수는 없었다.
어쨌든 하와 할머니가 700세에 가까운 나이이신데도 머리는 금발이지만 이목구비가 또렷하고 음성은 낭랑하여 곱게 늙어가시고 인품이 고상하신 할머님이신 것이 분명했다.

므두셀라가 자주 들어 온 할아버지들의 이야기 주제는 그것은 크게 세 가지로써 먼저는 신과 소통하며 교제하는 방법이고 다음으로 여자의 후손인 메시아를 기다리는 것, 마지막으로 인류를 부단히 공격하는 유혹자 마귀에 대한 경험을 나누는 것이었다.
　연초의 아담 할아버지의 집안에서, 때로는 무더운 여름 마을 정자 위에서 할머니들이 전해주는 이야기, 혹은 가을밤 마당에 깔아놓은 멍석 위에서 들려주는 선조 할아버지의 이야기를 들으며 잠이 들곤 하였다.

　다시 말해 요즘 사람들의 연령과 대비한다면 1/10씩 줄여서 생각하면 될 것이다. 아담이 930세라면 요즘 현대인 나이로는 93세인 셈이다. 그러니 아담 할아버지가 세상을 떠나신 때는 므두셀라의 나이 22~23세의 청년으로 대조해서 생각하면 좋을 것이다.
　종갓집 집안의 93세 앞에 앉아있는 20대 총각의 모습을 상상해 보라. 그저 무슨 말씀을 하시든지 경청할 뿐이었다.

## 에덴동산

　므두셀라가 조부로부터 들은 말에 의하면 인류의 조상 아담과 하와 그리고 그 후손들은 에덴의 동쪽에 삶의 둥지를 틀고 살면서 점점 동쪽으로 이동하였다고 한다.
　행복의 대명사로 상용하는 에덴이라는 단어 자체는 수메르어에 기원을 두고 있는데, 그 뜻은 일반적으로 '기쁨'이라고 알려져 있다.
　에덴동산에 관하여서는 성경은 아래와 같이 묘사하고 있다.(창 2:9-10) 지명은 이해를 돕기 위해 본문을 소개한다.

　"강이 에덴에서 흘러 나와 동산을 적시고 거기서부터 갈라져 네 근원이 되었으니 첫째의 이름은 비손Pishon이라 금이 있는 하윌라 온 땅을 둘 렀으며, 그 땅의 금은 순금이요 그곳에는 베델리엄과 호마노도 있으며, 둘째 강의 이름은 기혼Gihon이라 구스Cush 온 땅을 둘렀고, 셋째 강의 이름은 힛데겔Tigris이라 앗수르Assyria 동쪽으로 흘렀으며, 넷째 강은 유브라데Euphrates더라."

 위의 지명 중에 가장 먼저 눈에 들어오는 것은 티그리스 강과 유프라테스 강이다. 한 마디로 이 지역은 메소포타미아 문명지역인 셈이다.
 이 두 강은 지금의 이란, 이라크, 시리아에 걸쳐서 흐르고 있다. 그 다음에 눈에 들어오는 것은 앗수르인데, 이는 홍수 이후에 노아의 아들 함의 손자인 니므롯이 성을 쌓던 도시 이름에 등장하며,(창 10:11) 셈의 아들 가운데서도 동일한 이름이 등장한다.(창 10:22) 또한 구스는 함의 아들 이름에 등장한다.(창 10:6)
 므두셀라 시대 사람들의 평균 연령은 900세 쯤 되었는데, 여러 가지 이유가 있었지만 우선 공기 좋고 오염 없고 먹고 마시는 음식은 모두가 무공해 소채이며, 마시는 물은 모두가 천연 일급수 물이었으니 장수하였던 것이다.

## 빛 가운데서

새벽 미명 닭장에 암탉이
새끼를 품고 토닥거릴 때
조용히 들려오는 말씀 있어
내 사랑하는 자여
너는 내 것이라

태초의 빛 여상하게
바다 밑에서 동터 오를 때
파도 가운데 반복하여
처얼석 들려오는 말씀
내가 너와 함께 하리라

오전의 화원에 햇살 비출 때
모든 꽃들 저마다 새 옷 입고서
서로 바라보며 인사하는 말
그 님을 찬양하라 영원히
호흡이 있는 자여 찬미하라 그 님을

정오의 태양 방 안을 비출 때
마음의 방 먼지가 무수히 많아도
그 빛 가운데 들려오는 세미한 음성
자주 손을 씻듯이 매일 목욕하듯이
그 죄의 가리움을 받는 자 복되도다

오후의 해거름 서녘바다 너머갈 때
푸른 하늘 붉은 물감으로
추상화 그리시며 하시는 말씀
빛 가운데 사는 하루 보기에 좋도다
ki tob ki tob 보기에 좋도다

## 두루 도는 화염검 Flaming Sword

　인간에게는 에덴 컴플렉스가 있다. 낙원을 잃었기에 실낙원의 컴플렉스이다. 에덴동산과 에덴동산 밖의 경계는 두로 도는 화염검이었다. 어원적으로 볼 때 '두루 도는 화염검'이란 '앞·뒤로 회전하거나 지그재그로 움직이면서 불을 뿜어내는 검'을 가리킨다. 에덴은 수호천사들의 놀라운 권능의 무기로 지켜지고 있는 철옹성을 의미한다.
　이것은 누구도 에덴에 들어갈 수 없음을 보여주는 말이기도 하다. 죄를 지은 아담과 하와는 그 이글이글 타오르는 불칼의 에덴을 뒤로 하고 에덴의 동쪽으로 이동하여 이마에 땀을 흘리며 잡초와 엉겅퀴가 자라는 땅을 개간하여 생존해 가야 했다.

## 인류의 문명은 물이 있는 곳에서

　많은 고고학자들은 위의 이름들 중에 확실한 티그리스, 유프라테스, 앗시리아 등을 통해 에덴동산이 그 근처의 어딘가에 있을 것이라고 추측한다. 현재 에덴이 포함되어 있던 것으로 보이는 지역은 지진대에 속해 있다. 오늘날 전 세계에서 일어나는 대지진의 약 17퍼센트가 이 지진대에서 발생한다.
　그러한 지진대에서는 지형의 변화가 드문 일이 아니라 흔한 일이다. 게다가 노아시대의 대홍수로 인해 오늘날 우리가 전혀 알 수 없는 방식으로 지형이 바뀌었을 것이다.
　창세기의 기록은 에덴동산을 실제로 있었던 장소로 설명한다. 기록에 언급된 네 강 중 두 강, 유프라테스 강과 힛데겔 즉 티그리스 강은 오늘날에도 흐르고 있으며, 두 강의 일부 수원지들은 매우 가까이에 위치해 있다. 창세기의 기록은 심지어 그 강들이 흘러간 여러 지역의 이름과 그 지역에서 잘 알려진 천연 자원도 구체적으로 알려 주고 있다.

## 아담과 하와는 범죄 이후에도 헤어지지 않았다

므두셀라는 아담과 하와가 에덴동산에서 쫓겨났지만 두 사람은 헤어지지 않았다는 것이 놀라운 일이라고 생각했다. 인류의 첫 아버지와 어머니인 아담과 하와 두 사람은 진실로 위대한 부부인 것이다.

므두셀라는 상상의 나래를 펴서 에덴동산에서 쫓겨나면서 두 사람은 쓸쓸히 고개 숙인 채 떠나가는 상황을 생각해 보았다. 얼마나 앞날이 캄캄했을 것인가?

화가 난 아담이 하와 아내에게 "당신은 서쪽으로 가버려, 나는 동쪽으로 갈테니, 다시는 내 앞에 나타나지도 말아!"라고 소리치면서 각각 헤어질 수도 있었을 것이다.

그러나 아담과 하와는 그렇게 하지 않았다.

그들은 어떻게 살았을까?

화가 난 아담이 "여자가 나서서 되는 일이 없어!" 라고 하와의 잘못된 선택과 행동을 탓할 수도 있었다.

"결국 당신도 먹었잖아요?"라는 하와의 응수로 서로 원망하며 싸울 수도 있었다.

설혹 그렇게 다투면서 살았다 해도 아담과 하와는 위대한 부부이지만 인류의 첫 부부는 함께 동고동락을 하였다.

그리고 아담과 하와 부부는 쫓겨난 뒤에도 사랑하는 두 아들 가인과 아벨로 인해 가정의 큰 위기를 맞게 되었지만, 별거하거나 서로를 탓하며 원망하지 않았다.

두 사람이 그렇게 위대한 부부로 남아 있을 수 있었던 것은 에덴동산에서 선악과를 따먹고 눈이 밝아져 무화과나무 잎으로 매일 치마를 만들어 하체를 가려야 했다. 하지만 사랑의 하나님은 아담과 하와를 바로 죽이시지 않으시고 에덴 동산에서 쫓아내시면서 양의 가죽으로 치마를 만들어 입혀주신 그 은혜를 기억하며 살아갔던 것이다.

그 무엇보다 동산 서늘할 때에 찾아와 세미한 음성으로 바람결에 하신 하나님의 약속의 말씀을 믿었기 때문이다.

아담과 하와가 쫓겨나면서 두 사람은 이런 대화를 나누며 서로 위로하며 살았다.

"죄송해요 제가 너무 경솔했어요. 저 때문에 당신까지 쫓겨나고 말다니…."

"아니오. 내가 더 미안하오. 내가 당신을 끝까지 지켜주지 못한 탓이지요."

지구의 개척자인 아담이 이마에 땀을 흘리며 흙 투성이가 되어 돌아오자 하와가 해맑은 웃음을 지으며 말을 건넨다.

"수고하셨어요. 한 번도 해보지 않은 일을 하느라고 얼마나 힘드셨어요? 당신을 위해 맛있는 음식을 준비해 놓았어요."

"고마워요. 내가 이렇게 열심히 일할 수 있는 것은 모두 당신의 배려와 사랑 때문이라오. 당신이 보고 싶어서 빨리 돌아오고 싶었다오."

## 아담의 지능 지수는 1000?

아담은 므두셀라가 생각하는 것 이상으로 지혜롭고 총명하고 탁월한 최초의 인간이었다. 조물주가 에덴동산을 만드시고 각종 동식물을 자라나게 하신 다음, 그 이름은 짓지 않으시고 아담에게 짓도록 하셨다.

아담은 그 많고 다양한 동식물의 이름을 다 지어서 부를 만큼 아이큐 IQ가 높은 인간이었다. 지금 현존인간 중에 가장 아이큐가 높다 해도 200정도이고, 대부분은 100~120 정도이다. 아담의 지능지수는 아마도 1000쯤은 되었을 것이다.

그래서 불을 만들어 사용하는 법을 아주 쉽게 터득하여 사용하였고 그 아들 가인과 아벨에게 전수한 것이다. 그리하여 가인은 농사를 대규모로 지을 수 있었고 동생 아벨은 목축업을 대규모로 할 수 있었던 것이다.

## 에덴의 동쪽 오파츠 문명?

　에덴에서 범죄함으로 쫓겨난 인류의 조상들이 미개하고 원시적인 인간이라고 생각하는 사람들이 있다. 그러나 그렇지 않을 수도 있다. 대홍수 이전 문명이 번성하였다는 성경 외의 근거는 '오파츠OOPARTS'이다
　오파츠란 말은 Out Of Place ARTIFACTS, 고고학에서 사용하는 용어로서 있어서는 안 될 장소에 있는 유물, 또는 시대와 일치하지 않는 인공물을 가리킨다. 그야말로 불가사의한 건축물들을 말한다.
　이것은 분명히 이상하게 들리겠지만 'OOPARTS'는 '장외의 인공물'이다. 이 오파츠는 고고학자들이 고대문명을 발굴할 때 발견한 인공물, 혹은 물체들인데 혹자들은 이것들이 틀림없이 이 사람들이 가졌으리라고 생각되는 문명 이전 사람들의 장외 문명인의 것으로 생각하고 있는 것이다.

## 인류의 조상 아담은 930세에 소천

　아담 할아버지로부터 노아 홍수 이전까지는 아담이 인류의 조상이니 그의 출생을 기준으로 계산하는 것으로 '아담력'이라는 달력을 사용하였다. 그 달력을 기준으로 회상해 보면 당시 아담의 아들 셋은 부친이 130세에 낳았으니, 800세에 상주가 되어 부친상을 치른 것이다.
　그리고 셋의 아들 즉 아담의 손자 에노스의 나이는 695세, 증손자 게난의 나이는 605세, 고손자인 마할랄렐의 나이는 535세, 현손인 야렛의 나이는 470세, 내손인 에녹의 나이는 308세이며 곤손인 므두셀라의 나이는 243세이며 양손인 라멕은 56세인 셈이다.
　아담 할아버지의 7대 손자인 므두셀라가 243세가 된 적지 않은 나이에 인류의 조상이요 자신의 고고조 할아버지 아담의 장례를 친히 목도한 것이다.
　므두셀라가 참석해 본 아담 할아버지의 장례식은 호상 중의 호상이었

다. 아마도 그 시대의 가장 많은 사람들이 모인 인류 최대의 족장 장례식으로 기억된다.

그 당시의 인류는 모두 대가족이며 한 집안 식구이다보니 장례식에 모여 어떻게 매장하느냐보다 서로 인사하고 안부를 묻느라 시끌벅적한 축제같은 장례식으로 기억된다.

그리고 므두셀라가 장례식을 통해 배우게 된 것은 인생은 유한한 존재이며 아무리 오래 산다 해도 1000년을 살지 못하고 죽어 흙으로 돌아가는 것이었다. 왜냐하면 아담 할아버지 이름의 뜻은 흙을 빚어 '아담'을 만들었다고 하여 '아담'이라고 한 것이다. 그 말은 흙을 뜻하는 히브리어 '아다마'에서 왔다. 그러므로 '아담'을 우리말로 풀면 '흙사람', 즉 토인土人이다. 흙으로 만든 인간이니 다른 말로 하면 질그릇같이 깨어지기 쉬운 존재란 의미이다.

그 당시 인구조사를 하지 않았기에 정확한 인구수는 아니지만 오늘날에 비추어 당시의 최소한의 인구는 얼마나 되었을까?

유대인 역사학자인 요세푸스Josephus는, 아담과 하와의 자손은 33명의 아들과 23명의 딸들이 있다고 유대인들의 전승을 기록하고 있다. 한 부부가 결혼 이후 2년마다 출산을 했다면 400명 정도 낳았을지도 모른다. 그리하여 아담의 직계 자손은 아담이 930세에 죽을 때에 이미 십 만은 족히 넘었을 것으로 추산된다.

그 많은 자손들이 아담의 죽음을 애도하며 장례식을 거행할 때 상여의 선소리꾼의 요령 소리….

그의 귀에 쟁쟁하다.

## 다시는 돌아오지 못 해도

다시는 태어나지 못해도
에헤요 에헤요 하늘 나라

이 세상은 하룻밤 여관이요
그 영화는 풀의 꽃과 같아라
에헤요 에헤요 하늘 가리

한 번 죽는 것 정한 이치
죽은 후에는 심판 있네
에헤요 에헤요 하늘 가리

다시는 돌아오지 못 해도
다시는 태어나지 못 해도
에헤요 에헤요 하늘 나라


## 방랑자 가인

 므두셀라는 대부분의 집안 어르신들을 만나 보았지만, 한 분 할아버지를 만나보지 못했다. 바로 방랑자로 일생을 살아간 가인 할아버지였다.
 들은 이야기지만 하나님께서 아벨을 죽인 가인에게 벌을 주셨을 때 다른 사람이 자신을 죽일 것에 대해 두려워하는 마음이 생겨 불안했다는 것이다. 왜냐하면 하나님께서 동물과 달리 사람의 내면에 양심을 주셨기 때문이었다. 그리고 그는 일생을 방랑자로 떠돌이생활을 하였기 때문에 만날 수 없었다.

> *주께서 오늘 이 지면에서 나를 쫓아내시온즉 내가 주의
> 낯을 뵈옵지 못하리니 내가 땅에서 피하며 유리하는
> 자가 될지라 무릇 나를 만나는 자마다 나를 죽이겠나이다
> (창세기 4:14)*

첫 살인자 가인이 두려워 했던 이유는 자신이 만나게 될 사람이 모두 자신을 알고 있기 때문이었다. 이미 다른 많은 사람들이 창조되어 퍼져 살고 있었다면 그들이 가인에 대해 알 이유가 없다. 그러나 만나는 사람들이 모두 자신의 형제들이기 때문에 두려운 것이었다.

가인의 고백을 통해 이미 아담과 하와 사이에는, 즉 가인과 아벨 말고도 여러 자식들이 있었다는 것을 알 수 있다.

가인의 이야기를 보면, 죄의식과 두려움 속에 살던 그는 자신의 추억이 어린 동네를 떠나 '놋'이란 땅으로 간다.(창세기4:17) 여기에서 '놋'이란 말 자체가 의미심장하다. 가인은 '놋 땅' 즉 '방랑의 땅'에서 살고 있다는 뜻이다.

자신의 자존심을 건드리고 자신보다 더 우월해 보이는 동생을 제거한 후 그가 명실상부한 '장자'와 '상속자'가 되어 더 큰 자신의 세계가 구축되리라고 생각했지만 오히려 그는 '방랑자'가 되어 방랑자의 땅에서 살고 있다. 그의 거처는 결코 항구적이 되지 못하며 그는 여기 저기로 떠돌아 다니고 있다. 세월이 지나 가인은 아내를 얻고 자식을 낳으며, 그의 첫 아들을 '에녹'으로 이름 짓는다.

"가인이 성을 쌓고 그의 아들의 이름으로 성을 이름하여 에녹이라 하니라."(창4:17, 개역개정/ 하나님과 동행한 에녹과 동명 이인/ 역자 주).

아마 가인은 이 세상에서 가장 먼저 성을 세운 후, 그것을 봉헌한다는 뜻으로 그의 아들의 이름을 '에녹'으로 지은 것 같다.

'방랑자'가 '성'을 세운 것은 아이러니이다. 아마 자신을 은폐하기 위하여, 혹은 자신을 보호하기 위하여 '성'을 세울 결심을 한 것 같다. 가인의

'성'은 열린 성으로 많은 사람을 위한 것이 아니라 자신의 아성으로 세워진 듯하다.

이런 가인의 성은 사람들이 함께 자유롭게 시민으로 살 수 있는 공간이 될 수 있었을까? 혹시 첫 살인자의 살기가 감도는 성 안에는 '집단적인 폭력과 살인 충동'이 머물고 있지는 않았을까? 가인은 세상에서 처음으로 성을 세우지만, 그의 성은 어떤 공간이 되었을까?

흥미롭게도 가인의 성에는 많은 후손들이 태어나며, 그곳에서 문화가 꽃 피고 있었다. 특히 문화의 창달은 가인 계통으로 볼 때 아담의 7대 손인 라멕의 세 아들을 통해 이루어지고 있다.

라멕은 최초의 일부다처주의자로서 그에게는 두 아내가 있었으며, 그의 첫 아내인 '아다는 야발을 낳았으니 그는 장막에 거주하며 가축을 치는 자의 조상이 되었고, 그 아우의 이름은 유발이니 그는 수금과 통소를 잡는 모든 자의 조상이 되었으며' 그의 두 번째 아내인 '씰라는 두발가인을 낳았으니 그는 구리와 쇠로 여러 가지 기구 ('날카로운 기계'; 개역)를 만드는 자요 두발가인의 누이는 나아마이었더라'고 한다(창 4:20-22).

즉, 가인의 도시에 문화가 꽃 피며 농사는 야발로(20절), 음악과 예술은 유발로(21절), 기계는 두발-가인으로(22절), 법은 라멕(23-24)으로 발전하고 있다. 라멕의 세 아들인 야발, 유발, 두발-가인은 다 비슷한 이름으로서 모두 '야발' 즉 '생산하다, 가져오다, 이끌다, 인도하다'라는 어근에서 나왔다. 이들은 다 보이지 않는 가능성을 실용적인 것으로 이끌어 내는 통찰과 능력을 가진 자들이었다. 흥미롭게도 예술이 살인자의 활력과 연관된다.

창세기에서 벌써 청동과 철이 나타나는 점이 고대인들의 지혜를 엿볼 수 있게 한다. 일반적으로 알려진 바에 따르면, 가장 오래된 청동 제품은 주전 3500년으로, 철제품은 1800년경으로 거슬러 올라가며 주전 1200년경부터 힛타이트 족속이 철기문화를 널리 사용하게 되었다고 한다.

## 칼을 의지하는 가인의 후손들

가인의 후손들 이야기는 '검가' 혹은 '복수가'로 알려진 라멕의 짧은 시로 갑작스럽게 끝난다. 가인의 후손인 라멕은 아내들에게 시를 지어 자신의 마음과 상황을 나타내었다.

> 아다와 씰라여 내 목소리를 들으라
> 라멕의 아내들이여 내 말을 들으라
> 나의 상처로 말미암아 내가 사람을 죽였고
> 나의 상함으로 말미암아 소년을 죽였도다

이 시에서 라멕은 자신의 두 아내를 부르며, 자신이 얼마나 잔인한 보복을 하였는지 자랑하고 있다. '라멕'은 원래 '강한 젊은 이'라는 뜻이며, '아다'는 '장식품', '씰라'는 '그림자', 혹은 '짤랑짤랑'처럼 여성의 아름다운 목소리에 대한 암시로 볼 수 있다.

라멕은 조그만 '창상'을 당했지만 그에 대한 보복으로 '살해'를 한다. 좀 더 구체적으로 말하자면 그는 조그만 '상처'를 입은 것에 대한 보복으로 '생명을 빼앗는다.' 그것도 당당한 용사들끼리의 싸움이 아니라 '내가 사람'을 죽였는데, 구체적으로 그 사람은 바로 '소년'이었다.

라멕은 자신이 받은 상처에 대한 복수심으로 가득 차 있으며, 그를 반대하고 대적하는 자에 대한 노기로 가득 차 있다. 혹은 이렇게도 번역해 볼 수 있다. '내가 때리자 말자 나는 사람을 죽였고, 내가 상처를 주자 마자 소년은 죽었다'가 된다.

그렇다면 라멕은 자신의 아내들에게 자신의 팔뚝이 얼마나 굵은 지를 자랑하고 있다. '내가 한 방의 왼 주먹 잽만 먹여도 죽고, 오른 쪽 훅만 넣어도 숨이 끊어진다.'라는 말이다. 내 주먹을 믿고 나는 내 방식대로 살아간다는 무신론적 삶의 태도인 것이다.

결국 인류의 첫 사람 아담의 아들들에 의해 두 가문으로 나누어지고, 삶의 방식이 완전히 다른 두 종류의 인생으로 나뉘게 되었다.

'셋'의 후예들이 자신의 약함을 알고 조물주를 의지하며 겸손히 살아가는 신앙의 가문이라면, '가인'의 후예, 가인의 가문에 속한 자들은 자기 힘, 자기 경험, 자기 재화를 의지하며 살아갔던 것이다.

우리는 전자를 신본주의 인생이라고 부르고, 후자를 인본주의 인생이라 부른다.

## 잡초

씨 뿌린 적 없어도
물 주지 않아도
거름 주지 않아도
병충해도 없는 너

마음의 정원에
예쁜 꽃 밀어내고
뽑아도 잘라내도
잘도 자라네

그리고 그는 이어서 자신의 잔인한 살인을 아내들에게 뽐내고 있다. 나아가 라멕은 어떤 도전과 복수도 자신이 용인하지 않겠다는 강인한 의지를 가인의 예를 들어 뽐내고 있다.

가인을 위하여는 벌이 칠 배일진대
라멕을 위하여는 벌이 칠십칠 배이리로다

다시 말해 나는 다른 이를 죽여도 다른 사람은 나를 죽이면 안 된다는 논리이다. 마치 나는 다른 사람을 배반해도 다른 사람은 나를 배반하면 안 된다는 극도의 이기주의 인생관이다.

인류의 첫 살인자 가인이 세운 성에는 농업과 목축과 음악과 예술과 각종 산업이 발전하고 있지만, 이 문화는 근본적으로 그 창시자가 '여호와의 앞을 떠나' 세운 것이므로,(4:16) 생명과 인간의 존엄에 대한 가치가 없다. 자기중심주의의 인생관을 나타낸 선언이었다.

그리하여 가인의 성에는 억제되지 않은 살인충동이 분출하며, 끝이 없는 복수전이 이루어져 갔던 것이다. 사람들은 서로에게 소외되며 인간성은 파괴되고, 이 세상은 무서운 파국으로 치닫고 있는 느낌을 준다. 결국 라멕의 자랑은 가인 성과 그 문화를 기초부터 흔들고 있었다.

"Those who cannot remember the past are condemned to repeat them George Santayana."

"과거를 기억할 줄 모르는 사람은 그러한 일들을 다시 반복하게 될 운명에 처하게 될 것이다."

## 하와 할머니가 끔찍이 사랑한 셋

"아담이 다시 아내와 동침하매 그가 아들을 낳아 그 이름을 셋이라 하였으니, 이는 하나님이 내게 가인이 죽인 아벨 대신에 다른 씨를 주셨다 함이라."

하와 할머니는 자기 아들 셋을 끔찍이 사랑했다고 한다. 하와는 이전에는 '가인'을 낳고 '나도 여호와처럼 창조자가 되었다'고 자랑했으나, 형 가인이 돌로 아벨을 쳐죽임으로 그 아들을 잃어버리고 이제 '하나님이 내게 가인의 죽인 아벨 대신에 다른 씨를 주셨다'고 고백한 것이다. 즉 창세기 4장을 시작하는 말, '내가 득남하였다'와 잃은 아들 대신 태어난 셋을 안고서 한 말 '하나님이 내게 다른 씨를 주셨다' 사이에 강한 대조가 있다. 즉 자신의 삶을 해석하는 관점의 변화가 생긴 것이다.

그렇다 개인의 역사든 집단과 공동체의 역사든 어떻게 해석하느냐가 그 어느 때보다 중요한 시대인 것이다.

여기서 하와가 세 번째로 나온 아들 '셋'은 그 이름이 히브리어로 '주어진다' granted 는 뜻이다. 하나님께서 주신 선물은 자신이 낳은 것보다 훨씬 더 좋다는 신앙고백이다.

다시 말해 자녀는 조물주가 주시는 선물로 이해한 고백이다. 특히 하와는 셋이 가인을 대치한다고 말하지 않고, 아벨을 대신한다고 말한다. 가인은 장자이지만, 축복을 상속 받지 못하고, 동생이 받게 된 것이다. 하나님께서 아벨을 대신하여 다른 '씨'를 주신 것이다.

자식 혹은 후대는 단순히 한 가정의 자녀일 뿐아니라 그 자녀가 곡식의 씨처럼 한 사람을 통하여 열 배 스무 배 삼십 배 번성하는 씨앗의 개념을 가르쳐 주는 것이다. 그 씨 중에 어떤 씨는 통통하고 건강한 씨가 있고 어떤 씨는 병든 씨도 있어서 심어도 열매가 없는 것들이 역사 속에 있다. '디아스포라'란 말 역시 '디아' 즉 '뿌린다'는 뜻이요 '스포라'는 '씨'라는 말인데 이 둘이 합하여 '흩어져 사는 사람', 곧 이주민을 가리킨다.

이 시대는 모두가 이리저리 국경 없이 흩어져 살아가는 시대이다. 어디 정착하든지 좋은 꽃을 피우고 풍성한 열매를 맺으며 살아간다면 그 씨는 모든 인류에게 기쁨을 주는 씨가 되는 것이다.

## 셋 할아버지와 므두셀라

셋 할아버지는 아담 할아버지의 셋째 아들이다. 즉 가인과 아벨 다음에 태어난 아들이다. 아담 할아버지가 130세에 그를 낳아 셋이라고 이름 지어 불렀다.

　므두셀라는 명절에 700세 아담 할아버지께 인사드릴 때 그 할아버지 곁에 앉아 계신 570세 되신 셋 할아버지를 알게 되었다.

　셋 할아버지는 어린 므두셀라가 아담 할아버지에게 묻기도 하고 대답하기도하는 모습을 기이하게 보면서 관심을 가져주기 시작하셨다. 셋 할아버지는 매우 경건해 보였고 무시로 눈을 지그시 감고 기도하시는 할아버지셨다.

　그가 집안의 남자들을 모아놓고 '하나님과 교제하려면 어떻게 해야 했는가?'라는 주제로 강설을 하신 것을 므두셀라도 듣게 되었다. 셋 할아버지 강설의 내용은 다음과 같았다.

"인간은 종교적 존재이다. 하나님께서 자기의 형상대로 최초의 인간을 흙으로 만드시고 그 코에 생기를 불어 넣어 인격적 존재로 만드셨다. 그래서 지성과 감정 그리고 의지가 있는 만물의 영장인 것이다."

　그는 당연히 하나님께서 자신의 방식으로 제시하신 양의 피를 통한 제사를 드려야만 하나님을 만날 수 있다고 가르쳐 주었다. 어떤 이들은 '하나님이 피를 좋아하시나, 왜 피를 강조하느냐?'라고 생각하지만, 하나님은 우리 시조 아담과 하와를 에덴에서 쫓아내실 때 양을 잡아 피를 흘리시고 그 가죽으로 옷을 지어 입혀 주신 것에서 그런 전통이 전수된 것이라고 설명해 주셨다.

　이 전승을 아담의 아들 가인과 아벨에게 가르쳐 주셨지만 장남은 귀담아 듣지 않았고, 둘째 아들 아벨은 그 말씀대로 살았다고 한다. 결국 하나님의 말씀을 순종한 자와 순종하지 않는 자의 삶의 모습은 서로 달랐고, 그 둘의 운명 또한 달라진 것이다.

　세월이 흘러 가인과 아벨이 제사를 드릴 때 하나님께서 불순종하는 가인의 인격과 그의 곡물 제사는 받지 않으시고, 아벨의 순종의 인격과 그 순종에 근거한 양의 피 제사는 흠향하시었다.

　제사를 드린 후 하나님의 반응이 없는 제사에 화가 난 가인은 동생 아벨을 돌로 쳐 죽이는 비극이 발생하였던 것이다. 그리하여 셋은 하나님을 생각하며 다시는 그런 비극이 일어나지 않기를 바라면서 매일매일 하나님 앞에서 살아가는 모범적인 아버지였다.

## 아버지 아담에게 들은 창조 이야기

셋은 아버지 아담으로부터 천지창조에 관한 이야기를 들었던 것을 잊지않고 기억하며 살았다. 인류 최초의 아버지 아담은 아들 셋에게 차근차근히 창조에 대한 이야기를 해 주셨단다. 그 이야기를 다시 므두셀라에게 들려주었던 것이다. 그 창조의 이야기는 대략 이런 것이었다.

한마디로 창조란 아무것도 없는 데서 지음을 받는다는 뜻이었다. 집을 짓는 데는 우선 집을 짓기 위한 재목, 벽돌, 창문에 끼우기 위한 유리 따위가 필요하고 이런 재료가 없으면 집을 지을 수가 없다. 그러나 하나님께서는 아무 것도 없는 상태에서 이 세상을 만드셨다.

하나님께서는 참으로 놀랍고도 신기한 방법으로 이 세상을 만드셨다, 하나님께서 세상을 만들기 시작하실 때, 목수가 집을 지을 때처럼 애써 오랜 기간을 끌면서 일하지는 않으셨다. 하나님은 오직 그 능력의 말씀으로 세상을 만드신 것이다. 하나님의 말씀은 살아있고 운동력이 있는 말씀이다.

그러나 하나님은 지금과 같은 세계를 한꺼번에 지으신 것은 아니다. 맨 처음에는 땅, 물, 공기, 그리고 하늘이 온통 뒤범벅이 되어 있어서 아무런 모양을 이루지 못한 채였다. 그 위에는 한 줄기의 빛도 없고, 깊고 깊은 어둠이 혼돈스럽게 덮여 있었다.

그런데 자상하신 하나님은 우리에게 자신을 드러내실 때 그의 언어를 우리의 언어에 맞추셨다. 하나님께서 우리의 이해의 수준으로 내려오신 것이다. 우리를 향한 하나님의 '눈 높이' 언어행위라 할 수 있는 것이다. 때로 하나님은 마치 갓난 아이에게 말하듯이 baby talk 우리에게 말씀하신다. 창조의 첫 날에 하나님께서 '빛이 생겨라'하고 말씀하시자 그 순간 빛이 생겨났다. 하나님께서 그 빛을 보시니 참 좋아서 빛과 어둠을 나누셨다.
　하나님은 빛을 낮이라 부르시고 어둠을 밤이라 부르셨다.

　　　　　빛이 있으라!

　그 어떤 예령도 없이 단 하나의 짧은 명령이 선포되는 순간이었다. 하늘 보좌 주위의 네 생물 천사들이 서 있는데, 그 곳엔 사람의 형상을 한 빛나는 존재가 앉아 있었다. 머리털은 양털같이 희고 두 눈은 불꽃 같았으며 발은 풀무에 단련된 청동같았다.
　빛은 모든 생명체가 일차적으로 필요한 것임을 창조주 하나님은 아신 것이다. 빛의 종류는 매우 다양한데, 적외선 자외선 그리고 병원에 가면 진찰할 때 찍는 'X-ray' 등등이다.
　우리는 그 빛의 이름을 다 몰라서 모르는 것을 'X'라고 하고 빛이라는 말이 영어로 'Ray'이기에 합성어가 된 것이 '엑스 레이'라는 것이다.

　하나님께서는 둘 째날에 공기와 솜 같은 흰 구름이 떠도는 푸른 하늘을 만드셨다. 땅과 물은 아직 섞여 있었다. 공기와 하늘을 만드신 후에 말씀하셨다.

　　　　　하늘 아래 있는 물은 한 곳으로 모이고 마른 땅이 드러나거라

　물은 하나님의 말씀을 따라 육지에서 갈라져서는 산에서 골짜기로, 그리고 바다로 흘러갔다. 그래서 땅이 깊이 들어간 곳에 물이 가득 차고 큰 바다가 되었다. 언덕과 산은 바다 위에 우뚝 솟아 물기 없는 모습을 드러내었다.
　하나님께서는 마른 땅을 육지라 부르시고 물이 모인 곳을 바다라고 부르셨는데, 보시기에 참 좋았다.

마침내 빛과 창공, 언덕, 골짜기, 들판, 시냇물, 강, 바다가 생겨났다. 이제 이 세상은 식물이 자랄 준비가 다 된 것이다. 그래서 하나님께서는 풀과 꽃과 채소와 과일 나무가 돋아나라고 명령하셨다.

명령이 떨어지기가 무섭게 벌거숭이였던 땅 위에는 파릇파릇 아름다운 풀이 돋아났다. 여기저기에 고운 빛깔의 꽃들이 피어나고 갖가지 종류의 채소가 돋아났다.

복숭아, 사과, 귤, 앵두와 같은 맛있는 과일은 이 때 하나님께서 만드신 것이다. 또한 하나님은 장미, 백합을, 그러고는 그 밖에 세상을 정말 아름답게 수놓는 꽃들을 만들어 내셨다. 조물주가 우리에게 주신 선물 중 하나는 다양한 꽃이다.

세상의 모든 꽃은 아름답다. 슬프고 우울한 자에게는 위로를 주고 기쁘고 행복한 자에게는 더 기쁨을 주는 것이 꽃이다. 그리고 꽃은 항상 웃는다.

이 모두가 하나님 보시기에 참 좋았다. 이렇게 세째 날도 밤, 낮 하루가 지났다. 세째 날 창조의 아름다움을 생각하다 보니 윌리엄 블레이크의 시가 생각난다.

> 한 알의 모래에서 세계를 보고
> 한 송이 들꽃에서 천국을 본다
> 그대의 손바닥에 무한을 쥐고
> 찰나의 순간에 영원을 담아라

다음으로, 하나님께서는 땅에 햇볕을 보내어 땅을 덥게 하시며 꽃과 나무와 풀이 자랄 수 있도록 크고 훌륭한 해를 만드셨다. 또한 하나님께서는 해가 진 뒤, 어두운 밤을 비추기 위한 은빛 달도 만드셨다. 하나님은 밤하늘에 빛나는 수 천 수 만의 반짝거리는 별도 만드셨다.

별에는 여러 가지 종류가 있는데 먼저 항성恒星이라는 것이 있다. 항성은 Fixed Star 즉 태양처럼 스스로 빛을 내는 별이다. 천구 위에서 서로의 상대 위치를 바꾸지 아니하고 별자리를 구성하는 별이다.
 우리 은하에는 약 2천억 개의 항성이 있는데, 행성을 갖고 있는 것은 1백억 개 정도이다. 이들은 중심부의 핵융합 반응으로 스스로 빛을 내며 고유 운동을 하는데, 대표적으로 북극성, 북두칠성, 삼태성, 견우성, 직녀성 등이 있다.
 그리고 또 행성行星 | planet이 있다. 행성은 중심 별의 강한 인력의 영향으로 타원 궤도를 그리며 중심 별의 주위를 도는 천체이다. 이들은 스스로 빛을 내지 못하고, 중심 별의 빛을 받아 반사한다.
 태양계에는 수성, 금성, 지구, 화성, 목성, 토성, 천왕성, 해왕성의 여덟 개 행성이 있다. 그 외에 위성과 혜성 그리고 유성이 있다. 이 모든 천체를 말씀으로 해와 달과 별은 네째 날에 만드셨다. 그리고 하나님께서는 이것을 보고 기뻐하셨다.
 하나님께서는 이 빛나는 것들이 땅을 비추게 하셨고, 밤과 낮을 다스리게 하셨으며 밝음과 어둠을 갈라놓으셨다. 하나님이 보시기에 참 좋았다. 이렇게 네 째 날도 밤, 낮 하루가 지났다.

### 빛을 향해 서라

새싹을 틔우려거든
떡잎이 싱싱하려거든
가지를 잘 자라게 하려거든
꽃을 피우려거든

열매를 많이 맺으려거든
다시 떨어진 씨가
오고 오는 세대에
싹트기를 바라거든

*태양꽃 해바라기처럼*
*하늘을 우러러*
*열매가 까맣게 익을 때까지*
*그를 향해 똑바로 서라*

  땅에 풀이며 꽃과 나무가 가득 자라나고, 따스한 햇볕이 내리쬐자 동물들이 살게 될 준비가 갖추어진 셈이다.
  하나님께서 다섯 째 날 만드신 것은 물고기와 새였다. 아름답고 귀엽게 지저귀는 새들도 모두 이 때 하나님께서 만드신 것이다. 그래서 바람 소리와 파도 소리밖에 들리지 않던 땅 위에 아름답게 지저귀는 새 소리가 들리게 되었다.
  눈부신 보석처럼 고운 빛깔의 새가 나뭇가지 위로 이리 저리 날아다니는 모습은 얼마나 아름다웠을까?
  다섯 째 날도 밤, 낮 하루가 지났다.

  여섯 째 날이 되었다. 하나님께서는 모든 종류의 동물과 기어다니는 짐승을 만드셨다. 아직까지 동물이 살지 않던 숲에 사자와 호랑이가 살게 되었다. 소와 양의 큰 무리가 넓은 들판에서 먹이를 찾아다녔다.
  염소와 사슴은 높은 산으로 오르고, 토끼는 풀밭에서 뛰어다니며 땅에 집을 지었다.
  한 눈에 다 둘러보지는 못하지만 흰곰은 추운 북쪽 땅의 눈을 밟으며 어슬렁거리고, 더운 나라에서는 원숭이들이 나뭇가지 사이를 뛰어다니게 된 것이다.
  또 보드라운 털을 가진 새끼 고양이들은 고무 공처럼 뱅뱅 돌며 제 꼬리를 잡으려 하는가 하면, 풀밭에서 서로 장난치며 놀았다. 몸집이 큰 코끼리, 목이 긴 기린 등, 이같은 큰 짐승과 작은 짐승들은 모두가 이날 하나님께서 만드셨다.

  이젠 창조의 역사가 정점에 다달았다. 지금까지 들려왔던 그 어떤 음성보다 가슴을 뭉클하게 울리는 감동적인 음성이 하늘을 진동했다.

우리가 우리의 형상과 모양대로 사람을 만들자
생육하고 번성하고 땅에 충만하라
그리고 땅을 정복하여라. 바다의 물고기와 하늘의 새와
땅 위에 움직이는 모든 생물을 다스려라

 마침내 모든 생물을 다스리는 최고의 존재, 하나님보다 조금 못한 사람 아담이 창조되는 순간이었다. 그리고 이 모든 창조를 마치신 하나님께서는 일곱째 날에 쉬셨다. 그러고는 이 날을 거룩한 날로 정하여 축복하시며 자신이 하던 모든 일을 그만두고 쉬셨던 것이다.
 하나님께서는 자신의 모양대로 지은 사람에게도 이날을 쉬는 날로 지키라고 명령하셨다.

 그래서 지금 우리는 일요일에 우리가 평소 하던 일을 하지 않고 쉰다. 이 날이 주님의 날이기에 주일이라고 부른다. 주일인 일요일에는 하나님의 백성과 함께 하나님을 예배한다. 교회에서 하나님을 찬미하는 노래를 부르고 다 함께 기도하고 성경을 통해 우리에게 들려 주시는 하나님의 말씀에 귀를 기울이는 특별한 날이다. 이 날은 조물주 하나님께서 인생에게 첫번째 주신 축복인 것이다.
 므두셀라는 셋 할아버지가 들려 주는 창조 이야기를 흥미롭게 들었는데, 또 그의 마음에 질문이 생겨나 여쭈었다.
 "그러면 하나님께서 하늘과 땅을 지으시기 전에는 무엇을 하고 계셨나요?"
 이 질문을 받은 셋 할아버지는 허허 웃으시며
 "글쎄 참 좋은 질문인데 무엇을 하셨을까? 아마도 하나님의 존재와 위엄을 믿지는 않고 너무 너무 꼬치꼬치 캐묻는 자들을 위하여 지옥을 준비하고 계셨을지 몰라…."

 므두셀라는 다시 셋 할아버지에게 물었다.

 "그러면 하나님도 나이가 많아지면 늙어지나요?"

"아니야, 하나님께서는 사람이 아니시기에 나이가 없지. 좀 어려운 이야기지만 하나님께서 천지를 창조하실 때 시간이라는 것이 생겼지. 하나님께서는 시간을 초월해서 존재하시는 분이란다."

"아, 그러면 지금 우리가 말하는 과거나 현재나 미래는 어떻게 되는 거지요?"

"그래 하나님의 시간은 영원이시니 영원의 관점에서 보면 이 역사 세계의 시간은 하루가 천 년같고, 천 년이 하루같은 것이지. 므두셀라야, 사람은 창조주 하나님 측면에서 보면 하루살이 같이 미약한 존재이지. 하루살이는 하루동안 결혼하고 자녀 낳고 사랑하다가 저녁이면 죽는 것이지. 그 하루살이에게 사람이 대화를 한다면, 내일을 이야기하고 10년을 이야기한다면 이해가 잘 되겠니?"

"이해 안 되지요."

"그렇고 말고, 하루살이에게 내일을 이야기하면 '내일이 뭔데?'라고 반문할거야 그렇지?"

"비유하자면 우리가 하나님을 이해한다는 것은 그만큼 깊고 넓고 높은 것이지."

"아, 그러면 할아버지, 또 하나 여쭈어 봐도 될까요?"
라고 하자, 셋 할아버지는 입을 열어 말씀하시었다.

"아니야 나도 다 몰라, 이후에 하늘나라에 가서 하나님께 직접 물어볼 질문도 좀 남겨 두렴. 지금 우리는 '모르는 것을 모른다'고 하는 것이 진정 아는 것으로 들어가는 방법이지."
라고 말씀하셨다.

## 하나님의 이름을 부른 에노스 905세 할아버지

인류의 첫 살인사건은 아담과 하와에게 너무나 충격적이었지만, 그 사건을 반면교사로 삼아 세 째 아들 즉, 죽은 아벨 대신에 주신 셋에게 모태교육과 조기교육을 통하여 반복하며 잘 가르쳐 주었다.

그리하여 셋은 아담과 하와 부모님으로부터 배운 그 진리를 자기 아들 셋에게 잘 전수하여 가르치고, 또 다시 셋은 에노스에게 잘 가르침으로 그 시대 사람들이 비로소 '여호와'혹은 야웨 이름을 부르게 되었다.

'에노스'라는 이름의 어원은 히브리어로 '아나쉬שׁנא'로서, '깨지기 쉽다, 약하다'라는 뜻이다. 에노스는 인간이 전적으로 무력한 존재임을 의미한다. 참으로 그것은 '숙명적인 연약성'이다.
이것은 치료가 거의 불가능한 상태와 병들고 고통 가운데 신음하는 죄악된 인류의 한계 상황을 나타낸다.
에노스의 아버지 셋은, 아담 타락 이후 거세게 밀려오는 죄악의 물결로 말미암아 이제 여호와를 찾지 않고서는 죄의 유혹을 도저히 이기며 살 수 없는 무력한 존재임을 절실하게 인식하였던 것이다.
그래서 아들의 이름을 그의 신앙 고백을 좇아 '에노스'라고 짓게 된 것이다.

## 연약한 인간, 별 수 없는 존재

비록 므두셀라는 아담의 7대 후손이지만 구전으로 수없이 들은 이야기 중의 이야기는 에노스 할아버지가 들려주신 '여자의 후손 메시야에 관한 것'이었다. 그 내용을 요약하면 이렇다.
에덴 동산에서 사자와 어린 양이 함께 뛰 놀던 그 평화로운 정원에서의 시절은 짧았다. 어느 날 옛 뱀 한 마리가 아담이 없는 기회를 타 홀로 있는 하와에게 다가와 유혹을 했다.
그 나뭇잎 사이로 황금빛 태양이 스며 들어와 붉게 익은 과일을 더욱 붉게 비춰주고 있었다. 어디선가 커다란 뱀 한마리가 슬금슬금 기어왔다. 뱀은 하와를 향해 다가오더니 팔뚝만한 몸뚱아리를 스르륵 나뭇가지에 칭칭 감아댔다.
그 순간 무척 간사하기 이를 데 없는 불쾌한 느낌이 하와의 온몸에 전해져 왔다.

## '왜 이 과일을 먹으면 죽는다는 거지?'

정말로 하나님이 동산의 모든 실과를 먹지 말라 하더냐? 질문으로 시작된 유혹이었다. 예령이 없는 의도된 질문에 마음씨 고운 하와 할머니는 그저 '동산의 모든 나무 과실을 먹을 수 있지만 동산 중앙에 있는 선악과 The tree of the knowledge of good and evil는 먹지도 말고 만지지도 말라 너희가 죽을까 하노라'라고 대답했다.

그러자 옛 뱀 마귀는 옳거니하고 그 말을 꼬투리 삼아 '너희가 결코 죽지 아니하리라 너희가 먹는 날에는 눈이 밝아져 하나님과 같이 되어 선악을 알 줄을 하나님이 아심이라'라고 꼬드겼다.

남자보다 부드럽게 창조된 첫 여성 하와는 그 말을 듣고 그 나무를 바로 바라보자 먹음직하고 보암직하고 지혜롭게 할만큼 탐스러웠다. 여성은 남성보다 감정 지수, 육감 지수가 높은 것일까? 그 여자는 선악과를 현장에서 따먹고 하나 더 따서 남편에게 가져다 주었다.

세상에 아내의 말을 듣지 않는 남자가 없는 것은 에덴에서 전수된 것인가? 아담은 마땅히 그 과일을 먹으라고 할 때 '여보! 당신 어찌하여 이 과일을 따 왔소? 누가 이것을 따먹으라고 했소! 안돼요 안돼! 절대로 안돼요'라고 했어야 했다.

그러나 아담은 그 열매를 받아 먹고 눈이 밝아졌다. 그 눈은 영적 눈의 밝음이 아니라 부정적인 눈의 밝음 즉 자신들의 벌거벗음을 느끼는 눈이 밝아진 것이다.

한 번의 행동, 간단한 행동이 인류 역사와 오고 오는 세대에 아픔과 눈물과 증오와 경쟁, 더 나아가 죽음과 영원한 형벌까지 올 줄 몰랐던 것이다. 에노스 할아버지는 므두셀라에게 에덴동산에서 아담과 하와가 죄 짓게 된 것을 말하면서 세 단계를 거친다고 설명해 주었다.

첫 단계는 마음이 동요하고 흔들리는 단계이다. 두 번째는 유혹을 당하는 단계이며, 세 번째는 그 죄에 동의하고 행동하는 단계를 거친다고 하였다. 그의 설명에 하와의 범죄를 적용시켜보면, 그는 옛 뱀을 만나서 대화하는 가운데 마음이 이미 흔들린 것이다. 왜냐하면 옛 뱀은 하나님께서 만드신 동물 중에 가장 간교한 동물이었다.

　간교하다는 말은 교활하다는 말인데, 뱀은 옛날이나 지금이나 비늘 자체가 매우 칼라풀하고 아름다운 옷을 입은 동물이다. 아름다운 옷을 입고 사탕 발림의 말을 하는 사람과 이야기 하다 보면 솔깃해지고 더 나아가 그 유혹에 빠져 들어가는 것이 인간인 것이다.
　결국 하와는 마귀의 설명에 동의하게 되고 행동화함으로 금단의 열매를 먹게 되고 온 인류는 실낙원의 비극을 자자손손 당하게 된 것이다. 왜냐하면 그는 인류의 첫 대표자였기 때문이다.
　이렇게 잘 정리해서 말씀해 주시는 에노스 할아버지 이야기를 들으며 므두셀라는 마귀라는 놈은 인정도 사정도 없는 간악한 존재로 틈만 나면 누구든지 시험하고 스캔들을 일으키는 원인 제공자임을 자녀손들에게 알려주리라 생각하며 이런 글을 썼다.


## 마귀는 눈물을 흘리지 않는다

에덴동산 아담 하와 선악과를 따 먹고서
하나님의 벌을 받아 쓸쓸하게 떠날 때도
그 마귀 선악과 뒤에서 키득키득 비웃었지

자기 지위 떠난 천사 마귀 사탄 교활하다
지상으로 내려와서 백방으로 미혹하니
선줄로 생각하는 자들아 넘어질까 조심하라

말세지말 마귀 음모 교묘하고 집요하다
대중문화 음악 예술 모든 영역 침투했네
그 마귀 틈 주지마라 깨어 있어 기도하라

## 옛날 역사를 기억하라

 옛말에 온고이지신溫故而知新이란 말이 있다. 옛날 역사를 통하여 새로운 것을 배우는 것을 뜻한다. 므두셀라는 집안의 어른들에게 시간만 나면 옛날이야기를 들려달라고 하였고, 그 이야기들을 귀 기울여 들었다.
 '옛날'이란 말은 히브리어로 '예모트 올람'인데, 단순히 지나간 과거가 아니라 하나님의 선하신 그 말씀이 역사 속에서 성취된 흔적 있는 과거를 말하기 때문이다.
 원어적으로 볼 때도 '옛날'의 범위는 상당히 포괄적이며 하나님의 구원 역사가 진행되어 온 과거의 시간 전체를 의미한다. '옛날'은 '날'을 뜻하는 히브리어 '욤'의 복수형 '예모트'와 '영원히'라는 뜻의 '올람'의 합성어임으로, 그 범위는 태고사까지 거슬러 올라갈 수 있다.

## 에노스 할아버지에게서 배운 중요한 진리

 므두셀라는 3월 3일, 봄이 오는 어느 날 에노스 할아버지 댁에 가서 중요한 사실을 배우게 되었고, 그 진리는 모든 사람에게 가르쳐 주어야 할 내용이라고 생각하게 되었다.
 에노스 할아버지는 5대 손주인 므두셀라를 반가이 맞아 주시고 커다란 나무 밑의 정자에서 이런 저런 이야기를 해 주시다가 '하나님의 이름에 대한 이야기'를 가르쳐 주셨다.

"므두셀라야, 우리 가문은 신앙의 가문으로 하나님을 섬기는 가문이고 너도 이제는 집안의 어른이 되어갈 터인데, 자자손손 꼭 가르쳐야 할 진리가 있단다."
"자자손손 가르칠 가문의 가훈 같은 것 말입니까?"
"그래, 너도 들어서 알다시피 우리 가문은 가인 할아버지 가문과 달리 아벨과 셋의 가문으로 하나님을 주인으로, 왕으로 섬기는 가문이지."

"할아버지, 안 그래도 제가 꼭 물어보고 싶은 것이었어요. 도대체 하나님의 이름이 무엇이고, 또 그 이름은 무슨 뜻인지요?"

"그래, 하나님의 이름은 '야웨여호와'란다. '야웨'란, 스스로 계신 자란 뜻인데, 영어로는 'I am who I am'이지. 스스로 계신다는 말은 영원히 홀로 존재하시며 스스로 자충족하신 분이란 뜻이지."

"자충족은 무슨 뜻인가요?"

"그래, 사람들은 생각하기를 하나님께서 홀로 계시면 심심하시니까 사람들의 예배를 받아야 할 존재로 생각하지만 사실은 하나님은 인간들의 도움이나 찬사 없이도 영원히 행복한 분이시지."

"…"

"그런데 말이야 그 하나님께서 당신의 기쁘신 뜻대로 인간을 만들기로 작정하시고 사람을 만드시고 이 땅에 태어나게 하신 것이지. 그러니까 한마디로 만물이 하나님에게서 나오고, 하나님의 통치 가운데 움직이다가, 결국 하나님께로 돌아가는 것이란다. 그러니 인간은 마땅히 모든 영광을 하나님께 돌리며 살아야하고, 그렇게 살아갈 때 진정한 행복이 있는 것이란다."

"아, 그렇군요 그러니 인간은 하나님을 의존하고 의지해서 살아 가야 할 존재이군요."

"그럼 그렇고 말고, 그래서 하나님을 영화롭게 하고 하나님을 믿고 의지하며 살아가는 삶을 신앙 생활이라고 하는 것이지. 우리 가문은 자자손손 이 야웨 하나님을 믿는 신앙중심으로 살아 가도록 가르치고 모범을 보이고 동시에 하나님의 은혜를 기다려야 하는 거지."

"예, 에노스 할아버지. 잘 알겠습니다. 그리고 명심 하겠습니다."

므두셀라는 집안의 어르신 가운데 처음으로 하나님의 이름을 야웨여호와라고 부르며 신앙을 확립시키고, 체계화 시켜 오신 에노스 할아버지를 진심으로 존경하게 되었다.

그리고 에노스 할아버지는 므두셀라에게 집안의 족보를 잘 정리하고 기억하고 자손들에게 물려 줄 것을 부탁하셨다.

## 뼈대 있는 집안의 족보

므두셀라가 조상들로부터 귀가 따갑도록 들은 말은 역사의식을 가지라는 말이었다. 특히 아벨과 셋의 후예들의 역사, 신앙 역사의 큰 흐름을 여러 단위의 족보를 통해 말씀하였다.

그리하여 대표적으로 창세기 5장에 나오는 아담의 족보는 아담에서 그의 10대손 노아까지, 창세기 11장에 나오는 셈 자손의 족보는 셈에서 그의 10대손 아브라함에 이르는 과정을 소개해 줌으로써 메시아가 아브라함의 후손으로 오실 것을 명확히 해 주고 있다.

특히 창세기 5장과 11장 족보의 경우, 약 4000~6000년 전의 사람임에도 불구하고 한 인물의 출생, 그 자녀의 출산, 그리고 그가 향수한 햇수까지 빠짐없이 연속적으로 기록하고 있다.

그리하여 하나의 완전한 연대표를 제시하고 있다. 이들 족보는 실재하는 역사 속에서 창조주의 구원의 역사가 한 세대도 빠짐없이 계속되고 있음을 명확히 전달하고 있다.

이것이 전통이 되어 창세기의 족보 이후에 보아스의 족보(룻 4:18-22)에서는 유다의 아들 베레스에서 다윗까지를 연결시키고 있다. 이것은 야곱의 열두 아들 가운데 넷째 아들 유다를 통해 메시아가 오실 것을 보여 주는 것이다.

이러한 구약의 구속사의 흐름을 전체적으로 요약하고 있는 것이 마태복음 1장의 족보이다. 마태는 '아브라함과 다윗의 자손 예수 그리스도의 세계'(마 1:1)라고 시작함으로써, 창세기 5장과 창세기 11장과 보아스의 족보를 거쳐 마침내 메시아로 오신 예수님을 소개하고 있다.

그러므로 창세기의 족보를 깊이 상고하면 할수록 예수 그리스도를 향한 구속사적 경륜이 더 밝히 드러나게 된다. 각 족보에 나타난 이름, 출생과 사망, 각 인물에 대한 설명 등은 그 시대의 상황을 선명하게 알려 주고 있으며, 나아가 장차 오실 예수 그리스도의 다양한 모습을 증거하는 계시적 역할을 하고 있다. 이런 의미에서 족보는 구속역사救贖歷史를 이해하는데 중요한 자료이며 지름길이 된다.

## 므두셀라 고조 할아버지 게난 910세

　므두셀라의 고조 할아버지 게난은 에노스가 90세에 낳은 아들로(창 5:9, 대상 1:1-2), 아담 이후 325년에 출생했다. 게난은 70세에 마할랄렐을 낳고 840년을 지내며 자녀를 낳았으며, 910세(아담 이후 1235년)에 죽었다.(창 5:12-14)
　게난은 아담과 605년을, 노아와 179년을 함께 지냈고 그의 나이 662세 때에 에녹의 승천을 보았다.

　게난의 이름의 어원은 히브리어로 '카난'으로서 이것은 '둥지를 만들다', '보금자리를 마련하다'는 뜻이다.
　인간의 연약성과 무능함을 깨달은 셋의 후예들은 에노스 때에 이르러 참다운 회개와 더불어 여호와의 이름을 부르면서 신앙부흥 운동을 시작해 왔다. 그리고 그의 아들 게난 때에 드디어 신앙의 둥지를 틀고 보금자리가 마련되어 신앙의 정립이 이루어졌음이 '게난'의 이름 속에 암시되어 있다.

　게난의 이름을 어떤 학자는 '뜻밖에 긍휼을 얻었다'는 의미로 해석한다. 아마도 게난은 하나님의 섭리 가운데 뜻밖에 얻은 큰 선물로서 큰 기쁨의 아들이었던 것 같다.
　어쩌면 장차 하나님은 우리 인생들을 긍휼히 여기시고 모든 인류의 뜻밖의 기쁜 소식이신 예수 그리스도라는 큰 선물을 내다보게 하는 이름이기도 하다.
　그는 신약성경 누가복음의 예수님의 족보에 나오는 '가이난'(눅 3:37)과 동일 인물이다. 게난은 하나님의 섭리 가운데 뜻밖에 얻은 큰 선물로서 큰 기쁨의 아들이었다.
　그 아버지 에노스는 '뜻 밖에 얻은' 게난을 통해 신앙의 영역이 확장되어 갔던 것이다.

## 게난 할아버지와 므두셀라의 대화

　에덴의 동쪽 마을에도 꽃 피고 새가 우짖는 5월이 왔다. 그 달 5일, 므두셀라는 먹을 것과 과일 바구니를 준비하여 오랫동안 뵙지 못한 현조 할아버지이신 게난 할아버지 집을 찾아갔다.
　게난 할아버지와 므두셀라와 나이 차이는 대략 350세 정도였다. 그러나 어른에게 직접 연세를 여쭈어 보기는 예의가 아니어서 묻지 않았다. 집안의 어른들의 순서로 볼 때 게난 할아버지는 중간 쯤 되시는 어른이시다. 게난 할아버지 위로는 에노스, 셋, 아담 어른이시고, 아래로는 마할랄렐, 야렛, 에녹 어른들이시다. 그래서 집안의 모든 일을 결정할 때 아래 위로 교량역할을 해주시는 어른이 게난 할아버지셨다.

　"게난 할아버지, 집안의 아래 위 역사를 보시고 살아 오시면서 배우시고 깨달은 진리가 있다면 가르쳐 주세요."
　"그래, 내가 깨달은 진리는 너무 간단한데 인생은 오직 창조주의 은혜로 살아간다는 것이지."
　"예, 저도 자주 쓰는 말이긴 한데 '하나님의 은혜'를 좀 더 부연해서 설명을 해주세요."
　"하나님의 은혜란 아무런 사랑이나 축복이나 관심을 받을 자격이 없는 사람에게 내리시는 '하나님의 호의'라고 할 수 있지. 그 하나님의 호의는 특징이 하나 있는데 무조건적이라는 거야. 세상 사람은 거래를 하거나 인간관계가 매우 조건적이고 때로는 상대적이고 더 나아가 계산적일 때가 많지. 그러나 우리 하나님께서는 사랑과 은혜와 자비가 풍성한 분이시지. 그래서 나같은 인간도 태어날 때, 부모가 나를 어떤 존재로 나을 것이라고 생각해서 태어난 게 아니고 하나님의 은혜로 태어난 것이지. 하하하…, 그래서 오죽하면 내 이름을 글쎄 뜻 밖에 얻은 아들이라고 '게난'이라고 지었을까. 지금은 어른이 되어서 그런 일은 없지만 어릴 때 친구들이 내 이름 부르면서 많이 놀렸어."

"게난이 왔다! 우리 한국말로 하면 성이 '이씨'라면 '이게난' 지금 들어도 우습지 않나? 나도 그런 이름 지은 부모가 싫었지만 이제 장성한 사람이 되고 보니 감사가 되더라. 내가 내 이름 부를 때마다 그래. 나는 뜻밖에 태어난 아들이지. 다시 말해 나는 하나님의 은혜로 태어난 아들이지. 그래도 나는 아버지 잘 만나 신앙심 좋은 에노스 아버지 밑에서 신앙 교육 받으며 오늘에 이르렀으니 말이야."

므두셀라는 게난 할아버지와 이야기하는 중에 내면 깊은 곳에서 자신도 모르는 감동과 감사와 감격이 솟구쳐 올라왔다.

### 우연은 없고 모두가 필연이다

'뜻밖에 얻은 아들'이란 이름의 뜻을 가진 게난 할아버지 이야기를 므두셀라가 들으면서 깨달은 것은 이것이다.

우연이라고 묘사하는 것은 신의 존재를 믿지 않는 사람들의 이야기이며 관점이란 것이다. 신의 존재를 믿는 이들에게 적절한 표현은 우연이 아니라 필연이라는 것이다. 한 치 앞을 내다 볼 수 없는 인간의 관점에서는 우연이 되겠지만, 전지전능이요 무소부재의 하나님의 관점에서는 모두가 필연이요, 그분의 깊고 오묘한 섭리가 되는 것이다.

중국 한자로 섭리라는 섭攝이란 단어는 '손수' 변에 '귀 이'자 세 개의 합성어이다. 그 손은 하나님의 보이지 않는 손이요, 귀 세 개는 너의 귀, 나의 귀 그리고 모든 이의 귀를 잡아당겨 인도해 가시는 것으로 해석해 볼 수 있다.

좁은 안목과 지혜를 가진 인간은 결코 완전한 존재이신 절대자의 깊은 뜻을 다 이해할 수도 예상할 도리도 없다. 불완전은 완전자가 하시는 모든 것을 이해할 수 없기에 늘 불평하거나 원망을 하며 인간의 언어로 부족한 묘사를 할 수 밖에 없다.

하나님의 시야로 볼 때에 우연은 없다. 모든 것이 하나님의 치밀한 계획대로 움직일 뿐이다. 이것이 필연이다. 특히 인간에게 세우신 특별한 사람의 계획 안에 행해지는 하나님의 모든 필연적인 것을 우리는 '은혜'

라고 부른다. 세상에 우연은 없고 필연적인 은혜만 있다.
언젠가 들었던 찬양가사가 어렴풋이 뇌를 스치고 지나갔다.

> 당신의 일생 중에 이해할 수 없는 엄청난 고난이 닥쳐 올 때
> 당신은 하나님께 감사하십시오
> 뼈를 깎고 살을 에는 고통 후에 아름다운 진주가 탄생되듯
> 이 고난으로 말미암아 당신을 성숙시키기를 원하시지요

게난 할아버지를 만나고 돌아 온 그날 므두셀라는 집안 식구들을 모아 놓고 자기가 배운 것을 아래와 같이 나누었다.

"뜻밖에 일어나는 크고 작은 일들의 우연은 거시적인 측면에서 볼 때 모두가 다 신의 은총이요, 필연적인 은혜이다. 인생을 인도하고 관리하시는 하나님의 손은 너무나 커서 보이지 않는다. 그러나 믿음의 눈을 가진자는 그 보이지 않는 손을 보고 느끼고 그 손의 인도를 따라 살아간다. 마치 퍼즐 맞추기처럼 처음에는 퍼즐의 그림을 이해하지 못하지만 1/2쯤 지나가면 전체 그림이 무엇인지를 예상하면서 한 조각 한 조작을 끼워가 마침내 하나의 작품을 만들어 내는 것과 유사하다."

하나님께서는 인류의 역사를 엮어 나가실 때에, 이미 계획된 자신의 계획에 따라 정확하게 섭리攝理하시고 다스리고 계신다. 세상에 일어나는 어떠한 역사적 사건도 창조주의 간섭 없이 우연히 일어나는 것이 없다.
역사에서 하나님의 간섭을 제외시키는 것이 바로 이신론deism이다. 머리털까지도 헤아리시는 하늘 아버지의 정교하신 손길에 의해서 모든 사건들이 조종되고 있다. 한 앗사리온에 팔리는 참새 두 마리라도 하나님께서 허락치 않으시면 절대로 떨어지는 법이 없다.(마 10:29)

## 므두셀라 증조 할아버지 마할랄렐 910세

므두셀라의 증조할아버지 마할랄렐은 '찬양하다'라는 뜻의 히브리어

동사 '할랄'에서 유래한 명사 '마할랄명성, 찬양'과 하나님의 이름인 '엘'의 합성어로서 '하나님께 찬양'이라는 의미를 지니고 있다.

'찬양한다'는 것은 가사를 지어 곡을 만들고 하나님의 아름다운 덕을 기리는 것으로 아름다운 자연과 훌륭한 사람들에게 할 수 있는 최고의 찬사를 뜻한다.

역사의 주관자이신 하나님 한 분만이 진정한 예배와 찬양을 받으시기에 합당하신 분이시다.(계 5:12, 19:1-5)

그러므로 하나님을 찬양하는 일이 본격적으로 그 이름에까지 대두된 것은 당시 폭발적인 영적 부흥과 신앙 성장으로 하나님과 심히 가까워진 상태를 암시한다.

아마도 에노스 때부터 하나님께 경배하는 공식적인 예배가 시작되었던 것이, 게난 때에는 경건한 성도들의 보금자리와 터전이 세워지고 마련되었으며, 마할랄렐 때에는 하나님께서 찬송이 충만한 예배 가운데 하나님께서 임재하시고(시 22:3) 그 찬송으로 영광을 받으시게 된 것이다.

가인의 가문은 하나님 없이 자기 생각대로 살아가는 인본주의 문화를 꽃피우고, 반대로 셋의 가문과 그 후예들은 하나님 중심의 신본주의 문화를 이어갔음을 알 수 있다.

## 춤추고 노래하는 조상들

므두셀라는 요즘 같은 학교를 다니지 않았다. 아니 그때는 학교라는 것이 없었다. 그에게 학교는 바로 집안에서 아버지 어머니 할아버지 할머니, 그리고 집안의 삼촌들과 사촌들의 경험을 나누는 대화를 통하여 삶에 필요한 지혜와 지식을 습득한 것이다.

무엇보다 집안 어른들이 들려주는 옛 이야기와 부르는 노래 가사를 통하여 조상의 역사와 족보 등을 일목요연하게 암기하며 정리할 수 있었다. 우리 나라 조선 500년 역사를 '태종태세문단세…'라고 외웠듯이 구약의 창세기부터 족보가 등장하는 것으로 보아 고대 사람들도 족보를 중시하고 전수했다는 것을 알 수 있다.

언젠가 마할랄렐 증조 할아버지가 피리 같이 생긴 악기를 연주하시며 노래를 부르시는 것을 보고 그 가사를 외웠다. 물론 그 노래는 7음계는 아니었고 '궁상각치우'처럼 5음계에 가까운 원시 음악이지만 어린 시절부터 흥얼거리며 불렀던 노래가사는 일생을 두고 부르는 노래가 된 것이다.

그 가사는 다음과 같다.

> 태초에 말씀 있어 빛이 있으라 하신 후
> 아랫 물과 위엣 물 각종 수목 생겨나고
> 일월성신 사시절기 쉼도 한 번 없었어라
> 천 년을 하루와 같이 신실하신 님이시여

### 마할랄렐, 증조 할아버지

증조할아버지 마할랄렐은 음악에 재능이 유별나셨다. 그래서 집안의 큰 축제나 행사가 열리면 늘 악기를 준비하시고 메들리로 몇 곡조씩 연주하시고 흥을 돋우시는 어른이셨다.

"할아버지 듣자하니 여러 가지 악기를 다루신다고 들었는데 누구에게 배우셨어요?"

"아니, 나는 누구에게서 배운 것이 아니고 스스로 배웠어. 맨 처음에는 들판에 나가 새들의 노래 소리를 들으면서, 나도 노래를 잘 부르고 싶었지. 그리고 어느 날 풀잎을 뜯어 입술에 대고 불었더니 아름다운 소리가 나는 거야. 그래서 내 마음의 떠오르는 감정을 담아 불었더니 듣는 사람들이 박수를 치는 거야. 나는 그 이후 자신을 얻어 자주 혼자 연습을 했지."

"…"

"그리고 세월이 흘러 소뿔을 가지고 구멍을 뚫어 불었더니 독특한 소리가 나는 거야. 그래서 구멍을 한 다섯 개 뚫어서 이리 불어 보고 저리 불어 보다가 감을 잡았지. 높낮이를 구분하고 손가락을 놀리는 법을 정리하여 불게 된 것이 오늘의 내가 되었지. 사람마다 재능이 달라. 어떤 이는 나무로 집을 잘 짓고, 어떤 이는 노래를 잘하고 어떤 아낙네는 반찬을 잘 만들고 어떤 이는 수를 잘 놓지…. 그것을 재능이라고 하지."

"…"

"사람마다 하나님께서 주신 재능이 있어. 그런데 많은 사람들이 자기 재능을 계발하지 못하고 묻어두는 경우가 많다. 나 같은 경우도 처음에는 풀 피리를 만들어 불다가 다음에는 소뿔로 악기를 만들어 불다가 요즘은 대나무로 통소를 만들어 분단다. 무엇보다 하늘의 하나님은 음악을 좋아하셔. 그래서 새들이 노래하도록 지으신 거지."

"…"

"우리 집안사람들이 잘 쓰는 말이 '할렐루야'이지. 므두셀라야 그 뜻이 뭔지 아니?

"예, 여호와를 찬양하라는 뜻입니다."

"그래, 맞아. 그런데 내 이름이 할렐루야와 관계된 이름이야. '마+할랄+엘', 이것을 연결하면 내 이름이 되는 거지."

"아…, 이름을 분석하니 '하나님을 찬양하라'는 그런 뜻이 되네요. 듣고 보니 하나님께서 부모님을 통해 이름을 지어 주시고, 그 이름대로 찬양하는 은사 주시고, 그 은사와 재능을 통해 영광을 받으시는 분이시군요."

"그래. 특별히 나 처럼 음악의 재능을 받은 자나 받지 않은 자나 다 하나님을 찬양하고 감사하며 살아가는 것이 인생의 도리이지."

"그럼, 할아버지 한 가지 더 여쭙겠습니다. 가인 집안의 유명한 음악가 할아버지 유발이란 분이 있었다는데 아세요?"

"알고 말고 그 분은 수금과 통소를 잘 타고 부는 분이셨지. 다시 말해 현악과 기악의 원조라고 할 수 있지."

"그러면 그 할아버지 하시는 음악과 마할랄렐 할아버지 음악의 차이는 뭐라고 생각하세요."

"참 좋은 질문이네. 똑같은 악기를 가지고, 똑같은 음성으로 노래를 하고 연주를 하더라도 그 음악의 대상이 누구냐에 따라 음악의 방향이 달라지지. 음악은 크게 두 가지로 나뉘어지는데 즉 성음악과 세속음악이지. 엄격히 말하면 유발 할아버지가 추구하는 음악은 세속 음악으로 인간의 기분과 인간을 기쁘게 하는데 초점이 맞추어져 있다면 내가 하는 음악은 음악의 대상이 창조주 하나님을 찬양하는데 초점이 맞추어진 음악이지."

"사실 음악을 하다보면 자꾸만 세속 음악이 신나고 재미있다는 유혹을 받기 쉬워. 하지만 게난 아버지, 여호와의 이름을 부른 에노스 할아버지가 나에게 가르쳐 주신 것은 '하나님 중심으로 살면 인생이 성공하고, 하나님을 떠난 인생은 결국 실패한다'는 교훈이지. 그래서 나는 모든 악기로 '어떻게 하면 하나님을 찬양하고 기쁘시게 하고, 영광을 돌릴 것인가'를 늘 생각하면서 기도하면서 노래를 부르고 악기를 연주하고, 때로는 대중들에게 찬양을 가르치기도 하지."

므두셀라가 마지막으로 마할랄렐 할아버지에게 한 곡조 연주를 부탁하니 이런 찬양을 하셨다.

> 할렐루야 해와 달아 그를 찬양하며
> 밝은 별들아 다 그를 찬양할지로다
> 하늘의 하늘도 그를 높여 찬양하며
> 하늘 위에 있는 물들도 그를 찬양하라
> 그것들이 여호와의 이름을 찬양함은
> 그가 명령하심으로 지음을 받았음이로다

마할랄렐 할아버지와 므두셀라가 대화를 나눈 뒤 그 민족의 전통이 된 음악을 통한 암기교육이 성행하게 되었다. 역설적으로 들리겠지만, 무조건 외우는 '암송'이 창의성의 산실이라는 이론이 있다.

암송할 때 사람 뇌에서는 아이들이 말을 배울 때와 같은 현상이 일어난다고 한다. 뇌신경학자들에 의하면 우리가 암송을 반복할 때 뇌는 대상 자체를 모방하는 것이 아니라 그 안에 들어 있는 '정신의 패턴'을 모방한다고 한다.

　창의성은 무에서 유를 만들어 내는 별난 능력이 아니라 기존 우리가 아는 것에서부터 파생되어 나오는 깨달음이다. 세상의 그 어떤 창의적 이론도 무에서 만들어지지는 않는다는 것이다. 그래서 지금도 유대인들은 말을 하기 시작하는 아이에게 '토라' 즉 모세오경의 성경을 암송하도록 반복교육을 시킨다.

## 므두셀라의 할아버지 야렛 962세

　므두셀라의 할아버지 야렛이란 이름의 어원은 히브리어 '야라드'에서 유래되었으며 '데리고 내려오다, 운반해 오다, 내려놓다'는 뜻이다. 이는 야렛의 시대에 하나님을 찬양하는 신앙운동이 소수의 무리만이 아니고 당시의 많은 사람들 주변으로 전달되고, 또 그 후손들에게도 지속적으로 전달된 흔적을 보여준다.

　또한 야렛이라는 이름 속에는 에노스, 게난, 마할랄렐이 닦아온 신앙의 터전 위에 찬송 받으실 하나님이 인간들이 사는 땅으로 가까이 내려오시기를 바라는 간절한 소망이 담겨 있었다.

　야렛은 962세를 살았는데, 아담부터 시작하여 야렛까지 족장들 가운데서 최장수 인물이다. 아담의 수명보다 32년을 더 살았다. 그 이후로 야렛의 손자 므두셀라는 할아버지 야렛보다 7년을 더 살아 최장수 인물로 꼽힌다.969세 그것은 경건한 자손들이 하나님으로부터 받은 특별한 혜택이요, 이 땅에서 누린 최고의 축복이었다.

　그것은 그가 경건하여 하나님께 모든 것을 맡기고 자녀들을 바로 교육하여 그의 자손들에게 의가 있고 악이 성하지 않았기 때문에 얻은 복이었다.

　야렛의 믿음의 열매는 그의 아들 에녹으로 나타났다. 야렛은 자기 이름의 뜻대로 하나님 앞에 자신을 낮추며 항상 겸손하게 살았던 것으로 여겨진다. 그의 겸손은 그 아들의 이름을 '에녹'이라고 지은 것에서도 나타난다.

'에녹'의 뜻은 '봉헌', '바침'으로 아버지 야렛은 에녹을 하나님께 온전히 드리기 원했던 것이다. 훗날 에녹은 아버지 야렛이 품었던 믿음의 소원대로 죽음을 뛰어넘어 승천함으로 경건한 신앙의 최고봉에 올랐다. 그 야말로 에녹은 아버지 야렛의 믿음의 열매였다.

또한 '에녹'의 이름 뜻만 보아도 아버지 야렛이 얼마나 하나님 앞에 헌신적인 믿음을 가졌는지 알 수 있다. 부모가 헌신적이지 않은데 어찌 하나님 앞에 그 아들을 헌신하겠다고 이름을 짓겠는가?

옛날이나 지금이나 자녀의 이름은 부모의 신앙상태 혹은 부모의 소원이 담긴 경우가 많다.

마치 한나가 아이 사무엘을 성전에 바치듯(삼상 1:22), 아브라함이 모리아 한 산에서 하나님께 독자 이삭을 제물로 바치듯(창 22:2), 야렛은 자기에게 허락된 아들이지만 하나님의 기업인 것을 알았다.(시 127:3)

그러므로 아들의 소유권이 오직 하나님께 있음을 인정하고 하나님의 뜻에 맞게 쓰임 받는 소원물이 되기를 원했던 것이다.

## 인생은 요렇다

오늘은 7월 7일 므두셀라 친할아버지 야렛의 생신날이다. 부엌에서는 며느리들이 여러 가지 맛있는 음식들을 준비하느라고 아침부터 바빴다. 생신잔치는 저녁 만찬인 것이다. 그래서 오후가 되자 아저씨 뻘 되는 남정네들은 보이지 않았다. 알고 보니 그들은 저녁 만찬에 사용할 야생동물 즉 양을 잡으러 나간 것이다.

오후가 되자 몇 마리의 야생 양들을 잡아 어깨에 메고 돌아와 목을 따고 피를 뺀 후 껍질을 벗기고 양의 다리의 각을 뜨고 내장을 분리하여 부엌으로 가져다주어 요리하게 하였다. 그런데 이상한 것은 한 마리 양은 남겨둔 것이다. 그 양은 무슨 영문인지도 모르고 '에헴 에헤헴'하며 묶여 있었다.

저녁 만찬이 시작되면서 먼저 야렛 할아버지가 하늘의 하나님께 태어나게 하시고 건강 주시고 자녀손들이 번창하게 됨을 감사하는 기도를 드렸다. 그리고 모두가 소의 뿔로 만든 잔을 하나씩 들고서 포도주를 한 잔씩 부어 건배를 하는 것이었다.

"야렛 할아버지 생신 축하합니다."

므두셀라도 잔을 들고 건배하며 차려 놓은 맛난 음식을 고루고루 먹으며 나이 또래 집안 친구들과 이런저런 이야기꽃을 피웠다.
드디어 야렛 할아버지 생신 잔치가 끝나갈 무렵 묶어 두었던 양 한 마리가 끌려왔다.
야외에 미리 준비된 철판 위에 그 양이 올려졌다. 축하객 모두가 둥글게 원을 그리고 서 있는데, 철판 밑 아궁이에 장작으로 불을 지피는 것이었다. 그 양은 철판이 점점 뜨거워지자 발을 바꾸어가며 팔짝팔짝 뛰기 시작했다. 집안 모든 사람들은 그 양의 발이 뛸 때마다 박자에 맞추어 '인생은 요렇다, 인생은 요렇다'라고 한 목소리로 말하는 것이었다.

결국 그 양은 발바닥이 뜨거워 쓰러졌고, 죽게 되자 그날 참석한 모든 사람들이 '인생은 죽는다'라고 큰 소리를 지르고 생일 잔치는 끝이 났다. 가장 기쁜 생일 날에도 잊지 말아야 할 것은 '인생은 언젠가 죽어 하나님 앞에 서야 한다'는 진리를 배운 날이었다.

### 므두셀라 아버지 에녹 365세

노아 홍수 이전의 인류의 조상들은 문명의 극치를 달리는 지금에 비해 매우 오래 살았다.
그 이유는 무엇이었을까? 아마도 그들이 여러 가지 일을 익히고, 그것을 자녀들에게 가르쳐 줄 수 있도록 하나님께서 그들에게 오래 살도록 허락하신 것 같다. 그리고 인류 역사 초창기에 배워야 할 일들은 너무 많앉을 것이다.
 하나님께서는 사람에게 배우고 싶은 욕망과 일을 곰곰이 생각해서 계획하는 날카롭고도 지혜로운 지성과 사고하는 머리를 주셨다. 그래서 사람들은 집 짓는 법을 배웠을 것이다.
 나무를 베고 재목을 만들기 위해 도끼 만드는 방법도 익혔을 것이다. 음식을 끓이기 위해 불을 지피는 방법과 불 쓰는 요령도 배웠고 가르쳤을 것이다. 그릇을 만들기 위해 구리와 쇠의 사용법도 발견했다. 매일 새롭고 신기한 것을 발견해 나가는 일이 그들에게 얼마나 큰 즐거움이었을까? 그들은 이런 일들을 자기 자녀들과 손자들에게 도제의 형식으로 가르친 것이다.

 그리고 무엇보다 창세기의 사람들이 이토록 오래 산 것은 그들이 자녀들과 손자들에게 하나님에 대해 가르칠 수 있었기 때문이라고 여겨진다.
 일찍이 에덴 동산에서 하나님과 이야기를 나눈 적이 있는 아담은 이 세상 처음의 그 놀라운 일들을 자손들에게 전해줄 수가 있었다. 그 때는 하나님이나 장차 오실 그분의 사랑하는 외아들 예수님에 대해 쓰인 성경 같은 것이 없었다. 왜냐하면 그 당시에는 책이란 것이 없었고 훨씬 후에야 사람들이 글자를 쓰는 것을 익혀 글씨를 쓰게 되었으니까 말이다.
 모든 일에 대해서 알게 된 것은 부모가 자녀에게, 자녀가 또 자녀에게 입으로 전하고 가르치고 모범을 보인 덕분이다.
 아담은 오래 살아서 수많은 그의 자식들과 손자, 증손자들에게 창조의 이야기를 전했다.
 이들 중에 단 한 사람만은 상대적으로 오래 살지 못했다. 그는 에녹이었는데, 다른 사람들의 1/3 정도인 365년밖에 살지 못했다. 그런데 그는 65세에 므두셀라를 낳고 300년 동안 하나님과 동행하였다.

 세상이 다 아담 할아버지의 죄의 영향으로 물드는 그런 때, 아무도 하나님을 기억하고 예배하고 증거하는 일에 관심이 없던 시절이었다. 이런 날들이 쌓이고 쌓여 수백 수천의 날들이 흐르고 있던 때, 에녹은 자신보다 앞서 태어나고 자라난 손자와 증손자의 자녀들이 서서히 족장으로 세워지던 시대, 그 가문의 후손들과는 분명히 다른 삶을 살았다.

시대가 점점 악해져 가고 있었으니까, 누구 하나 하나님을 경외하고 그래서 시대의 바람을 역류하며 살려는 후손 하나 없었던 부끄러운 시대였으니까 죄로 물든 시대와 다르게 살아가려는 구별된 삶은 금세 드러날 수밖에 없었다.

좀 복잡한 족보촌수가 얽힐 수밖에 없는 '누가 누구를 낳고'에서 낳고의 연속과 관련된 얘기지만 흥미로운 것은 아담 하와 이후, 1대손 셋의 아내며느리, 2대손 에노스의 아내손자며느리, 3대손 게난의 아내증손 며느리, 4대손 마할랄렐의 아내고손며느리, 5대손 현손며느리 야렛의 아내까지 앞서거니 뒷서거니 줄줄이 자녀를 낳고 있던 시절이었다.

에녹은 세상을 등지고 수도사같이 은둔 생활을 한 것이 아니다. 그 시대 사람들과 같이 자녀를 낳고 양육하고 교육하며 살았다. 가족의 생계를 위하여 노동을 해야 했다. 죄악된 세속문화가 지배하는 어두운 시대 상황 속에서 하나님과 동행한다는 것은 결코 쉽지 않았을 것이다. 그럼에도 불구하고 에녹이 하나님과 동행하는 삶을 살아간 것은 한 마디로 심판, 곧 마지막을 염두에 두는 종말 의식을 가졌기 때문이다.

에녹이 당시 팽배했던 경건치 않은 일과 경건치 않은 말에 대한 심판을 선포하는 예언자적인 삶을 살았음을 알 수 있다.

"아담의 칠세 손 에녹이 사람들에게 대하여도 예언하여 이르되 보라 주께서 그 수만의 거룩한 자와 함께 임하셨나니 이는 뭇사람을 심판하사 모든 경건치 않은 자의 경건치 않게 행한 모든 경건치 않은 일과 또 경건치 않은 죄인의 주께 거스려 한 강퍅한 말을 인하여 저희를 정죄하려 하심이라 하였느니라."(유다서 1:14-15)

유다서에 의하면 에녹은 그 시대의 선지자로서 사람들에게 하나님의 심판을 선포하였다.

자기 혼자 경건하게 살기만 한 것이 아니라 '경건한 삶'에 대하여 강조하고 가르친 사람이다. 그리고 에녹은 매우 선한 사람이었다. 윗대 조상

에노스 이후 전수되어 온 믿음을 가지고 그는 항상 하나님을 사랑하고 기도하며 하나님만을 생각했다. 그래서 바로 곁에 하나님이 계시는 것 같이 느껴 함께 거닐며 말할 수도 있었다.

## 에녹 부부의 자녀 교육

에녹 아버지는 아내와 함께 자녀를 목욕시킬 때 먼저 아기에게 동의를 구했다. "목욕시켜도 될까요?"라며 친절하게 묻는다. 어떤 형태로든지 아이의 동의를 얻어 목욕시킨다.

아이가 싫어하면 억지로 시키지 않고 아이가 스스로 응할 때까지 아이를 구스른다. 아이를 자신의 종속물이 아닌 자기와 동등한 인격체로 대우하는 것이다.

그리고 부부는 아기가 불편하지 않게 조심스레 목욕을 시키면서 아래의 기도문을 외운다. 얼굴을 씻어주면서는,

"하나님, 이 아이의 얼굴은 하늘을 바라보며 하늘의 소망을 갖고 자라게 하소서."

입안을 씻어주면서는,

"하나님, 이 아이의 입에서 나오는 모든 말이 축복의 말이 되게 하소서"

손을 닦아주면서는,

"하나님, 이 아이의 손은 기도하는 손이요, 사람을 도와주는 손이 되게 하소서."

발을 씻어주면서는,

"하나님, 이 아이의 발을 통해 가는 곳마다 축복을 나누어주는 발이되게 하소서."

머리를 감기면서는,

"하나님, 우리 아기의 머릿속에 지혜와 지식이 가득 차게 하셔서 하나님을 알고 자신을 알고 대자연을 잘 연구하게 하소서."

가슴을 씻어주면서는,

"하나님, 우리 아기 가슴에 이웃과 나라와 민족을 사랑하는 마음을 주

소서, 오대양 육대주를 가슴에 품고 살게 하소서."
배를 씻어주면서는,
"하나님, 우리 아기의 오장육부를 건강하고 튼튼하게 자라게 하소서."
성기를 씻어주면서는,
"하나님, 우리 아기가 자라나 이 거룩한 성기를 통해 거룩한 백성을 만들게 하소서. 결혼하는 날까지 순결을 지켜, 하나님이 원하시는 가정을 이루고 축복의 자녀를 준비하게 하소서."
엉덩이를 씻어주면서는,
"교만하지 않고 겸손한 자리에 앉게 하소서."
등을 씻어주면서는,
"부모를 의지하지 않고 안 보이는 하나님만을 의지하게 하소서."라고 기도하며 아기를 목욕시킨다.
다리를 씻기면서는
"우리 자녀가 이 발로 악인의 길에 서지도 않게 하시고 오만한 자의 자리에 가지 않게 하시고 오로지 빛 가운데 걸어가게 하소서."

아기는 평생 엄마와 함께 수백 번의 목욕을 하면서 이런 기도문을 수백 번 듣게 된다.
그리고 지성이면 감천이란 말처럼 기도 속에 담긴 엄마의 염원은 알게 모르게 아이에게 전달된다. 모태교육이 조기교육 그리고 베갯머리 교육과 밥상머리 교육으로 이어지는 것이다.
그 결과 아이는 자기 나름의 소망을 갖고 자라면서, 자기는 축복의 말과 칭찬하는 사람으로 자기 머리에는 하나님의 지혜와 세상의 지식이 가득차야만 되는 줄 알고, 자기의 손과 발로 이 민족을 먹여 살리는 사람이 되어야 하는 줄 안다.
아이는 무의식적으로 이를 통해 남다른 자존감이 형성된다. 인간에게 어릴 적 자존감 형성은 굉장히 중요하다. 이 자존감이 아이를 평생 지탱해주는 힘이 된다. 그리고 이를 통해 생각이 커가면서 긍정적인 자아실현의 뿌리이자 기초가 된다.

## 하나님과 동행한 에녹

성경에는 '에녹은 하나님과 함께 걸었다'라고 기록되어 있다. 하나님께서는 이 선한 에녹을 사랑하셔서 정말 신기한 일을 하셨다. 다른 사람들처럼 죽게 하지 않으시고 하늘로 올라가게 하신 것이다. 인간의 지혜로 설명하기 어려운 승천인 것이다.

성경에는 '에녹은 하나님과 함께 살다가 사라졌다. 하나님께서 데려가신 것이다'라고 기록되어 있다. 이제 에녹은 하늘나라에서, 그토록 사랑하던 하나님과 함께 있게 된 것이다.

우리도 하늘나라에 가면 이 옛 사람들을 만날 수 있을 것을 기대한다.

인생이란 시간의 길이로 장수가 문제가 아니다. 짧고 굵게 살다가더라도 바르게 참되게 그리고 조물주의 뜻을 따라 살다간다면 후회함이 없을 것이다.

어떤 유명한 스님은 마지막 숨을 거두며 '괜히 이 땅에 왔다 간다'라고 하였다. 하나님 없는 인생은 공허할 수 밖에 없는 것이다.

## 하나님과 함께한 행복한 인생 모델 '에녹'

어느 시대를 막론하고 인간으로 태어난 사람은 누구나 행복을 꿈꾼다. 그러나 행복을 꿈꾸는 자는 지금 행복하지 못하다는 것이 분명하다. 일반적으로 사람들은 소유나 성취를 통해 인간은 행복할 것이라고 생각한다. 물론 그런 행복도 행복이지만 일회용 반창고 같은 짧은 행복이기에 더더욱 행복에 목마른 인생일 수 있다.

에녹처럼 어떤 삶의 전환점을 통과하면서 인생관과 가치관이 바뀌고 자신의 사명을 발견한 자는 진정 행복한 자이며 제2의 탄생을 경험한 것이다. 65세에 므두셀라를 낳은 후, 그의 인생의 방향과 목표와 가치가 바뀐 것이 분명하다. 그리고 그의 별명은 '신과 동행한 자'라는 호칭을 얻게 된 것이다.

진정한 행복이란 한번 소유하면 타인이 빼앗아 갈 수 없고 그것이 절대 변하지 않는 대상일 때, 그것은 진정한 행복의 세계일 것이다. 그런 측면에서 에녹의 일생을 생각해 보면 그의 지복은 하나님 자신이었다. 하나님의 손 안에 지혜와 장수와 평안과 형통이 다 들어있으니 말이다.

### 969세를 산 므두셀라 - 창을 던지는 자

인류 역사 중에서 가장 흥미로운 인물 중 한 분이 바로 므두셀라Methuselah이다. 그는 최장수 인물로 969세를 살았는데(창 5:27) 그의 아버지는 '하나님과 동행하였다walked with God'고 말해지는 에녹Enoch이다.(창 5:24) 에녹은 365세에 죽음을 보지 않고 천국으로 하나님께서 데려가셨다고 기록되어 있다. 므두셀라의 전후 가족사를 살펴보면, 그의 아들 라멕은 대홍수의 주인공인 노아Noah를 낳고 홍수 나기 수년 전에 777세의 나이로 죽는다.(창 5:31)

므두셀라라는 그의 이름의 뜻은 창을 던지는 자이다. 고대 이스라엘 부족 사회에서는 창지기가 부족을 지키며 이끌었다고 한다. 부족 간 전쟁에서 그 비중은 특히나 큰 것인데, 창지기가 죽으면 그 부족은 멸망해 버린다. 하나님께서 그런 의미에서 그의 이름을 므두셀라라 지으셨다고 볼 수 있다. 즉, 인류 멸망을 미리 암시하고 있었던 것이다.

혹은 그의 이름의 뜻은 죽다므두+보내다셀라의 결합이라는 설도 있다. 즉, '이 사람이 죽을 때에 내가 홍수 심판을 보내겠다'라는 뜻이 된다.

창세기에 나오는 계보들을 짜깁고 맞춰보면, 절묘하게도 정확히 그가 죽은 해에 대홍수가 일어났다. 므두셀라의 죽음으로 대홍수가 일어났고, 노아 부부와 세 아들, 세 며느리 이렇게 여덟 사람과 방주에 탑승한 동물들을 빼면 세상에 살고 있던 모든 사람들과 동물들은 홍수에 휩쓸려서 전멸하였는데, 그가 죽고 나서 며칠 뒤 하나님께서 홍수 심판을 내렸다고 사료된다.

하나님께서는 그 당시 인간들의 엄청난 타락으로 인해 사람을 만드신 것을 후회하시고 물로 심판하실 것을 작정하셨다. 하지만 969세로 인간

중 가장 오래 산 므두셀라를 보면서 사람들이 회개하며 돌아오길 바라고 기다리셨던 하나님의 마음을 느낄 수 있는 것이다.

어쨌든 성경에 나온 누구보다도 오래 살았기 때문에 서양 문화권에서는 장수의 상징이다. 일례로 장수를 하게 해준다고 믿어지는 유전자의 이름을 므두셀라 유전자라고 지었다.

## 므두셀라 결혼식

아담력 9월 9일에 므두셀라는 아버지 에녹의 주례 가운데 결혼식을 하게 되었다. 옛날이나 지금이나 사람의 일생에 가장 중요한 통과의례는 생일 기념과 결혼식 그리고 장례식인 것이다. 므두셀라 아버지 에녹은 60세에 결혼하고 65세에 므두셀라를 낳았다. 아버지 에녹은 60년 전 자기의 결혼식 때 설레이던 그 경험을 기억하며 진심으로 아들 므두셀라의 결혼을 기도하며 준비한 것이다.

결혼식은 토요일 해 진 후 또는 안식일 이후 세 번째 날인 화요일에 하기로 했다. 화요일에 결혼하는 이유는 창조 과정에서 하나님께서 이 날에 '보시기에 좋았더라'는 말씀을 두 번 하셨기 때문에 화요일을 축복받은 날로 생각하기 때문이었다.

결혼식에서 중요한 것 중의 하나는 잔치를 오래 갖는다는 것이다. 결혼식에 참여한 하객들은 최대한 신랑과 신부를 영광스럽게 해야 한다. 결혼식 잔치는 우프루프 부르다-Aufruf로 시작된다.

신랑과 신부는 전통적으로 원을 그리고, 신랑은 주례자로부터 알리야 올라가다-aliyah 곧 축복을 받는다. 그리고 신랑과 신부는 하객들로부터 미스베라흐 브라카 Mishebeirakh brakha를 받는다. 미스베라흐 브라카는 두 사람을 축복하는 축복 의식이다. 그리고 신랑과 신부는 사탕으로 세례를 받는다. 이것은 그들의 삶이 달콤하기를 기원하는 것이다.

결혼 잔치에 빠지지 않는 것은 하객들을 위한 결혼 만찬 Kiddush meal을 준비하여 공동체의 모든 사람들을 초대하여 오랫동안 식사를 하는 것이다.

전통적으로 신랑과 신부는 성스러운 결혼을 위하여 정결 의식Mikveh를 행한다. 결혼식이 있기 한 주간 서로 떨어져 정결 의식을 행하며 결혼식 날에는 금식하는 것이 그들의 전통이다.
　　결혼식에 금식하는 이유는 신랑과 신부 두 사람이 앞으로의 삶을 영적으로 진지하게 준비한다는 의미를 갖는다. 그들의 결혼이 정결한 상태로 들어가기를 바란다는 것이다. 결혼식 날, 금식하기보다는 가볍게 식사하는 젊은이들도 있지만, 여전히 후파 아래에서 결혼하는 것만은 확실하다.
　　신부는 베일로 얼굴을 가렸는데, 이 베일은 결혼식을 올리는 장내에 들어갈 때까지 벗을 수 없었다. 전통적으로 신부 베일은 겸손과 존경과 순결의 상징이었다. 베일은 참석한 사람들에게 신랑 신부가 결혼서약을 하고 결혼이 공식적으로 인정된 후에만 결혼생활을 할 수 있다는 것을 상기시켜 주었다. 그래서 두 사람이 결혼서약을 하고 남편과 아내가 됐음을 선언 받은 후에야 베일을 걷을 수 있었다.

　　결혼식에서 빠질 수 없는 것은 후파Hupah이다. 후파는 요즘 말로 신방이다. 결혼식이 진행되는 동안 후파는 신부, 신랑을 덮는 장막Canopy을 말한다. 결혼식은 반드시 후파 아래에서 진행된다. 후파는 거룩한 결혼을 위하여 장소를 구별하는 것이다.
　　후파는 모든 사람이 볼 수 있도록 열려 있지만 두 사람에게는 친밀한 작은 공간이다. 후파는 두 사람만을 위한 새 집을 의미하기도 한다. 후파는 신랑과 신부에게 어떤 방문자들도 맞을 준비가 되었다는 것을 의미하기도 한다.
　　꽃으로 장식한 후파도 있고 천으로 꾸민 후파도 있다. 후파는 전통적으로 친구와 가족들이 결혼할 두 사람을 위해 정성껏 준비한다. 후파는 네 개의 기둥으로 세운다. 기둥을 고정하여 후파를 세울 수도 있고, 또는 네 사람이 기둥을 붙들고 후파를 지탱할 수도 있다. 결혼식 후파의 기둥을 잡는 일은 매우 영광스러운 것으로, 신랑 또는 신부와 아주 가까운 사람들이 후파의 기둥을 잡는다.

고대의 가정은 아들을 낳으면 삼나무, 딸을 낳으면 소나무를 심었는데, 이 나무가 자라 자녀들이 결혼할 때가 되면 후파를 받치는 기둥으로 사용하였다. 후파를 만들 수 없을 때는 탈릿기도 천을 신랑과 신부 머리 위를 덮어 후파를 대신하기도 했다.

## 방주를 지을 때 같이 일한 므두셀라

아담의 7대손 므두셀라가 969세가 되어 죽던 해는 그의 손자 노아가 600세가 된 때이다. 그리고 그의 아들 라멕이 죽은 후 5년 째 되는 해이다. 그러므로 방주를 짓는 일을 같이 한 노아의 조상은 아버지 라멕, 할아버지 므두셀라였다.

방주를 짓는 작업은 노아와 세 아들의 작업일 뿐만아니라 할아버지와 아버지의 동역과 기도 속에서 이루어졌다. 그리고 므두셀라는 홍수가 나던 해에 죽었다.

사람이 만물의 영장인데, 사람이 악해질수록 자연계도 영향을 받게 된다. 그래서 세월이 갈수록 잔인과 강포는 많은 생물들에게서도 일어났다. 동물들은 사나워지고, 피에 굶주리게 되었다. 사람의 죄악 된 본성이 가득해지면서, 소유욕으로 인한 전쟁은 맹렬해졌음에 틀림없었을 것이다.

강포와 환란은 그 당시에 하나님을 믿는 사람들에게도 닥쳐왔을 것이다. 아마도 노아는 여러 해 동안 많은 사람들을 하나님께 돌아오도록 하였을 것이다. 그러나 최후에 물심판인 방주에 들어가 남겨진 사람이 여덟 명 뿐이었다.

므두셀라는 969세를 살았다. 돌이켜보면 므두셀라가 187세에 라멕을 낳았고 라멕이 182세에 노아를 낳았으며 노아가 600세 되던 해에 세상이 홍수로 멸망을 당했다. 그러므로 이것을 더하면 '187+182+600=969'가 된다. 에녹의 예언대로 므두셀라가 죽던 해에 노아의 홍수가 일어난 것이다. 하나님께서 노아가 태어난 후 600년 동안 인내하고 기다리시며 회개의 기회를 주신 것이다.

그러나 므두셀라는 장수한 만큼 많은 조상의 죽음을 보았다. 아담의 죽음을 경험하였다. 아버지 에녹의 승천을 경험하였다. 다른 모든 조상 셋으로부터 시작하여 할아버지 야렛에 이르는 모든 조상이 돌아가시는 것을 경험하였다.

므두셀라는 장수한 자이지만, 슬픈 일을 많이 겪은 것이다. 장수가 축복이지만, 한편으로는 모든 조상과 아들이 하나님 앞으로 먼저 가고 오직 손자인 노아와 증손자 셈과 함과 야벳이 새로운 세상으로 들어갈 것을 기대하였다. 그야말로 인생이란 수고와 슬픔 뿐이요, 신속히 가니 날아간다는 말처럼 그의 인생도 그렇게 지나간 것이다.

므두셀라의 나이가 어느덧 969세가 되었다. 그는 기력이 다해가자 자신의 수명이 얼마 남지 않았음을 직감하였다. 그는 자신의 이름이 창지기라는 뜻임을 기억하고 몹시 괴로워했다.

'믿음의 혈통을 지키는 창지기로서 과연 나는 그 임무를 다했는가?' 므두셀라는 고개를 좌우로 내저었다.

세상엔 온통 죄악이 가득했다. 하나님의 아들이라 불리는 셋 가문의 믿음의 후예들은 사람의 딸이라 불리는 가인의 후예들이 내던지는 사치와 향락의 덫에 걸려들어 점점 하나님을 떠났다. 하나님의 아들들과 사람의 딸들의 결혼으로 태어난 문제 자녀들은 두고 두고 사회의 큰 골칫거리가 되었는데, 그들은 마침내 네피림이란 무시무시한 강력 폭력배를 만들어 세상은 무법 천지가 되어가고 있었다.

므두셀라는 이제 믿음의 가문에서 최고 원로였다. 므두셀라에게 한 가닥 믿음의 희망은 손자인 노아였다. 온 세상에 하나님을 경외하는 예배자는 노아 부부, 노아의 아들인 셈, 야벳, 함 그리고 며느리 세 명. 거기에 므두셀라 자신까지 합친다 해도 겨우 아홉 명만 남은 것이다.

암흑 천지인 세상 속에서 겨우 아홉 명의 예배자가 비추는 빛은 너무 미약하기 그지없었다. 므두셀라는 한숨만 내쉬었다.

## 므두셀라에게 찾아온 손자 노아

　므두셀라가 369세 때 손자 노아가 태어나 600년을 같이 살다가 홍수 전에 죽었으니 놀랍다.
　므두셀라는 노아에게 마지막 희망을 걸고 있었지만 노아는 이상한 일에 몰두한지 오래였다. 언젠가 노아가 자기를 찾아와서는 엉뚱해도 너무 엉뚱한 이야기를 하는 것이었다.
　하나님께서 자기에게 세상을 구할 방주를 만들라고 명령하셨다면서, 자기는 그런 하나님의 말씀을 할아버지에게 전하러 왔다는 것이었다.
　"노아야, 다시 말해줄래? 하나님께서 너에게 방주를 만들라고 하셨다구?"
　"예, 아주 구체적인 설계도까지 보여주시면서요. 그 방주에 숨을 쉬고 있는 모든 생물을 암수 한 쌍씩 태우라고도 말씀하셨어요."
　"왜?"
　"하나님께서는 모든 생명 있는 자의 강포가 땅에 가득하여 그 끝날이 이르렀기 때문에 그들을 땅과 함께 멸할 것이라고 말씀하셨어요."
　"오, 결국 심판이구나!"
　므두셀라는 하나님의 말씀을 경청하며 옷깃을 여미다가 문득 의문이 들었다.
　"노아야, 방주라면 배가 아니냐? 근데 그걸 왜 바다가 아니라 네가 사는 땅에서 만든단 말이냐?"
　"그건 저도 모르겠어요. 하나님 말씀으론 홍수가 난데요."
　"홍수? 그게 뭔데?"
　"그건…. 사실 저도 잘 모르겠어요. 혹시 하늘에서 물이 떨어지는 것이 아닐까요? 그러니까 땅에서 배를 만들겠지요."
　"하늘에서 물이 떨어진다고?"
　므두셀라는 노아가 하나님 말씀을 정확히 들었길 진심으로 바랬다. 그러나 할아버지로서 손자에 대해 인간적인 걱정부터 앞섰다. '홍수?'라는 듣도 보도 못한 것 때문에 땅에서 방주를 만들다니! 사람들이 제정신으로 여길까?
 "할아버지, 전 이게 순종이라고 믿어요. 수십 년, 아니 백 년이 걸려도 포기하지 않을 거에요. 저희 가족끼리 함께 방주를 만들며 예배 드릴래요. 할아버지! 이 암흑천지의 세상에서 이젠 우리 가족 밖에는 예배자가 남지 않았는데 이런 비상한 방법이 아니고서 어떻게 예배를 이어갈 수 있겠어요?"
 므두셀라는 노아를 말릴 수 없었다. 그리고 자신이 부끄러웠다. 창지기의 사명을 부여 받은 자신이 지키지 못한 믿음의 성벽을 노아가 온 몸으로 막으며 지켜내고 있구나!
 그로부터 긴 세월이 흘렀다. 어느덧 므두셀라의 나이 969세, 노아는 600세가 되었다. 므두셀라는 자신에게 죽음이 임박했음을 느끼며 눈을 가만히 들어 하늘을 쳐다보았다. 그때 하늘에서 이상한 광경이 벌어졌다. 시커먼 구름! 생전 처음 보는 시커먼 구름이 하늘을 덮고 있는 것이었다. 예사롭지 않은 '크르릉' 거리는 소리도 하늘 곳곳에서 울려퍼졌.
 '뭘까? 왜 구름이 시커먼 것일까? 또 하늘에서 나는 저 무시무시한 소리는 무엇일꼬?'
 생전 처음 보는 먹구름을 보며 므두셀라는 불현듯 노아가 하늘에서 물이 떨어질지 모른다고 말했던 기억이 떠올랐다. 아, 마침내 때가 온 것인가?
 그러자 므두셀라의 머리에 아버지 에녹의 예언이 스쳤다.

 "보라 주께서 그 수 만의 거룩한 자와 함께 임하셨나니, 이는 뭇사람을 심판하사 모든 경건치 않은 자의 경건치 않게 행한 모든 경건치 않은 일과 또 경건치 않은 죄인의 주께 거스려 한 모든 강팍한 말을 인하여 저희를 정죄하려 하심이라."

 아, 아버지가 예언하셨던 바로 그 때가 지금인가? 그런데 어쩐지 다른 것 같구나. 노아는 하나님께서 홍수로 세상을 심판하신다고 했는데, 아버지 에녹은 주께서 그 수 만의 거룩한 자와 함께 임하신다고 하지 않았는가? 그렇다면…, 혹시 이번 홍수가 세상의 끝이 아닌 것인가? 홍수 후

인류는 또 다시 심판을 맞이하게 되는 것인가?
 이제 서서히 므두셀라의 의식은 희미해져갔다. 그런데, 의식을 잃어가면서도 그는 입술을 조금씩 달싹거리며 무언가 한 단어를 계속 반복하여 내뱉고 있는 것이었다. 야웨 체덱 야외 체덱! 주님, 당신은 의로우십니다! 므두셀라는 그렇게 기도하며 조용히 눈을 감았다.
 하나님의 시간표와 시계는 천천히 도는 것 같지만 정확하게 돌아간다. 이제 므두셀라는 하나님과 조상 곁으로 돌아가고 홍수가 시작되었다. 오직 노아 부부와 세 아들 부부만이 방주에 올라탔다. 므두셀라의 장례식은 이제 홍수 이전 세상의 마지막 장례식이었다.
 그 이후의 세상은 물속에서 나와 물로 형성된 전 세계적인 퇴적암을 가지고 있는, 곧 심판의 아픈 흔적을 가진 지구가 되었다.
 미국의 그랜드 캐년을 비롯한 여러 군데 캐년들을 가 보라. 역사의 흔적을 돌들이 소리 지를 것이다.

## 자연사 박물관 그랜드 캐년

태초의 숨결 담고 칠 천 년 풍상 견딘
그랜드캐년 들어서니 에덴동산 흡사한데
어머나 광할한 대지 위에 님의 작품 즐비하다

지천의 무명의 꽃 천사들 기도의 손
이십사 장로들 찬양소리 들리는 듯
좋도다 하늘의 정원이여 신천신지 기대되네

거대한 바위들과 미물의 작은 곤충들
모두들 님을 닮아 만물상이 조화롭다
깊도다 님의 지혜여 흰구름도 춤을 춘다

돌로써 빵을 반죽 어느 석공 솜씨런가
석림의 천리장성 비바람도 멈춰선다
억겁의 세월이 흘러서 아아치가 삼백 개라

테이블 마운틴 위 독수리가 비행하고
도마뱀은 삼막 위에 숨 죽이며 헐떡일 때
이 내 몸 아담이 된 듯 동서남북 바라본다

### 므두셀라의 아들 라멕 777세

에녹은 65세 때에 므두셀라를 낳았고, 또 그의 나이 252세 때에 손자 라멕을 보았다. 에녹이 승천할 때 손자 라멕의 연령은 113세였을 것이다. 그러므로 므두셀라와 라멕은 에녹이 어떻게 경건한 생활을 하며 하나님과 동행했던가를 직접 보았다. 그들은 경건한 에녹의 감화로 자라난 아들과 손자였음이 분명하다.

창세기 4장과 5장에는 동일한 이름을 가진 인물 두 명이 나온다. 가인 계열에 에녹(창 4:17)과 라멕(창 4:18)이 있고, 셋 계열에도 에녹(창 5:21)과 라멕(창 5:28)이 있다. 이 두 사람에 대해서는 다른 사람들과 달리 그 사람들에 대한 부가 설명되어 있다.

가인 계열의 라멕은 탄식과 절망의 사람이지만 셋 계열의 라멕은 미래의 소망을 제시하는 사람으로서, 그들의 인생이 전혀 다른 행로였음을 확실히 구별할 수 있다.

지금도 동명이인들이 있고 동일한 이름을 사용하지만 한 사람은 올바르게 살고 어떤 이는 불행의 주인공으로 사는 이들도 적지 않다. 다시 말해 이름은 부모가 짓지만 인생의 성공과 실패는 자기가 만들어가는 것이다. 동시에 불행한 인생을 살아가는 자녀를 바라보는 부모의 마음은 안타깝기 그지없는 것이다.

라멕은 아들을 낳고 그 이름을 '노아위로자, 평안을 주는 자'라고 했다. '노아'라고 이름한 것은 그 아버지 라멕의 신앙 고백이요, 하나님의 뜻을 향한 소원이었다.

> 창세기 5:28-29 라멕은 일백팔십이 세에 아들을 낳고
> 이름을 노아라 하여 가로되
> 여호와께서 땅을 저주하시므로 수고로이 일하는 우리를
> 이 아들이 안위하리라 하였더라

이 말씀에는 이 땅에서의 고통을 깊이 체험하며 인간의 유약함을 절감했던 라멕의 고뇌에 찬 호소가 담겨 있다. 라멕은 인간이 극복할 수 없는 고통의 한계와 이유를 정직하게 인정하고 시인한 것이다. 그러나 라멕은 하나님께서 마련하신 고통의 현장에서 하나님께 반항하거나 삶을 자포자기하지 않고 그 원인을 분명히 이해하고 하나님께만 소망을 두고 있었다.(창 5:29)

라멕은 인생의 괴로움과 슬픔의 원인이 바로 인간의 타락과 하나님의 저주임을 깨닫고, 그것이 아들을 통해 해결되기를 간절히 소망했다. 그리하여 괴로움과 슬픔은 도리어 그의 믿음의 시발점이 되었다. 시대의 악함이 남의 탓이 아닌 결국 '나의 죄 값'이라고 정직하게 인정하고 회개하는 사람의 양심이야말로 세상을 정복하는 참 믿음의 소유자이다.

라멕은 777세가 되기까지 다른 족장들처럼 노아 외에 많은 자녀를 낳았다.

> 창세기 5:30 라멕이 노아를 낳은 후 오백구십오 년을
> 지내며 자녀를 낳았으며

라멕이 낳은 자녀들은 분명 노아의 친형제들이다. 그들은 아버지 라멕이 아끼고 사랑하는 자녀들로서 경건한 아버지로부터 똑같은 말씀으로 교육을 받았다. 그러나 홍수 때에 그 많던 노아의 형제들은 온데 간데 없고 오직 노아의 여덟 식구만 구원 받았다.(벧전 3:20, 벧후 2:5)

라멕이 낳은 노아 외의 아들들은 부모의 가르침을 거역하고 모두 시대

의 악함을 좇아 하나님의 말씀을 들으려 하지 않았던 것이다. 그들은 아마도 노아가 친형제인 까닭에 누구보다도 구원의 방주 안으로 들어오라는 안타까운 권유를 몇 번이고 받았을 것이나 이를 거부한 것이다.

그들은 자기들이 하고픈 대로 세상을 즐겼다. 더구나 방주 짓는 일에 조금도 협조하지 않았다. 방주를 짓는 '노아'를 가장 가까이 두고도 홍수가 세상을 덮을 때 노아의 형제들은 하나도 남김 없이 심판의 물결에 수장되어 버리고 말았다. 홍수가 나서 저희를 다 멸하기까지 깨닫지 못하였다.(마 24:39)

말하자면 구원의 통로를 옆에 두고도 믿지 않으므로 구원 받지 못한 것이다.

## 그 당시 사람으로는 가장 짧게 살다가 간 사람

라멕은 777세를 살았다. 요즘 우리의 입장에서는 장수한 사람이지만, 상대적으로 그 당시 사람으로 보아서는 할아버지인 에녹을 제외하고는 지상에서 단명한 자라고 할 수 있다.

하지만 에녹이 지어준 그의 이름의 뜻은 '능력 있는 자'이다. 에녹의 마음에는 짧은 인생을 살든지 아니면 장수를 하든지 하나님이 주시는 힘으로 살아가라는 축복의 의미가 담겨 있는 것이다.

에녹은 365세까지 살다 하늘로부터 들림을 받았는데, 들림 받기 전 어느 해 11월 11일에 라멕은 에녹과 이런 대화를 나누었다.

## 에녹 할아버지와 손자 라멕의 베갯머리 대화

할아버지와 손자가 함께 누워 잠들기 전에 나누는 대화는 삼대 신앙의 믿음의 가정의 특징이다. 라멕은 할아버지 에녹과 누워 잠들기 전에 이런 대화를 나눈 적이 있었다.

"할아버지, 우리 가문은 아담과 하와의 후손이고 특별히 아벨과 셋의 후손인 것을 자랑으로 생각합니다. 특히 우리 가문에 어른이신 할아버지께서 하나님과 동행하는 사람이란 별명을 가지고 있으니 무척 자랑스럽습니다. 그런데, 하나님은 내 눈에 안 보여요 할아버지, 할아버지는 어떻게 눈에 보이지 않는 하나님과 동행을 하시지요."

"그래, 사랑하는 손자 라멕아! 참 좋은 질문이구나. 하나님과 동행한다는 것은 친구와 친구가 같이 다정하게 이야기하고, 같이 놀고 이야기하듯이 친밀하게 이야기하는 관계를 말한단다. 그래서 큰 일이든 작은 일이든 하나님께 기도로 아뢰이면서 기도하며 현재를 살아가는 것이지. 그리고 무엇보다 지나간 옛날의 은혜를 기억하는 삶을 말한단다."

"라멕아, 사람들은 망각의 존재라고 하지, 받은 은혜와 사랑을 잘 잊어버려. 그런데 나는 65세에 너의 아버지를 낳고 부터는 하나님께 받은 은혜를 기억하고 늘 감사하며 살아간단다. 그리고 손자 라멕아, 사람은 동물과 달라서 영혼이 있고 영원을 그리워 하며 사는 존재란다. 그래서 이 세상의 삶이 전부가 아니고 죽음 후에는 영원한 세계가 있어."

"죽음 후에 또 다른 세계가 있다구요?"

"그래 지금의 생애를 현세라고 한다면 죽음 후에 오는 세계를 내세라고 말해."

"할아버지, 그러면 내세를 위해서는 어떻게 준비해야 하나요?"

"하나님을 믿는 믿음이지."

"할아버지, 사람들이 자주 쓰는 말이 믿음이란 말인데, 그 말의 뜻을 설명 좀 해주셔요."

"허허허, 믿음이란? 사람이나 돈이나 다른 어떤 힘들을 의지하는 것이 아니고 하나님을 의뢰하는 것이지. 그 나라는 돈으로도 힘으로도 못 들어가고 오직 믿음으로 들어가는 나라란다."

"그리고 그 믿음은 순종과 인내 그리고 소망과 함께 살아가는 것이란다. 할아버지도 돌이켜보면 너의 아버지를 낳기 전까지는 내 마음대로, 내 뜻대로 살았지. 그런데 너의 아버지를 낳으면서 하늘에 계신 하나님

아버지의 마음을 이해하게 되었어. 그날 이후 나는 결심을 했지. 모든 일을 하나님 앞에서 한다. 그리고 모든 일을 하나님께 아뢰이면서 살아간다. 그렇게 살아오다보니 사람들이 나를 보고 '하나님과 동행하는 사람' 이란 별명을 붙쳐주더구나."
"아, 그렇군요. 할아버지."
"그래, 사람이란 일생을 두고 배우는 존재란다. 어떤 의미에서 늙는다는 것은 배움이 끝나는 자로써 정신적으로 늙은 자이다. 너도 기회 있는 대로 배우고 너가 배운 것을 후손들에게 잘 가르쳐야 하느니라."

라멕은 할아버지와 나눈 그 대화가 마지막 대화가 될 줄은 몰랐지만 할아버지가 하늘로 어느 날 갑자기 들리움을 받았기에 얼떨떨하였다. 더군다나 할아버지 무덤도 없는지라, 에녹 할아버지만 생각하면 더더욱 그 날 나눈 대화가 생생하게 되살아나는 듯하다.
'우리 할아버지! 하나님과 동행했던 사람, 하나님 앞에서 살아갔던 사람, 아 나도 그런 사람이 되어야지. 언젠가 내세에서 다시 만날 우리 할아버지'

## 므두셀라의 손자, 라멕의 아들인 노아

인류 최초의 배인 방주를 만들어 홍수 이후 새 역사의 주인공이 된 므두셀라의 손자요 라멕의 아들인 노아를 생각해 본다. 그는 홍수 이후 새로운 역사의 주인공으로 살아간 것이다. 그래서 노아의 나이를 기준으로 그 당시 조상들의 연대기를 생각해 보면 다음과 같다.
노아가 아버지 라멕에게서 태어났는데, 노아가 태어나기 126년 전에 인류의 조상 아담이 930세로 죽었던 것이다. 노아가 태어나기 14년 전에 아담의 2대손 셋이 912세로 죽었고, 노아가 태어나기 69년 전에 하나님과 동행하기로 소문난 믿음 좋은 에녹이 365세로 하늘로 승천한 것이다.
그리고 노아가 84세 때 아담의 3대손 에노스가 905세로 죽었고 174세 될 때 사대손 게난이 910세로 죽었고 249세 때에 아담의 5대손 마할랄렐이 910세로 죽었고 299세 될 때 아담의 6대손 야렛이 962세로 죽었다.

노아가 480세 될 때 하나님께서 세상을 보시고 죄악으로 근심하사 심판할 계획을 가지시고 그들의 날이 앞으로 120년임을 시사하셨다. 노아가 낳은 자녀 중에 홍수 이후 새로운 역사의 주인공이 될 세 아들을 502세부터 셈, 함 그리고 야벳 순으로 낳았다

무엇보다 그의 생애에 가장 중요한 사역은 그가 520세부터 600세까지 방주를 지은 것이다. 방주를 짓기 위해서는 세 아들이 17세 이상 어느 정도 자라야 하기 때문에 이 기간에 며느리를 얻은 것이다. 노아가 595세 될 때 아담의 9대손 노아의 아버지 라멕이 777세로 죽었다.

노아 시대의 홍수 때 내린 비로 인해 많은 물이 남극과 북극으로 나뉘어 빙하를 이루었고 또한 사람의 수명이 평균 900년대에서 600년 대로 떨어질 수 있는 원인을 제공한 것이다.

돌이켜 보면 연대기적으로 므두셀라가 849살이 되었을 때부터 노아는 방주를 만들었다. 이 때의 사람들은 방주가 만들어지던 120년 동안 므두셀라가 점점 죽어간다는 것과 방주가 거의 만들어지고 있다는 두 가지 일로 심판이 다가오고 있다는 것을 알 수 있었다. 그러나 그들은 이 경고를 무시하고 세상 향락에 빠져 살다가 물 심판을 당하였던 것이다.

그리고 노아는 방주를 건조하는 동안에도 '의를 전파하는' 사람으로 기록되어 있다.(벧후 2:5) 그러나 단지 여덟 명만이 구원을 받았다.(벧전 3:20) 왜 그는 더 많은 사람들에게 영향을 주지 못했었는가? 마른 땅 위에 거대한 방주를 건조하는 그의 신앙적 순종은 주변의 많은 사람들에게 주목을 받았을 것이고 죄를 깨달을 수 있는 기회를 제공하였을 것임에 틀림없다. 라멕과 므두셀라도 노아의 일을 지지하고 도왔을 것이다. 그러나 단지 같은 가족인 8명만이 방주에 들어갔다.

홍수는 노아가 6백 세 되던 해약 BC 2350년경으로 추정. 이 연대는 성경에 기록되지 않은 연대가 있을 수 있음으로 오차 가능성이 있음에 일어났는데, 노아가 방주 내에 있었던 기간은 1년이 넘는 371일이었다.

- 480세 : 대홍수 경고(창 6:13)
　　- 600세 : 홍수 시작(창 7:11-14)
　　　2월 10일 방주에 들어감. 7일을 기다림
　　　2월 17일 40주야간 비가 내리기 시작. 150일간 땅에 물이 창일
　　　7월 17일　방주가 아라랏산에 도착. 물이 감하기 시작
　　　10월 1일　산들의 봉우리가 보임
　　　11월 19일　비둘기를 내보냄. 감람 새 잎사귀를 물고 옴
　　- 601세 : 1월 1일 방주 뚜껑을 제침
　　　2월 27일 땅이 말랐으며, 방주에서 나옴

　전 세계의 거의 모든 지역에서 원주민들의 역사나 전설에 전 지구적인 홍수 이야기가 기록 되어져 있다. 오래 전의 선교사들은 오지의 종족들이 성경의 홍수 이야기와 놀라울 정도로 비슷한 전설을 이미 가지고 있는 것을 발견하고 그 놀라움을 보고했었다.
　벨라미H.S. Bellamy는 '달과 신화 그리고 사람Moons, Myths and Men'이라는 책에서 '전 세계적으로 500여개의 홍수 전설들이 있다'고 추정했다.
　중국, 바빌로니아, 웨일스, 러시아, 인도, 미국, 하와이, 스칸디나비아, 수마트라, 페루, 폴리네시아 등과 같은 고대 문명들은 모두 대홍수에 관한 그들의 이야기를 가지고 있었다.
　이러한 홍수 이야기들에는 종종 다가올 홍수에 대한 경고, 사전에 배를 만드는 것, 동물들을 싣는 일, 가족들을 모음, 물이 감퇴된 정도를 알아보기 위해 새를 보내는 것 등과 같이 성경적 내용과 일치하는 공통된 요소들이 있다.
　대홍수에 관한 일관된 견해가 지리적으로 서로 멀리 떨어져 있는 지역들에서부터 압도적으로 나온다는 것은 그것들이 모두 같은 기원에서 나왔다는 것을 암시한다. 그러나 시간이 지나면서 구두로 전해졌을 세부 내용들은 조금씩 바뀌어졌을 가능성이 있는 것이다.

## 홍수 이후 350년을 더 산 노아

　노아는 홍수 이후 약 350년을 더 살고 950세에 죽었는데, 이때 그 손자 가나안의 나이는 대략 348세이고 장차 믿음의 조상인 될 아브람의 나이는 58세쯤으로 추정한다.
　아담의 손자 에노스부터 게난, 마할랄렐, 야렛, 므두셀라, 라멕이었다. 이 6명은 공통적으로 생애 전반부에서는 아담을 보았고 생애 후반부에서는 노아를 만났던 자들이다. 그리하여 구원의 역사는 끊어지지 않았던 것이다.
　고대의 족장들은 평균 900세 이상을 살면서 '1000년을 살고 보니 인생은 풀이요, 그 영광은 풀의 꽃과 같았다'라는 메시지를 족보를 통해 우리에게 전해주고 있다.
　홍수 이후 350년을 더 살며 노아 자신이 경험하고 배우고 학습된 지식과 노하우를 후손들에게 가르쳐주느라고 무척 바빴다.

　　너희가 하늘 아버지 마음을 아느냐? 홍수는 하늘에서 흘리신
　　하나님의 눈물이 모여서 내린 것인 것을…
　　백향목처럼 교만하여 뻣뻣하게 굳어 있지 말고
　　언제나 갈대처럼 유연해야 한다

　　승자는 다른 길도 있으리라 생각하지만
　　패자는 길이 오직 하나뿐이라고 고집한다
　　유연함을 지닌 사람은 아무리 나이를 먹어도 젊다
　　어린 나무는 휘게 되지만, 늙은 나무는 부러지므로
　　어린 순 때 가지를 잡아 주어야 하느니라
　　부드러운 말은 타인을 이해시키고
　　더 나아가 뼈까지도 부러뜨릴 수 있다

노아 할아버지 한 마디 한 마디 말씀은 주옥처럼 그 당시 후손들의 가슴에 교훈이 되었다.

옛말에 '불이 지나간 자리는 남는 것이 있어도 물 지나간 자리는 남는 것이 없다'는 말처럼 이전의 모든 문명의 잔재물이 다 매몰되어 없어졌기 때문에 할아버지 노아는 사력을 다 해 자신의 홍수 이전 경험을 가르쳐 주었다.

조물주 하나님은 첫 사람 아담에게 하신 축복처럼, 홍수 이후 새로운 역사의 주인공인 노아와 그 후손에게 동일한 축복을 베푸시었다.

"생육하고 번성하여 땅에 충만하라!"

그리하여 노아는 방주에서 살아 남은 여덟 식구를 중심으로 수많은 자녀들을 낳아 온 땅에 흩어져 살게 되고 다양한 민족의 족장들이 된 것이다.

창세기의 족보에 등장하는 족장들의 생애 속에는 경건한 역대 족장들의 신앙이 살아 꿈틀대고 있다. 그들이 걸어간 믿음의 발자취가 한 발자국 한 발자국 선명한 자국으로 고스란히 남아 있고 여자의 후손을 애타게 기다리면서 달려온 숨가쁜 심장의 고동소리, 맥박 소리가 힘차게 울리고 있다.

『들판의 아이』의 작가 아마두 함파테 바는, 1900년 아프리카 말리의 반디아가라 지방에서 태어났다. 그는 아프리카 대자연과 선대先代의 이야기를 스승 삼아 성장했다.

그는 '나는 바오바브나무 그늘 아래 할아버지의 이야기 학교에서 학위를 받았다'라고 말했다. 1962년 유네스코 연설에서 이렇게 말했다.

"한 노인이 숨을 거둔 것은 도서관 하나가 불타버린 것과 같다."

## 인생은 칠십이요 강건하면 팔십이라

인생은 풀과 같고 그 영광은 풀의 꽃과 같이 신속히 가니 우리 인생의 삶은 므두셀라 시대처럼 천 년을 산다 해도 그 자랑은 수고와 슬픔 뿐이요 화살 처럼 날아가는 것 같은 것이다.

풀은 마르고 꽃은 시드나 여호와의 말씀은 영원히 서리라. 유한한 인생이 영원을 보장 받는 길은 영원하신 하나님과 그의 말씀을 믿고 살아가는 것이다. 천지는 변해도 하나님의 말씀은 일 점 일 획도 변하지 않는다.

## 양떼의 노래

- 아당 | 김영산

골고다 언덕위서 내려다 본 푸른 초장
목자 곁 양떼들이 마음껏 뛰놀고야
그때도 한 마리 길 잃은 양 찾아가는 목자여

삯군은 잊을진저 목자는 측은지심
살 찢고 피 흘리며 죄인 날 부르시네
새 생명 천하보다 귀한 것 그 무엇과 바꿀까

눈물의 골짜기서 의의 길 인도하네
원수의 목전에서 큰 상을 채렸어라
뻘릴리 표현 못할 은혜 나의 잔이 넘치네

내 평생 대하소설 은혜 중 은혜로다
문들아 머리 들라 내 영혼 감사하라
왕중왕 품에 안기어 여호와 집 살리라

# 비행 飛行
## Fly higher

| | |
|---|---|
| **초판인쇄** | 2019년 4월 20일 |
| **지은이** | 강을배(姜乙培) |
| **주소** | 부산광역시 사하구 백양대로 700번길 23 |
| **휴대폰** | 010-7108-5650 |
| **이메일** | sesamecouple@hotmail.com |
| **편집인** | 김영찬(金永燦) |
| **디자인** | 월간 「부산문학」 디자인팀 |
| **발행처** | 도서출판 한국인 |
| **등록번호** | 제2014-000004호 |
| **주소** | 부산광역시 동구 중앙대로 308번길 7-3 |
| **전화** | (051)929-7131, 010-3593-7131 |
| **팩스** | (051)917-7131 |
| **홈페이지** | http://www.mkorean.com |
| **이메일** | sahachan@naver.com |
| **가격** | 12,000원 |
| **ISBN** | 978-89-94001-19-7(03800) |
| **CIP** | 2019013841 |

이 도서의 국립중앙도서관 출판예정도서목록(CIP)은 서지정보유통지원시스템 홈페이지(http://seoji.nl.go.kr)와 국가자료공동목록시스템(http://www.nl.go.kr/kolisnet)에서 이용하실 수 있습니다.

ⓒ 강을배 2019, Printed in Korea.
이 책은 저작권법에 따라 보호 받는 저작물이므로 무단전재와 무단복제를 금지하며, 이 책 내용의 전부 또는 일부를 이용하려면 반드시 저작권자인 저자와 도서출판 한국인의 서면 동의를 받아야 합니다.
파본이나 잘못된 책은 구입처에서 교환해 드립니다.